教育部人文社会科学重点研究基地
武汉大学环境法研究所

第六辑

环境法评论

Wuhan University
Environmental Law Review

主　　编　秦天宝
执行主编　柯　坚

中国社会科学出版社

图书在版编目(CIP)数据

环境法评论. 第六辑 / 秦天宝主编. —北京：中国社会科学出版社，2021.12
ISBN 978-7-5203-9247-1

Ⅰ. ①环… Ⅱ. ①秦… Ⅲ. ①环境保护法—研究—中国 Ⅳ. ①D922.680.4

中国版本图书馆 CIP 数据核字(2021)第 204387 号

出 版 人 赵剑英
责任编辑 梁剑琴
责任校对 周 昊
责任印制 郝美娜

出　　版 中国社会科学出版社
社　　址 北京鼓楼西大街甲 158 号
邮　　编 100720
网　　址 http：//www.csspw.cn
发 行 部 010-84083685
门 市 部 010-84029450
经　　销 新华书店及其他书店

印　　刷 北京君升印刷有限公司
装　　订 廊坊市广阳区广增装订厂
版　　次 2021 年 12 月第 1 版
印　　次 2021 年 12 月第 1 次印刷

开　　本 710×1000 1/16
印　　张 16
插　　页 2
字　　数 269 千字
定　　价 98.00 元

凡购买中国社会科学出版社图书，如有质量问题请与本社营销中心联系调换
电话：010-84083683

《环境法评论》

顾问、编委与编辑名单

（按姓氏拼音排序）

立德立言，无问西东
创刊论法，大道为公

丁酉岁末，一场突如其来的冬雪尽染了喜迎新春的神州大地。瑞雪兆丰年，手边握着即将付梓的首期《环境法评论》，窗外的珞珈山虽已是银装素裹，但这本新生的《环境法评论》一如冬日里的暖阳，满载着几代前辈先进对绿法之道的不懈求索与求真信念的温度，充满着对生态文明的温暖希冀，亦是当代环境法学人对我国环境法治建设之路的无限追问与反思。一份学刊，著书论法的要义为何？当代学人，立德立言的使命为何？绿法之路，大道为公的进路亦为何？这些大哉之追问，不仅是一本学术刊物创刊立命首先要回答的问题，更是当代我国环境法学无以回避的历史使命。

溯及上世纪八十年代之初，法学百废待兴，韩德培先生、蔡守秋教授等老一辈珞珈法学大师筚路蓝缕首创武汉大学环境法研究所，高瞻远瞩首开国内环境法学研究之先河，传道授业培干城之栋梁。历经三十余载，几代所友薪火相传，风霜雨雪途，弦歌不辍；困苦忧患时，奋发图强。三生三世，不忘初心，以海纳百川、兼容并包的珞珈绿法精神孕育出一片中国环境法学的十里桃林。春华秋实，回望近四十载风雨路，武汉大学环境法研究所的成长不仅见证了中国环境法治进程的坚实脚印，更是成就了中国环境法学发展史上的无数个第一与之最：中国第一个专门从事环境法学教学和研究的机构；第一个环境法学硕士授权点与博士后流动站；唯一一个环境法学教育部人文社会科学重点研究基地与国家级重点学科；世界自然保护联盟环境法学院的全球首家“环境法教学与研究高级培训基地”……如今的武汉大学环境法研究所，业已成为蜚声海内外的人才基地、咨政成效卓著的高端智库和前沿思想荟萃的学术重镇。

然而，学不可以已，面对中国环境法治发展的前路漫漫，面对学术研究的求索之路，我们没有理由停下奋进的脚步。而这份新生的武汉大学《环境法评论》正是对珞珈绿法精神最好的传承和延续。为学者，著书立说，究天人之际，通古今之变，成一家之言。面对环境法这一充满生命温度的课题，面对通向生态文明的彼岸之路，我们有着太多的未解之惑。也许“世界上本没有路，走的人多了也便成了路”，而本刊便希冀成为这条环境法治建设征途上兼容并包、广纳各家之言、激荡学术争鸣的铺路石。而在这其中，环境法青年学人更是这片十里桃林的未来与希望，我们会对他们的成长与发展给予格外的关注。

一份刊物的诞生，汇集无数学人的心血与希望，但这不仅仅是求索道路上一个守望的驿站，更是另一段绿法征途的开始。一篇篇文章，激扬文字，既是对历史追问的反思与回应，亦是对前沿问题的不断探索。立德立言，这里既有法学大家的真知灼见，亦有对理论前沿的深刻剖析；无问西东，我们既关注国内环境法治进程中的热点问题，亦引他山之石，放眼全球可持续发展的大格局。著书论法，不仅采撷优秀译作荟萃于刊，亦纵览学术会议的脉动，更关注法律实证研究的最新进展。期许《环境法评论》能以珞珈学派继往开来的胸襟打造环境法学人百家争鸣的平台，以东湖之水海纳百川的气魄把握学术前沿发展的脉搏。

皑皑白雪，层林尽染，冰冻三尺，冬藏祥瑞。本立德立言之初心，无问西东；创刊论法，撷佳作闻于世，以启生态文明大道之公义。谁又可知，在这冰雪之下，凛冬之后，等待着我们的不是又一个生态文明、美丽中国的春天呢？

秦天宝

2018 年元月

目　　录

特稿

热点聚焦

理论前沿

译文荟萃

新书推荐

特稿

认识环境法：我的比较法和跨学科探索

王　曦*

内容摘要：回顾本人四十年的环境法认识历程，我将其总结为一个以八个里程碑为标志的由散到合、由浅入深、焦点不变、自然生长、锲而不舍、贵人相助的过程。环境法是服务于环境治理的制度性手段。环境法是保障环境治理主体良性互动关系的规则之一，规定的是环境治理各个主体的行为底线。环境法是人们为应对环境、资源和生态问题的需要而在传统法律和法学以及相关基础学科的相关原理的基础上发展出来的一套新的法律规范和一个新的法学领域。环境法有着传统法学和一系列相关基础学科所认识和总结的规律性东西的支撑。认识环境法需要抓住这些规律性的东西。

关键词：环境法；比较法；跨学科方法；环境治理；规律

今年适逢武汉大学环境法研究所创所 40 周年。在 1982 年春季，我从武汉师范学院汉口分院中文系毕业，考入了武汉大学法律系，成为法律系 1981 级国际法研究生。我的硕士研究生导师是韩德培先生。研究生毕业之后，我旋即留校，在新成立的武汉大学环境法研究所任教。由这个时间点算起来，我与环境法这个新兴领域的接触有 40 年了。

我这里所说的对环境法的“认识”指的不是一般的“认得”“知道”或“了解”，而是指理性认识，即对客观事物规律的认识。由环境治理（environmental governance）和环境法的特点所决定，这些年来我的这个认

* 武汉大学环境法研究所讲师、副教授、教授（1984—2002），上海交通大学法学院教授（2002—　），昆明理工大学特聘教授、生态文明与环境法治研究基地主任（2019—　）。

识始终与比较法和跨学科思考有密切联系。可以说，我对环境法的认识始于比较法学习和思考，继而加入跨学科的思考并延续至今。

在这个有纪念意义的时刻，对自己的环境法认识做一个回顾，一来共襄所庆，二来致敬和感谢前辈，三来激励自己，四来整理思路，五来辅资后学，十分有意义。以下分五个时间段对我过去40年里对环境法的认识（不包括国际环境法研究）做一个回顾和总结。

一　本科学习期间

作为一个学术概念，“比较”一词引起我的注意是在大学本科学习期间。1977年，我从湖北省沙市棉纺织印染厂考入武汉师范学院汉口分院中文系（现江汉大学中文系）。从1968年年底下乡插队到1978年3月进入大学课堂，这中间我与同龄人一道经历了10年的“文化荒漠”。难能可贵的是，当时的汉口分院中文系延揽并聘用了一批中华人民共和国成立前在国内著名大学毕业的和“文化大革命”前在著名大学毕业的中国语言和文学专业的优秀学者。[1] 在他们的课上和课下，我们受到了难得的、终身受益的人文熏陶和专业训练。记得在杨江柱老师[2]开设的外国文学课上，我第一次接触作为一个学术概念的“比较”一词。我第一次知道文学是可以比较的、有一门学问叫“比较文学”、比较是一种基本的学术研究方法。那时，我获得了一本美国作家爱伦·坡[3]的短篇小说集（英文版），并在其基础上撰写了我的大学毕业论文《试论爱伦·坡小说创作中

1　他们中有古典文学课教师詹幼馨、刘树勋、左介贻、方凤歧、段玉霜；写作课教师陈泽群、丁忱、洪加森、梁海明、熊汉时；文艺理论课教师张维麟、周莎北；外国文学课教师杨江柱、卢盛漠、周莎北；古代汉语课教师欧阳景贤、吴峤、陆蓉秀；现代汉语课教师陆蓉秀、李汉威；现当代文学课教师姜泓、邱胜威、张厚明；逻辑学课教师黄士平；语文教学法课教师詹幼馨、盛代时等。

2　杨江柱老师才华横溢，年轻时是武汉大学法律系的高才生。在1957年的“反右运动”中，他被划为学生“右派”，后曾多年流落武汉街头，成为无业游民。在武汉师范学院汉口分院创院之初，学院把他从武汉市某中学调入，担任中文系教师。据说韩德培先生在恢复武汉大学法学院时，曾想延揽他回校任教，但他没有同意。个中原因，不得而知。多年之后，他离开了武汉师范学院汉口分院，移民加拿大。

3　艾德加·爱伦·坡（Edgar Allan Poe，1809—1849），美国小说家、诗人和文学评论家。

的神秘恐怖倾向》。[4] 那篇论文，虽然十分粗浅，但可以算作我的“比较研究”之开端。必须承认，那时我对比较研究远未形成理性认识。

二　研究生学习期间

我有两段研究生学习经历。一段是在武汉大学法律系，另一段是在美国华盛顿大学法学院。

（一）武汉大学法律系

在武汉大学，从韩德培、姚梅镇、黄炳坤、李谋盛、何华辉、刘经旺、梁西等一批学贯中西、法学功底和人文素养深厚的法学前辈那里，我接触到“比较法”的概念，包括武汉大学老校长王世杰先生的名著《比较宪法》。在武汉大学，我知道法律和法学也是可以比较的；有一门学问叫“比较法学”。在此期间，通过中美法学教育合作项目，美国华盛顿大学法学院威廉·琼斯（William Jones）教授[5]来到武汉大学法律系，连续两年开设有关美国法的课程。通过参加这个课程的学习，我开阔了眼界。这个课程实际上也是一个比较法课程。师生之间不论在课上还是在课后都不乏对中、美两国法律的讨论。

1984年，我在武汉大学法律系创办不久的《法学评论》上发表了我的第一篇法学学术论文，标题为“美国国家环境政策法和有关机构”。[6]这是一篇我国环境法制建设早期介绍美国环境法的文章。它可以算作我的第一篇比较环境法论文。现在看来，这篇文章是一个好的开头。它对美国《国家环境政策法》和有关机构（国家环境质量委员会、联邦环保局、联邦法院）在实施这部法律中的作用的介绍是准确的。

（二）美国华盛顿大学法学院

1984年年底，我从武汉大学法律系毕业，旋即留校，在环境法研究

4　载于武汉师院汉口分院编《武汉师院汉口分院77级学术毕业论文集》，1982年，第231—246页。

5　威廉·琼斯（William Jones，1926—2005），美国华盛顿大学法学院教授，美国著名中国法学者、中国民法学专家，当代中美法学教育合作的开创者之一，译有《大清律例》（英文版）。

6　王曦：《美国国家环境政策法和有关机构》，载《法学评论》1984年第3期。

所工作。1985年1月，经学校批准，我以“公派自费”方式[7]赴美国华盛顿大学法学院留学。邀请我留学的是威廉·琼斯教授。他认为我的文言文基础有助于他当时从事的一项巨大的翻译工程——将中国《大清律例》译成英文，因而邀请我毕业之后到他所在大学留学并帮助他做一些翻译、校对工作。在美国留学期间，我一方面担任他的研究助理，从事他交给的译文校对任务；另一方面作为一名JD（Juris Doctor）学位学生，选修JD学位课程。对《大清律例》的翻译和校对，本身就是一种比较法研究。我和琼斯教授多次讨论如何正确地用现代英语正确表达《大清律例》中的一些难懂的文言文条文。例如，对中国传统的“五服”概念，如何用英文表达？当时我们都不知道答案。我只好去做研究，然后向琼斯教授作汇报。多年之后，《大清律例》的英文版在美国出版。

在华盛顿大学法学院的JD课程学习，让我受益匪浅。我记得选修过侵权法（Torts）、行政法（Administrative Law）、宪法（Constitutional Law）、合同法（Contracts）和法律研究与写作（Legal Research and Writing）等课程。在那个时候，我国刚开始改革开放，国人对于外国了解甚少。我亦如此。对于美国社会和美国法律而言，我的了解相当少，加上当时我的英语听说能力比较差，这使得我的课程学习相当吃力。在头一年里，我几乎每个周末都用来预习老师布置的案例和文献，很少休息，更别说旅游了。我印象比较深的是“法律研究和写作”这门课。这门课教的是做英美法律师的基本功——判例检索与摘要。对于诉讼争议的法律问题，如何从浩瀚的英美法判例中，找到有关的判例法规则并理清其发展脉络，真是一项不容易的工作。[8] 记得第一次上课时，老师（学院法学图书馆馆长）带我们离开教室，参观法学图书馆的判例集收藏部。在那里，既有古老的英国判例集，又有美国的最高法院判例集、联邦法院判例集、州法院判例集和一些专门领域的法律判例集。面对一排排的判例集书架，外行人真不知从哪里下手进行判例检索。美国法学院的教学重在启发思考问题而不重在知识点的传授。通过课堂上的“苏格拉底教学法”和课下的判例检索、阅读、整理和总结，学生们掌握的是做律师的基本方法。至

7 “公派自费”，指的是由单位派出赴外留学，单位保留公职和基本工资，其他各种费用如学费、生活费、旅费等，一律由被派出留学人员承担。

8 所以美国律师收费高。

于知识点和知识面的拓展与深化，则靠终生的学习和领悟。留学期间，我重点研究了美国的《国家环境政策法》并以该法规定的环境影响评价制度作为学位论文选题方向。总而言之，在美国两年多的学习，使我对美国法的一些基本领域有了了解，基本上掌握了美国判例法的研究方法，对美国的《国家环境政策法》和环境影响评价制度有了比较深入的了解，对美国社会有了感性认识，英语能力大为提高。这些为后来我从比较法的角度认识环境法打下了很好的基础。

三 武汉大学任教期间

1987 年夏天，我从美国华盛顿大学法学院毕业，回武汉大学任教。从那时直到 2002 年，我在武汉大学环境法研究所工作了 15 年。在这 15 年里，我对环境法的认识大步深入。在这段时间的后期，我对环境法的认识除了继续借助比较法以外，开始走出法学领域，从经济学、政治学等相关学科获得帮助。以下从教学、研究和国际学术交流三方面做一回顾。

（一）教学

回校后，我于 1988 年春季为研究生开设了“美国环境法概论”课程，于 1994 年左右开设了“比较环境法”课程。这两门课程的开设和《美国环境法概论》的出版可以算作我的环境法认识历程的第一个里程碑。为了讲好美国环境法概论课程，我编写了《美国环境法讲义》，油印成册，发给学生们学习。由于资料比较新颖，编排具有系统性，这个讲义受到学生们的欢迎。现在看来，这个课程充满了比较法的意味。这部讲义共 17 章。每一章的末尾都附有课堂讨论题。这些讨论题基本上都是联系我国环境保护实际的讨论题。例如：“对照美国的环境危机，谈谈对中国环境问题的感想和见解”“列举并说明唤醒美国公众的环境觉悟的各种原因”“对照美国的情况，谈谈我国政府应当如何加强环境管理”“比较美国和中国的宪法在环境保护问题上的不同规定和实际作用”“比较中美两国法律在保障公民的环境诉讼权方面的异同”“我国应当如何加强对严重影响环境的行政行为或决定的法律监督”。现在看来，这些问题仍然具有现实意义。由此可见我当时的美国环境法探索思路是正确的。我开设的比较环境法课程主要有三方面内容：一是关于比较法学基本概念和原理的介绍，二是对比较环境法学的基本概念和内容的介绍，三是基于中美两国环境法的一些具体制度的比较研究，例如环境影响评价制度。当时这门课程受到研究生的欢迎。课堂上我与同学们有很好的互动，教学相长，共同进步。

我在武汉大学的美国环境法和比较环境法的教学，每每得到来访的美国环境法教授的参与。这些教授不仅带来了新的知识，而且带来了新的教学方法。到武汉大学环境法研究所参与美国环境法教学的教授有1987—1988年的富布莱特学者格雷戈里·托马斯（Gregory Thomas）教授、1990年的彼得·戴维斯（Peter Davis）教授等。在托马斯教授的环境法课堂上，他一再谈到“accountability”（可问责性或问责制）问题。他指出，美国《国家环境政策法》规定了联邦行政部门在环境决策方面的可问责性。这个概念引起了我的注意。多年后，我终于认识到这个概念的重要性并对在我国建立政府环保履职监督制度做了比较深入的思考。就教学方法而言，美国教授在课堂上对投影器和投影胶片的使用（当时还没有电脑和PPT），以及美国教授的严谨而不失幽默的谈吐，令人印象深刻。现在回想起来，中美师生在这些课堂上的种种交流，不仅使双方加深了了解，结成了友谊，而且它们本身就是比较环境法研究的宝贵实践。

（二）研究

经过几年的教学检验，在《美国环境法讲义》的基础上，我于1992年出版了《美国环境法概论》。这部著作介绍了美国环境保护运动和环境保护立法的历史，论述了美国传统法律在环境问题的挑战面前发生的变化，并对主要的联邦环境保护法律做了比较详细的介绍。这部著作集中了我当时对美国环境法的了解。它的写作也是一个比较法思考的过程。这部著作为我后来的环境法研究奠定了很好的基础。

这部著作的出版正值我国环境立法大发展的时期，国家有关部门的环境立法工作亟须参考代表性国家的立法资料。由于当时美国环境法的领先性和创新性，这部著作的出版引起了我国立法界和学术界的关注。当时的全国人大环资委和国家环境保护总局的领导同志对这部著作高度关注。记得在2000年国家有关机构酝酿修改《大气污染防治法》时，有位接近曲格平先生（原国家环境保护总局首任局长、原全国人大环境资源保护委员会首任主任）的朋友告诉我，说他“这几天一直在看《美国环境法概论》，对美国的空气质量分区的做法特别感兴趣”。在环境法学界这部著作的引用率很高。1996 年这部著作在台湾重印发行。[9] 有意思的是，前几年（大约在 2016 年），一个偶然的机会，我在上海碰到一位早年从同济大学毕业的、在美国加利福尼亚州环保部门工作的美籍华人工程师。他看了《美国环境法概论》之后感慨道：“没想到国内早就有人这么详细地介绍过美国环境法。”

从认识环境法的角度看，写作《美国环境法概论》使我受益良多。首先，它迫使我思考如何从整体上考察、介绍和评价一个国家的环境法。这是一个重要的方法论训练。《美国环境法概论》分为三编即“美国环境保护史概论”“美国环境法总论”和“环境法规各论”。首先，这三编在逻辑上具有层层递进的关系，体现了我从整体上把握美国环境法的方法。其次，在这个过程中，我不仅接触而且开始觉察环境法背后的一些规律性的东西。这些东西构成各国环境法共通的一些基本概念和基本原理。例如，我注意到哈佛大学法学院行政法教授理查德·史迪沃（Richard B. Stewart，又译为“理查德·斯图尔特”）关于美国的政治过程不存在不利于环境保护的基本结构性缺陷的论述。他说道：“一些学者和诉讼当事人倡导的环境质量宪法权利（a constitutional right to environmental quality）已遭到法院的拒绝。毫无疑问，法官们对这些具有诱惑性的倡导的抵制是正确的……过去十多年里联邦和州政府环境立法的大量涌现这一现象与所谓由于政治过程存在结构性缺陷，所以环境质量宪法权利成为必要的一般性主张是完全冲突的。”[10] 我注意到两点。一是他对作为私权的环境权概念的否定，二是他在论述环境权问题时所使用的从美国政治过程来考察创设这个权利之必要性的方法。在这两点中，如果说前者由于涉及一个有争论的问题而给我留下印象的话，后者则由于涉及一个从整体上认识环境法的方法而对我后来的学术研究产生深远影响。又如，我注意到美

9 这部著作于 1996 年被台湾汉兴书局与武汉大学出版社的合作项目选中，在我国台湾地区重印发行。

10 See Stewart, “The Development of Administrative and Quai-Constitutional Law in Judicial Review of Environmental Decisionmaking: Lessons from th Clean Air Act”, 62 *Iowa L. Rev.* 713, 714-715 (1977)，参见王曦《美国环境法概论》，武汉大学出版社 1992 年版，第 107—108 页。

国《清洁空气法》等法律关于行政执法“告知、辩论、制裁三部曲”的规定,[11] 尤其是其中的“辩论”环节。我意识到这种规定的背后是对企业合法权利的尊重和对宪法正当法律程序原则的尊重。

除了《美国环境法概论》以外，就比较环境法而言，在此期间我还有三部著作值得一提。一是我与几位同仁共同翻译的《环境执法原理》[12] 一书。它是由美国环保局牵头，为培训各国环保执法人员而编写的一部培训教材。我们翻译的中文版曾长期挂在美国环保局的网站上，供各国参考使用。这项翻译实际上也是一个比较环境法研究的过程。这部教材中所介绍的美国等国的环保行政部门在执法过程中对私方权利的尊重的做法，给我留下了比较深的印象。这部教材指出：“虽然每个国家都有自己独特的司法制度，法律传统和文化背景，但一般国家都规定了一定程序，在个人权利与政府代表公众的行动需要之间进行权衡。以下几个程序有助于执法的公正：通知……申诉……解决冲突。一般地，执法行动对个人权利影响越大，执法方案对个人提供的保护应该越充分，规定采取最后行动之前的程序也应该越长。”[13] 这部教材还指出：“磋商是执法不可分割的组成部分。在美国，大多数执法案件不是通过单方面决定解决的，而是通过磋商解决的。”[14] 这些论述对我后来关于环境治理中的规制关系的思考产生了影响。二是与几位同仁共同翻译的《联合国环境规划署环境法教程》。[15] 这部教材的英文原稿由我从与当时联合国环境规划署亚太环境法方案的代表劳 · 克鲁克拉苏雷亚（Lal Kerukulasuriya）的交流中获得。与国内众多的环境法教材相比，这部教材含有更多的对国际社会公认的环境法概念、原理和制度的介绍。三是由我和另外二人联名发表的《难逃幽灵城》（英文原名为 Love Cannel：My Story）[16]。这部书由我在美国留学时获得并得到

---

11 参见王曦《美国环境法概论》，武汉大学出版社 1992 年版，第 192 页。

12 美国国家环境保护局：《环境执法原理》，王曦、王夙理、李广兵、柯坚译，民主与建设出版社 1999 年版。

13 同前注 12，美国国家环境保护局书，第 78—79 页。

14 同前注 12，美国国家环境保护局书，第 79 页。

15 联合国环境规划署：《联合国环境规划署环境法教程》，王曦主编译，法律出版社 2002 年版。

16 ［美］洛伊斯 · 玛丽 · 吉布斯口述：《难逃幽灵城》，墨里 · 莱维恩整理，余辉燕、王曦、姜益民译，中国地质大学出版社 1991 年版。

了作者洛伊斯·玛丽·吉布斯（Lois Marie Gibbs）女士的翻译授权。这部著作真实地记录了20世纪70年代发生在美国纽约州尼亚加拉瀑布县的一个震惊世界的危险化学品污染事件——罗浮水道事件。它为研究和认识美国环境法及其社会背景提供了一份生动的材料。对于中美环境法比较研究而言，这部著作至今仍然具有很大的研究价值。

在此期间，在曾昭度教授的支持和指导下，我于1993年获得了国家社科基金项目“市场经济条件下环境法比较研究”和国家环保总局项目“国外环境执法和监督手段比较研究”。作为这两个项目的成果之一，我翻译、整理了一部十几万字的《十七国环境法概要》。这是一份很好的比较环境法资料。但由于当时缺乏经费，这部资料没有出版。

回国之后，我凭借留学期间所积累的对美国环境法的认识，发表了若干属于比较环境法范畴的论文。其中比较重要的有：《环境影响报告书应有替代方案内容》[17]《试析70年代美国公众的环境觉醒及其原因》[18]《中美环境影响报告书制度比较研究》[19] 等。这个时期发表的论文尤以1994年发表的《比较环境法与中国环境法制》一文意义重大。它可以算作我的环境法认识历程的第二个里程碑。在这篇文章中我提出了比较环境法学的定义。这篇文章是九家中央机构[20]联合举办的中国环境法制电视教育讲座的教材——《中国环境法制》一书的第二十章。[21] 在此文中，我提出比较环境法学是“专门对各国（包括一国内实行不同法制的地区和联邦制国家各组成部分）的环境法律、环境法律实践和环境法学进行比较研究，从它们的同和异之中认识并阐述环境法和环境法律现象的一般规律的一门社会科学”[22]。我对比较环境法学的特征、比较环境法学与外国环境法学的关系、比较环境法学的历史和现状做了论述，并对比较环境法学

17 王曦：《环境影响报告书应有替代方案内容》，载《中国环境管理》1988年第6期。

18 王曦：《试析70年代美国公众的环境觉醒及其原因》，载《武汉大学学报》（哲学社会科学版）1991年第4期。

19 王曦：《中美环境影响报告书制度比较研究》，载《法学评论》1989年第1期。

20 这九家中央机构是全国人民代表大会环境保护委员会、最高人民法院、最高人民检察院、国家环境保护局、人事部、国家经济贸易委员会、公安部、司法部、中国科学技术协会。

21 中国环境法制电视教育讲座指导委员会办公室：《中国环境法制》，国防工业出版社1994年版，第350—365页。

22 同前注21，中国环境法制电视教育讲座指导委员会办公室书，第354页。

同中国环境法制建设的关系、中国比较环境法学的重点领域、中外环境法律体系比较、中外环境管理法律制度比较等问题分别做了论述。这个比较环境法学定义的提出，参考了当时可得的大量文献资料，经过了仔细的研究和思考。我很高兴地看到，多年之后，这篇文章的学术价值不仅没有褪色，反而与时俱增。这篇文章标志着我开始从理论上深入思考环境法。这是一个具有方向性意义的重要发展。

（三）国际学术交流

对于认识环境法，国际学术交流非常重要。几乎每一次国际学术活动都给我带来思想的碰撞和火花，增加我对环境法的认识。在此期间我参加或参与操办的以下几次国际学术交流活动使我获益匪浅。

1. 1990 年和 1991 年东北亚环境论坛

自 1987 年留学回国之后，我于 1990 年和 1991 年的夏天两次参加了东北亚环境论坛。该论坛是一个由东北亚国家（包括美国）的政府环保部门和社会组织共同举办的环境论坛。1990 年的论坛在苏联东西伯利亚贝加尔湖畔的伊尔库斯克市举行，1991 年的论坛在美国阿拉斯加州安克雷奇市东北方的帕尔默（Palmer）市举行。我对这两次论坛都提交了论文并做了介绍我国环境法制建设情况的发言。这两次会议帮助我了解东北亚国家及美国、苏东国家的环境法发展状况，并使我广交外国的环境法学者、律师、专家和官员。

2. 1992 年武汉大学环境法国际学术讨论会

1992 年 11 月 18—20 日，武汉大学环境法研究所举办“武汉大学环境法国际学术讨论会”。这次会议的召开适逢巴西里约热内卢联合国环境与发展大会之后不久。来自中国、美国、日本、英国、加拿大、澳大利亚、巴基斯坦等国家地区以及联合国环境规划署、联合国开发署、世界自然保护联盟（IUCN）等国际组织的 80 多位专家、学者和官员参加了会议。会议由韩德培教授致开幕词，联合国环境规划署法律和机构部主任孙林先生、世界自然保护联盟（IUCN）环境法委员会主席帕尔维兹·哈桑（Parvez Hassan）先生、国家环保局法规司胡保林司长和外交部条法司的官员出席会议并作了专题报告。与会者就环境法制与当代中国、国内环境法与国际环境法的协调、当代环境法的发展趋势等问题做了广泛的探讨。[23] 我作为环境法所兼职外事秘书，负责会议的对外联络等工作。这次会议是当时国内少有的一次高层次环境法国际盛会，也是自武汉大学环境法研究所成立以来举办的首次大型国际学术讨论会。它为武汉大学环境法研究所走向世界开了个好头。在这次会议上，我以初生牛犊不怕虎的劲头，勇敢地担任了大量的现场双向口头翻译，连续翻译了三天。对于我这个没有受过专业英语训练的人来说，这是一个极大的考验和锻炼。值得庆幸的是我的翻译获得了中外与会者的好评。在这次会议之后，帕尔维兹·哈桑先生推荐我加入世界自然保护联盟（IUCN）环境法委员会。从那时起，我的学术生涯同 IUCN（世界上最大的环保组织）和 IUCN 环境法委员会（世界上最大的环境法学者、律师和专家的组织）紧密地联系起来。从那时至今，这个联系不仅持续地促进我的学术成长，而且为我国环境法学者走出国门和外国环境法学者进入我国提供了一个重要的渠道。对于我国年轻的环境法学界和比较环境法研究，这个渠道的开通意义重大。

3. 1996 年世界自然保护联盟（IUCN）蒙特利尔世界大会

1996 年夏天，世界自然保护联盟（IUCN）[24] 在加拿大蒙特利尔市举行它自 1948 年在法国枫丹白露诞生以来的第一次世界大会（World Congress）。这次会议上的一个突发情况给了我一次重要考验。在会上，美国加利福尼亚州一个打着环保旗号的鼓吹“藏独”的律师组织提出了一项议案，从环境影响评价的角度对我国西藏自治区的水电开发项目提出种种恶意指责和无理要求。我国政府代表团当即对该组织进行了有力的驳斥，粉碎了该组织利用这次大会为“藏独”张目的企图。当时，我正在加拿大不列颠哥伦比亚大学做访问学者。我以世界自然保护联盟（IUCN）环境法委员会委员的身份出席了这次大会。在中方代表与这个律师组织的对话会上，看到几位主张“藏独”的美国律师的猖狂和无理，我很气愤，于是站出来，主动分担了中方的口头翻译工作。我利用在美国法学院学到

---

23 详见蔡守秋、王曦《当代环境法——环境法国际学术讨论会论文集》，香港中华科技出版社 1992 年版。此次会议的报道，详见高天、易平《加强国际合作 促进环境保护——环境法国际学术研讨会综述》，https://www.cnki.com.cn/Article/CJFDTotal-WHDS199302018.htm，最后访问日期：2021 年 5 月 4 日。

24 正式全名为“国际自然与自然资源保护同盟（International Union on Nature and Natural Resources，IUCN）”。中文通用简称为“世界自然保护联盟（IUCN）”。

的知识，协助我方代表与美国律师进行了面对面的斗争，为我方最后战胜这个“藏独”组织的图谋做出了一点点贡献。我的美国法、环境法知识和英语能力在这次斗争中发挥了重要作用。这场“遭遇战”使我亲身体验了环境法与国际政治的联系。

4. 1997—1999 年武汉大学中国澳大利亚可持续发展法研讨班

1996 年，我在不列颠哥伦比亚大学做中加访问学者期间，受同为世界自然保护联盟（IUCN）环境法委员会委员的悉尼大学本·布尔（Ben Boer）教授之邀，访问了他的学校并与他就申请澳大利亚政府与中国政府之间的机构合作项目达成了一致。我们共同设计、起草了中澳机构合作项目“中国和澳大利亚可持续发展法研讨班”[25]，并由本·布尔教授向澳大利亚政府外交与贸易部提出申请。1997 年，这个项目获准并开始执行。从 1997 年到 1999 年，在这个项目的支持下，两批澳大利亚的环境法教师和研究生共约 50 人[26]，分两年到武汉大学环境法研究所，与该所环境法师生共同学习、研讨和实地考察[27]；一批武汉大学环境法研究所的师生共约 10 人[28]到悉尼大学做了为期近三个月的课堂学习和实地考察（包括考察原始森林保育工程和观摩法庭审判等）。这是一个典型的比较环境法学习和研究项目。双方师生围绕中国和澳大利亚有关可持续发展的法律和政策，开展了一系列具有比较法学研究特色的学习、考察和研讨。通过这个项目，双方机构的国际学术声誉大为提高，国际学术交流渠道大为拓展，师生的专业素质大为提高，双方机构都获益匪浅。从人员规模、教学和研究的深度、培养质量等方面看，这个连续三年的比较环境法研讨班不论在中国，还是在澳大利亚，迄今为止都“后无来者”。作为这个项目的负责人之一，我为它的成功感到十分高兴。

就我对环境法的认识而言，这个研讨班具有特别重要的意义。这个意义可以从两方面看。其一，我领悟并成功运用了一个有助于从整体上认识

---

25 项目总经费 108 万元人民币，分三年执行。

26 这个项目的澳方协调人先后是悉尼大学法学院本·布尔教授和尼古拉·富兰克林（Nicola Franklin）教授，主讲教师包括布莱恩·普雷斯顿（Brain Preston）教授、罗斯玛丽·李斯特（Rosemary Lister）教授等。

27 对澳方学生而言，参加这个研讨班的学习成绩计入其本校学分。

28 这个项目的中方协调人是武汉大学环境法研究所王曦教授，赴澳参加学习和考察的教师是罗吉、柯坚、李广兵、吴志良；研究生是胡静、谭彪、王相、徐正祥、王健、秦天宝。

环境法的重要概念——政治过程。其二，由于这个概念是一个政治学概念，我对环境法的认识开始涉及政治学并进入跨学科的新阶段。在为研讨班准备介绍和评价中国环境法的课程时，我需要一个合适的概念并借助这个概念来构建我对中国环境法的介绍和评价。这时我想起多年前所注意到的史迪沃教授在评论环境权问题时所运用的从美国政治过程来考察的方法。[29] 我决定用“政治过程”概念来统摄我对中国环境法的介绍和评价。我将这门课程取名为“论中国环境政治法律过程”，并将这个过程定义为“为实现环境法和政策所规定的目标而采取的一系列法律的和政策的行动和措施”的过程。我分析了这个过程的要件，评论了这个过程的效果，提出了对这个过程的总体认识。通过这个建立在“政治过程”概念上的理论框架，我比较好地从总体上介绍和评价了我国环境法的“森林和树木”。这个课程得到了中外学生的好评。早在1994年，虽然我提出比较环境法学的任务是“从各国环境法的异和同之间认识并阐释环境法和环境法律现象的一般规律”，但在后来的一段很长的时期我在这方面的领悟进展甚微。现在，一个重要的新进展在不经意间出现了！“政治过程”概念何尝不是一个比较环境法学所要探索的、体现在各国环境法和法律实践中的一个“规律性的东西”呢？抓住规律性东西不正是认识环境法之必要吗？对于我后来的环境法研究而言，这个领悟具有重要的方法论意义。因此，我把这个领悟看作我的环境法认识历程的第三个里程碑。

5. 1998年、1999年世界自然保护联盟环境法委员会“培训培训者”项目

1998年和1999年暑假，在联合国环境规划署[30]和亚洲开发银行的支持下，世界自然保护联盟（IUCN）环境法委员会［CEL，现称“全球环境法委员会”（GCEL）］与新加坡国立大学亚太环境法中心合作，在新加坡国立大学举办了两期“亚太地区环境法培训能力建设培训班（又称‘培训培训者’项目）”。[31] 每期培训班都由来自亚太地区十多个国家的

---

29 关于这段回忆，参见王曦《为完善环境治理的法治保障而努力——〈环境保护法〉修改研究回顾》，载《环境法评论》2018年第1期。

30 联合国环境规划署项目活动中心理事孙林对这个项目给予了大力支持。

31 详见［英］巴巴拉·J. 劳瑎《编织环境法之网》，王曦等译，法律出版社2012年版，第537—547页。

环境法青年教师组成。每期培训班为期一个月。在 IUCN 环境法委员会前主席帕尔维兹·哈桑博士等资深环境法学者[32]的领导下，我比较深度地参与了这个项目的前期准备并在这两期培训班上担任学员并讲课。这个培训班不论从教学内容，还是从教学方法上，对参加者都是一个很好的比较法训练。通过这个培训班，不论培训者还是被培训者都极大地增进了对环境法的认识。我亦如此。我一方面从发达国家教员的讲课中增加了对发达国家环境法的了解，另一方面从与发展中国家学员的交流中增加了对他们的国情和环境法状况的了解。

四　上海交通大学任教期间

我于 2002 年 5 月调到上海交通大学，在那里工作到退休（2019 年），一共工作了 17 年。这个时期，在繁忙的教学和行政工作的同时，我对环境法的认识出现了新的重要的进步。在原有的主要基于中美环境法比较的思考之外，跨学科的学习和思考为我深入认识环境法提供了极大的帮助。

（一）2003 年世界自然保护联盟（IUCN）环境法学院（AEL）成立典礼暨首届学术年会

2003 年 11 月，在学校和法学院领导的大力支持下，我以环境资源法研究所所长的身份，配合世界自然保护联盟（IUCN）环境法委员会在上海成功举办了世界自然保护联盟（IUCN）环境法学院（AEL）成立典礼和首届学术年会。会议层次高，规模大，群英荟萃。[33] 来自 45 个国家代表 90 多所大学的近 150 名环境法学者参加了此次盛会。对于国际社会环境法学术界而言，这次会议意义十分重大。这次会议宣告成立的环境法学院（Academy of Environmental Law）为各国环境法学者提供了一个学术

32　除了帕尔维兹·哈桑博士，这个项目的领导组成员还有 IUCN 环境法委员会前主席沃夫冈·波荷尼波西、IUCN 环境法中心弗朗西斯·波荷尼-圭明博士、美国佩斯大学尼古拉·罗宾逊教授、新加坡国立大学许庆玲教授、澳大利亚悉尼大学本·布尔教授、澳大利亚西悉尼大学唐娜·克雷教授、原新加坡无任所大使许通美博士等。

33　会议详情，参见王曦、姬兆亮《全球环境法学界的盛事——世界自然保护联盟环境法学院成立典礼暨首届学术年会综述》，载《现代法学》2004 年第 2 期。

交流平台。这个平台一直活跃地延续至今并且是全球环境法学界唯一的一个以大学的环境法学科和研究中心为成员单位的全球性学术组织。各国环境法学者在这个学院的框架里开展了积极的学术交流。如果说1992年的武汉大学环境法国际学术讨论会为我国的环境法国际学术交流打开了一扇门的话，这次会议和这个学院的成立则把这扇门开得更大了。作为这次会议的中方协调人和首届学术年会主席，我为这个开放做出了自己的贡献。会后由剑桥大学出版社出版的论文集是一部关于可再生能源法的比较法论文集。[34] 我借助于这个平台与包括发展中国家中的很多国家的环境法学者建立并保持着学术交流。这种交流大大扩展和加深了我对环境法的认识。

（二）2005年2月在全国人大环资委环境立法座谈会

对于我认识环境法而言，2005年2月全国人大环资委在北京举行的一次环境立法国际研讨会意义十分重大。我在会上做了发言。[35] 这个发言标志着我的比较环境法思考取得了一个重要突破。如果说在此之前的很多年里我初步注意到了中美环境法中的一些规律性的东西例如“政治过程”等概念或原理的话，这次会议则激起我将这些规律性东西与我国环境保护实际联系起来思考。我“突然领悟到在美国环境法的立法史上的一个重要情况的重要意义。这个重要情况就是美国国会……制定的第一部划时代的法律——《国家环境政策法》所针对的不是企业，而是联邦政府！它的重要意义正在于克服环保方面的政府失灵！”[36] 这使我认识到当时我国《环保法》中一个重大的制度性缺陷——缺乏对政府，尤其是地方政府环保履职的监督制度。当时的《环保法》除了有一条关于“检举和控告”的原则性条款涉及这个制度以外，没有任何其他的这类规定。在这种情况下，当时我国地方政府的粗放式发展方式基本不受法律的约束。于是我提出：“修订《环保法》的方向和重点，应当是从实体法和程

---

34 详见 A. J. Bradbrook, R Lyster, R. L. Ottinger, W Xi edited, The Law of Energy for Sustainable Development, Cambridge University Press, 2004。

35 发言记录稿全文，参见王曦主编《国际环境法与比较环境法评论》，上海交通大学出版社2008年版，第201—203页。

36 同前注29，王曦文。

序法上，尤其是从程序法上，全面加强政府的环境保护工作职能，使环境价值和经济价值在政府各个部门中真正统一起来，使我们的政府成为一个能够完整统一地行使环境保护公共职能的政府。”[37] 这是一个重要的领悟。它使我注意到环境法对于环境治理中的各种主体及其行为必须全覆盖，不能有所遗漏，更不能遗漏政府这个关键主体。后来，在 2008 年，我发展了在这个会议上的“顿悟”，提出通过修改《环保法 》来解决“政府落实科学发展观”“克服环境管制的‘政府失灵’”和“建立和加强对行政部门影响环境的行政行为的社会监督机制 ”三个重大问题。[38] 我指出：“美国的环境立法，是从行政部门‘开刀’的，首先对行政部门提出了遵守国家环境政策的法律要求。不仅如此，为保证这项新的国家环境政策在行政部门得到落实，国会在《国家环境政策法》中专门规定了环境影响评价程序，要求行政部门对其拟议中的可能对环境带来重大影响的行政行为的环境影响作出评价，从而以环境影响评价程序来改革和完善行政部门的决策程序。”[39] 从比较法学的角度看，对政府的环保履职进行监督属于各国环境法律制度中的共性的、规律性的东西。这种监督和制约制度在各国都存在，只不过由于国情不同，各国的表现形式不一样。我国的环境保护法律制度中不应当缺乏这种制度。通过中美环境法的比较，此时我对环境法的认识迈上了一个新台阶。我将上述顿悟算作我的环境法认识历程的第四个里程碑。

（三）补习微观经济学和新政治经济学基础知识

与上述“顿悟”同时，我深刻感觉到掌握相关学科的基础知识对于认识环境法和环境治理的重要性。我认识到，当时我国比较普遍存在的两种“失灵”即以企业等污染者产生的污染为代表的“市场失灵”和以地方政府在环境规制和地方经济发展决策中失误为代表的“政府失灵”都是经济学早有研究的问题。因此要想更好地认识环境法，就必须学习和掌

---

37 参见王曦主编《国际环境法与比较环境法评论》，上海交通大学出版社 2008 年版，第 202 页。

38 参见王曦《当前我国环境法制建设亟需解决的三大问题》，载《法学评论》2008 年第 4 期。

39 同前注 38，王曦文。

握有关这些问题的经济学原理。于是我开始补习经济学和新政治经济学中的相关知识。

经济学源于西方。我试图理清西方经济学的理论发展脉络，找出其中对于我国环境治理和环境法制具有参考价值的理论流派。西方经济学公认的理论源头是亚当·斯密[40]及其名著《国民财富的性质和原因的研究》（即《国富论》）。根据我的理解，在亚当·斯密的政治经济学之后，西方经济学出现了三个主要的理论分支。一是微观经济学和宏观经济学分支。二是马克思的经济学和社会革命理论分支。三是现代新政治经济学分支。现代新政治经济学分支在一定意义上回归亚当·斯密的政治经济学，并批判地吸收了其他分支的相关理论，向着经济学与政治学结合的方向发展，更加重视制度和规则的改进。在这些分支中，亚当·斯密的政治经济学、微观经济学和新政治经济学与环境治理联系相对更加密切（如图1所示）。

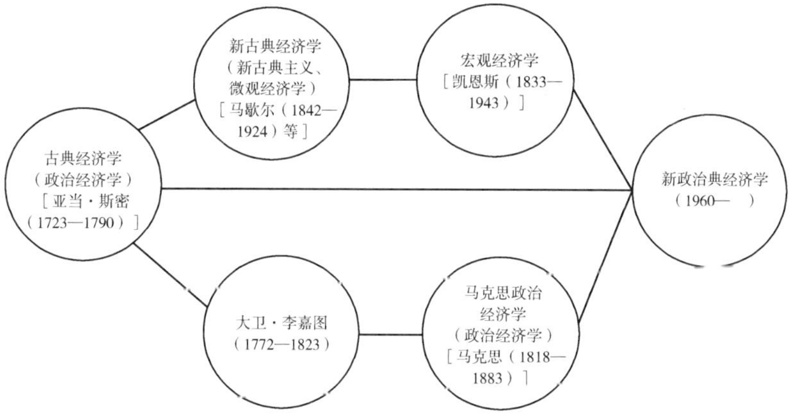

图1　西方经济学发展脉络

在两位诺贝尔经济学奖获得者合著的《微观经济学》（第18版）中，微观经济学中与环境治理关系密切的理论部分，主要是经济学基础知识、

40　亚当·斯密（1723年6月5日—1790年7月17日），英格兰人，著名思想家和经济学家，主要著作有《道德情操论》（1759年）和《国民财富的性质和原因的研究》（即《国富论》）（1776年）。

现代经济中的市场与政府以及环境保护部分。[41] 其中主要的有关于外部性、公共品、市场不灵、政府干预等概念和原理。在另一位著名的当代经济学家曼昆的《经济学原理》（第6版）中，与环境治理关系密切的理论部分是“公共部门经济学”。这一部分包括了关于外部性、公共物品等问题的基本概念和理论。[42]

通过学习微观经济学，我初步明白了市场在一个国家的经济和社会发展中的基本作用。我明白了市场机制原理。我明白了市场与规则（或制度）是密不可分的。没有好的制度的保障，市场最终会因“劣币驱逐良币”的规律（即所谓“格雷欣定律”）而陷于崩溃。[43] 我明白了公共物品、外部性和有关“市场失灵”的理论。这些概念很好地揭示了污染和生态破坏问题的经济学原因。我明白了政府存在的基本理由是为了以政府干预克服公共物品和市场机制所固有的对社会环境公益的不利之处，弥补市场机制的缺陷即克服“市场失灵”。我明白了环境法的目的和作用一方面在于规范市场主体的行为，使其不至于损害环境公益；另一方面在于规范和约束政府行为，使其正确而勤勉地履行其环保职能，防止出现“政府失灵”。我进一步想到，在实行市场经济的世界上绝大多数国家中，在市场经济这个大背景下的环境法律制度应当具有一些共同的规律性的东西。有关市场与政府的关系以及规则与市场和政府之关系的概念和原理就属于这类规律性的东西。

新政治经济学是一门新的学科分支或领域，它处于传统经济学、政治学、法学的交叉点上。与经济学一样，新政治经济学也是一门宏大而深厚的学问。我国研究新政治经济学的著名学者、厦门大学陈振明、黄新华两位教授认为这个分支包括公共选择理论、新制度学派和国际政治经济学。对其中的公共选择理论，他们定义为“公共选择理论就是应用经济学的理论和方法来研究政府—政治行为的一个跨经济学、政治学的新领域

41 参见［美］保罗·萨缪尔森、威廉·诺德豪斯《微观经济学》（第18版），萧琛主译，人民邮电出版社2008年版。保罗·萨缪尔森是1970年诺贝尔经济学奖获得者，威廉·诺德豪斯是2018年诺贝尔经济学奖获得者。

42 参见［美］曼昆《经济学原理》（第6版），北京大学出版社2012年版。

43 参见［澳］杰佛瑞·布伦南、［美］詹姆斯·布坎南《规制的理由——宪政的政治经济学》，秋风、王代、冯克利、周业安、党国英、胡琴译，载［澳］布伦南、［美］布坎南：《宪政经济学》，冯克利、秋风、王代、魏志梅等译，中国社会科学出版社2004年版。

（人们称之为政治的经济学或新政治经济学）”[44]。在新政治经济学这个囊括了现代、当代经济学的新理论、新流派的看似庞杂的知识体系中，公共选择理论，尤其是其中詹姆斯·M. 布坎南（James M. Buchanan）[45]的理论，具有纲领性的地位。这是因为布坎南研究的是包括宪法和法律在内的规则和制度对包括环境治理中各种政治关系（例如规制关系、督政关系等）的保障作用。公共选择理论关于政治主体、政治主体之间的互动关系和宪法、法律和伦理等各种规则对政治主体的规范和约束的理论，与环境治理密切相关。我注意到，在布坎南那里，或者扩大一点，在其他属于新政治经济学流派或与之有密切联系的经济学家如罗纳德·H. 科斯（Ronald H. Coase）和哈耶克（弗里德里希·奥古斯特·冯·哈耶克，Friedrich August von Hayek）那里，环境和资源问题往往成为他们论述政治、法律和政府的切入点。我注意到哈耶克对计划经济体制的批判并理解了我国为什么要实行经济体制改革，选择市场经济运行机制。

通过学习公共选择理论，我认识到在很多情况下政府是会“失灵”的。公共选择理论虽然建立在对西方市场经济国家“政府失灵”问题的研究基础上，但由于我国现在也选择以市场作为基本的经济运行机制，这个理论所揭示的“政府失灵”及其对策对我国而言具有重要的参考价值。陈振明、黄新华两位教授指出，公共选择理论所研究的主题如“市场失灵与政府失灵”“政府扩张及其治理”“政府干预与寻租行为”[46]，对于我们处理好社会主义市场经济条件下政府与市场的关系问题具有重要的启发和借鉴意义。[47] 针对“政府失灵”，公共选择理论提出的对策是加强制度建设即完善保障市场机制运行的规则。这种规则的范围很广，包括宪法、法律和伦理。当前我国大力加强生态文明制度建设的种种举措也说明了以完善规则或制度克服环境治理中的“政府失灵”的必要性。我认识到，“政府失灵不除，市场失灵不止”[48]。克服环境治理中的“政府失灵”是各国环境法所共同的一个规律性的东西。

---

44 参见陈振明、黄新华主编《新政治经济学导论》（第二版），中国人民大学出版社2010年版，第4页。

45 布坎南是当代美国著名经济学家、诺贝尔经济学奖（1986年）获得者。

46 同前注44，陈振明、黄新华书。

47 同前注44，陈振明、黄新华书。

48 同前注38，王曦文。

通过学习公共选择理论，我认识到，如果我们把环境治理看作一个“政治过程”，我们就要考察这个过程有哪些参与主体以及它们之间的互动关系。我在 1997 年的武汉大学中澳比较环境法研讨班时曾经领悟到这个问题。如下文将要介绍的，在这个时期我对它的思考更加深入了。

在市场经济条件下，不可忽视伦理规范对于市场经济运行机制的保障作用。光有法律，没有合适的伦理环境或“土壤”的支持，法律是无法实现其目的的。“政府失灵”的问题，在很多情况下是政府官员的伦理素质问题。公共选择理论涉及这个问题。为了考察和掌握伦理在保障环保主体良性互动关系中的地位和作用，我还学习了亚当·斯密的《道德情操论》和一些中外伦理学著作。通过这方面的学习，我加深了对环境伦理在规范环境治理各方主体行为的重要作用的理解。我认识到，环境伦理的这个保障作用也是各国环境法背后规律性的东西。

通过补习，我认识到作为一套新的规则，环境法建立在经济学和新政治经济学所公认的原理的基础上。这些原理属于各国环境法律制度背后的那些具有规律性的东西。认识环境法就必须认识这些规律性的东西。记得美国著名法哲学家罗斯科·庞德说过，对法律和法学要从法律和法学之外来认识。到了这个时候，我对环境法的认识开始突破法学的界限，进入了作为法学的理论基础的那些相关学科如经济学、新政治经济学和伦理学。我开始从跨学科的角度用多学科的理论和原理来认识环境法。图 2 表达了

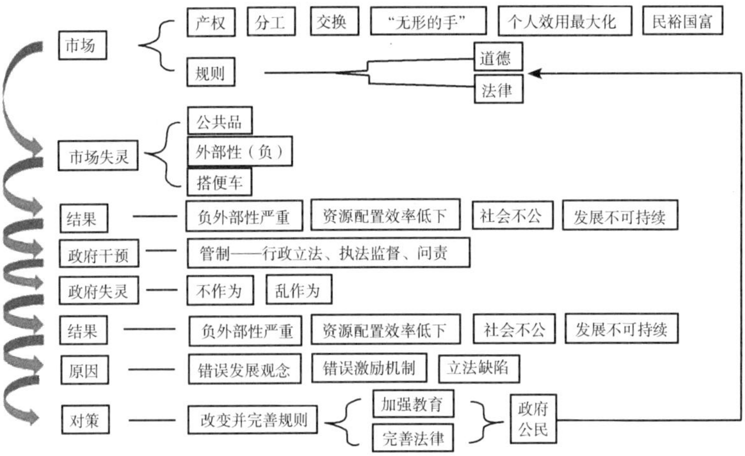

图 2　环境治理的政治经济学原理

我对环境法背后的政治经济学原理的认识。这个认识是从法学之外认识环境治理和环境法的结果。

（四）2007—2014 年有关《环保法》修改的两个课题

2007—2014 年，我的研究聚焦于两个在内容上互为补充和促进的课题上。一个是 2007 年中国工程院与环境保护部联合发起的“中国环境宏观战略研究”的子课题——“中国环境宏观战略研究的法制保障”。我是这个课题的骨干研究人员之一。另一个是环境保护部课题“环境法制定研究”。我是这个课题的负责人。这个课题的任务是为《环保法》修订提供思路、建议和修订文本。这两个课题在两个方面有重合之处。一是查明当时我国环境管理和环境法制建设中的薄弱环节；二是针对这个薄弱环节提出立法对策。这两个课题都应用了比较法的研究方法。[49] 我领导一个跨国、跨校的研究组[50]用比较研究的方法对这两个问题进行了比较深入的研究并提交了有关的研究报告。除了完成这两项具体的应用研究任务以外，通过这两项课题的研究，我和我的研究组形成了一些具有理论价值的成果，并在这个过程中加深了对环境法的认识。

1. 查明我国环境法制的薄弱环节

关于当时我国环境管理和环境法制建设中的薄弱环节，这两项研究得出的一致认识是：我国法律制度上缺乏对有关环境的政府行为的规范和监督的制度。当时我在下列文章中对这个问题做了论述。在 2008 年的《当前我国环境法制建设亟需解决的三大问题》一文中，我指出，“在当前情况下，我国环境法制建设可以而且最应当做的是为下述三大问题的解决做出贡献：一 、政府落实科学发展观；二、克服环境管制的“政府失灵”；三、建立和加强对行政部门影响环境的行政行为的社会监督”[51]。在这篇文章中，虽然没有使用“主体互动”之类的词语，但我初步表达了“环保主体互动”和建立相关的法律保障制度的思想。2009 年，我在《论新时期完善我国环境法制的战略突破口》一文中，鲜明地提出新时期完善

49 在 2007 年 4 月，我向全国政协提出提案，建议开展中美环境法比较研究。该提案由国家环保总局有关领导同志批示由该局政策法规司和环评司支持办理。

50 关于这个研究组的中外成员，见前注 29，王曦文。

51 同前注 38，王曦文。

我国环境法制的战略突破口是“通过立法建立对政府影响资源环境的行政行为的监督和制约制度”。[52] 在2009年我与罗文君合著的《论环境管理失效的制度原因》一文中，我们分析了我国环境管理中的“政府失灵”现象，指出“当前，我国在资源环境领域里比较广泛地存在着政府管理失效现象，其根本原因在于制度上的缺陷。干部政绩考核制度中的唯GDP倾向和环保法律中对其缺乏相关的监督和制约制度，是我国环境管理失效的两个重要原因”[53]。现在看来，这个论断是正确的，不断加强并成为常态的中央环保督察就是一个证明。

2. 提出完善我国环境法制的立法对策

在2011年，作为《环保法》修订研究的成果，我和研究组成员发表了一组十篇专题文章，对《环保法》修订所涉及的一些问题提出了观点和建议。[54] 这组文章都是“命题作文”，由我出题，由课题组成员撰写。从这些文章中可以看出课题组的比较法和跨学科思考的痕迹。其中我在《“环保事业基础法”：让特殊的〈环保法〉特殊起来!》一文中，主张保留和修订《环保法》，并主张借此机会将地方政府的环保履职纳入法制轨道。[55] 在这篇文章中，我说道：“鉴于《环保法》是一部不可替代的、具有特殊功能的法律，修订《环保法》应当围绕其特殊功能展开。为各类环保法律关系主体在环境保护事业中形成有效互动提供法律保障，是《环保法》这种‘环保事业基础法’的最重要的特殊功能。政府、企事业

---

52 王曦：《论新时期完善我国环境法制的战略突破口》，载《上海交通大学学报》（哲学社会科学版）2009年第2期。

53 详见王曦、罗文君《论环境管理失效的制度原因》，载《清华法治论衡》2010年第1期。

54 这组文章发表于中国环境文化促进会主办的刊物《绿叶》2010年第1期，第9—62页。这组文章共有十篇，其标题和作者分别是：一、“环保事业基础法”：让特殊的《环保法》特殊起来!（王曦）；二、更新立法理念，完善环境法律制度（唐瑭）；三、理顺职能，确保政府环保履职的统一性（邓旸）；四、建立科学决策制度，从源头规范政府环保履职（罗文君）；五、完善各类环境生态区划和规划制度（周卫）；六、与时俱进，发展和完善一般性环境监管制度（王小钢）；七、调动“无形的手”：为环境保护经济手段的运用提供法律基础（张鹏）；八、把确保政府勤勉履行环保职能的“达摩克利斯之剑”挂起来!（徐丰果）；九、“胡萝卜加大棒”以制度规范政府环保履职（杨华国）；十、发展和完善环境纠纷处理和责任追究制度（谷德近）。

55 详见王曦《“环保事业基础法”：让特殊的〈环保法〉特殊起来!》，载《绿叶》2011年第1期。

单位和个体工商业者和‘第三方’主体是中国环境保护事业的‘三驾马车’或三根支柱。环境保护事业的成功，离不开其中任何一方的作用和相互配合。因此，在修订《环保法》时，应当注意扩大和平衡它对环保法律主体的覆盖面，对这三者，尤其是对政府和‘第三方’主体的法律地位和作用做出原则性的规定，为三者充分发挥各自的作用并形成良性互动提供完善的制度保障。在这样修改后，新的《环保法》必将鲜明地体现其环保事业基础法的特色，成为一部以规范和制约政府环保履职为主的法律。新的《环保法》将同其他的以管制企业等污染者和开发者为主旨的环境资源保护法律并行不悖，各司其职，相辅相成，共同为我国环保事业提供完善的法律保障。中国的环境法制建设必将由于《环保法》通过修订而定格为‘环保事业基础法’而进入一个新的历史阶段。”[56] 后来，在2014年《环保法》时，《环保法》被定位为“我国环境保护的基础性、综合性法律”。[57] 为了将地方政府的环保履职纳入法制轨道，我们建议在修订《环保法》时对监督地方政府的环保履职做出专门规定。我们提出“达摩克利斯之剑挂起来！”[58] 我在这篇文章中再次提出，作为我国环保事业基础法的《环保法》，它应当通过这次修订扩大其对“主体”的覆盖面。同时，我还提出了“第三方主体”概念，将第三方主体列为与规制者（政府）和规制相对人（企业等）并列的一类具有不同监督权利的主体。这些观点和建议，不仅成为课题组《环保法》修订建议的组成部分，而且预示着我对环境法的认识正在出现突破。

基于我们对《环保法》的“环保事业基础法”的地位和作用的理解，课题组提出了修订《环保法》的思路。图3表示了这个思路。

这个思路最终得到了环境保护部的认可并被推荐到了全国人大环资委和全国人大法工委。[59] 除了这个思路，我们还向环境保护部并通过该部向全国人大环资委和法工委提供了一份《中华人民共和国环境保护法修订建议稿》。这个建议稿的目录，作为附件随《环保主体互动法制保障论》

56 同前注55，王曦文。

57 参见信春鹰主编《〈中华人民共和国环境保护法〉学习读本》，中国民主法制出版社2014年版，第291页。

58 详见徐丰果《把确保政府勤勉履行环保职能的“达摩克利斯之剑”挂起来！》，载《绿叶》2010年第1期。

59 关于这项研究的详细过程，参见前注29，王曦文。

现实：严重的“市场失灵”——“发展的资源环境代价过高”

对策：加强政府管制

问题：严重的“管理缺位或失效”即经济学上的“政府失灵”

推理：“管理缺位或失效”不除，“市场失灵”不止

结论：从克服“管理缺位或失效”入手，克服“市场失灵”

对策：寻找“管理缺位或失效”的原因

发现：法律制度缺陷——法律上缺乏对影响环境的行政行为的监督和制约制度

战略突破口：通过立法建立对影响环境的行政行为的监督和制约制度

图3　完善环境法制的战略突破口：制定监督和制约影响环境的行政行为的制度

一文发表于《上海交通大学学报》（哲学社会科学版）2012年第1期。

3. 发表作为立法支撑材料的比较环境法研究成果

在这两个课题的研究过程中，我和研究组成员围绕课题研究的需要，发表了大量作为立法支撑材料的论文。例如，2010年，我与罗文君等人发表了《论创立中国环境公民诉讼制度》一文，该文提出“中国的环境公民诉讼制度是一种既不同于一般的行政诉讼，又不同于信访和行政复议的新的监督行政行为的制度。它的目的是督促政府勤勉依法履行环境保护公共职能。它的特点是以法庭诉讼督促政府履行环保职能的手段，以60天诉前通知期为触发法庭诉讼的必要条件。它的创立将为我国公民、法人和其他组织有序参与环境管理提供一个崭新的法律渠道”[60]。现在看来，这个建议仍然具有重要参考价值。2012年，我在《现代法学》上发表《论美国〈国家环境政策法〉对完善我国环境法制的启示》一文。该文从比较法的角度，对美国《国家环境政策法》及其创立的环境影响评价制度做了分析。我说道，“对于新时期的我国环境法制建设而言，美国《国

60　王曦、罗文君、张鹏、杨亚辉：《论创立中国环境公民诉讼制度》，载《上海交通大学学报》（哲学社会科学版）2010年第1期。

家环境政策法》提供了具有战略意义的启示。这些启示主要体现在环境法制战略突破口的选择、观念更新、职能创新和制度创新四个紧密联系的重要方面。从这四个方面吸取美国《国家环境政策法》的有益经验，对于新时期我国环境法制的完善具有重要意义”。[61] 与我早前关于美国《国家环境政策法》的文章相比，这篇文章表明我对美国《国家环境政策法》的认识大大深入了一步。2013 年，我发表了《论规范与制约政府有关环境的行为的必要性》[62] 一文。在文章中，我运用公共选择理论的基本原理，结合我国地方政府在履行环保职责方面的不作为和乱作为状况，对这个必要性做了比较充分的理论阐述。这篇文章是我对我国环境治理和环境法做跨学科思考的一个重要成果。

在这个时期，为配合这两个课题的研究，我领导的一个跨国、跨校的研究组对中国、美国、日本等国的环境法做了大量的比较研究。2009 年 9 月 7—8 日，课题组在上海华东政法学院召开“中日地方环境执法问题研讨会”。在会上，课题组中方部分成员与日本龙谷大学北川秀树教授带队的一组日本学者和环境厅官员就中国和日本地方环境执法问题做了交流。2009 年 10 月 30 日，课题组中外成员在上海紫藤宾馆召开了“关于美国《国家环境政策法》、环境联邦主义、气候变化和中国环境政策与立法圆桌研讨会”。会议使用了同声传译。我国环境保护部法规司、上海市环境保护局的领导同志全程出席会议并与外国学者[63]进行了比较充分的交流。通过这种面对面的交流，双方大大加深了对彼此国家环境法的了解。2010 年 11 月，课题组部分成员在浙江嘉兴学院与日本早稻田大学、一桥大学等学校的学者共办“地方环境管理与中日环境合作嘉兴研讨会”。双方就中日环境地方环境管理进行了热烈的讨论。

作为这两个课题的主要结论和建议的论证与参考材料，在课题组美方成员的大力配合下，课题组翻译了大量美国环境法资料并撰写了一些比较环境法专题材料。2011 年出版的作为中国环境宏观战略研究总报告的《中

---

61 王曦：《论美国〈国家环境政策法〉对完善我国环境法制的启示》，载《现代法学》2009 年第 4 期。

62 王曦：《论规范与制约政府有关环境的行为的必要性》，载《法学评论》2013 年第 2 期。

63 这些外国学者包括美国佩斯大学尼古拉·罗宾逊教授、理查德·奥亭吉尔教授、大卫·柯索托教授、亚历山德拉·邓恩副教授；威廉·玛丽法学院琳达·马龙教授；乔治·华盛顿大学李·帕德克教授；马里兰大学罗伯特·帕西维尔教授；澳大利亚南澳大学法学院罗伯特·福勒教授等。

国环境宏观战略研究》（上卷）一书包含了这些专题报告。[64] 例如，该书的第二章（环境法制保障）第二节（国外环境法经验对完善我国环境法制的启示）就是课题组做出一个重要的比较环境法研究成果。[65] 在这个时期，我与谢海波联名发表了两篇关于中美环境法比较研究的文章。一篇是《美国政府环境保护公众参与政策的经验及建议》,[66] 另一篇是《论环境权法定化在美国的冷遇及其原因》。[67] 这两篇文章中，前者是对美国国家环保局的公众参与政策的评价，后者是对环境权入法问题在美国的历史和现状的评介。

4. 形成重要理论成果——环保主体互动法制保障论

2012 年，我在《上海交通大学学报》（哲学社会科学版）发表《环保主体互动法制保障论》一文。在该文中，我以一个等边三角形模型来表达环保主体互动关系。[68] 在此之前，我曾经于 2011 年 12 月在苏州举行的中国生态文明研究促进会首届年会上阐述了这个理论和这个模型。后来，我在武汉大学等地多次宣讲这个模型。图 4 为这个模型。

从内涵上看，这个模型集成和凝聚了我过去多年的研究心得和成果。第一，它与我早年提出的比较环境法学的基本任务——对各国的环境法律、环境法律实践和环境法学进行比较研究，从它们的同和异之中认识并阐述环境法和环境法律现象的一般规律——是一致的。第二，它凝聚了一些基本的、体现环境法背后的规律性东西的基本概念和原理，例如“政治过程”、管制关系、监督关系、主体互动、“可问责性”等。我用一个等边三角形把有关的规律性东西串起来了。这是逻辑思维与形象思维相结合的结果。第三，它正确地表达了环境治理中的基本政治关系，例如政府与企业等规制相对人之间的规制关系、各种第三方主体与政府之间的监督关系等。第四，它从总体上反映了环境治理政治过程。这与史迪沃教授的

64 参见中国工程院、环境保护部主编《中国环境宏观战略研究 · 战略保障卷》（上），中国环境科学出版社 2011 年版，第 16、20、49、54、56、57、207—280、307—314 页。

65 同前注 64，中国工程院、环境保护部书，第 207—280 页。

66 王曦、谢海波：《美国政府环境保护公众参与政策的经验及建议》，载《环境保护》2014 年第 9 期。

67 王曦、谢海波：《论环境权法定化在美国的冷遇及其原因》，载《上海交通大学学报》（哲学社会科学版）2014 年第 10 期。

68 详见王曦《环保主体互动法制保障论》，载《上海交通大学学报》（哲学社会科学版）2012 年第 1 期。

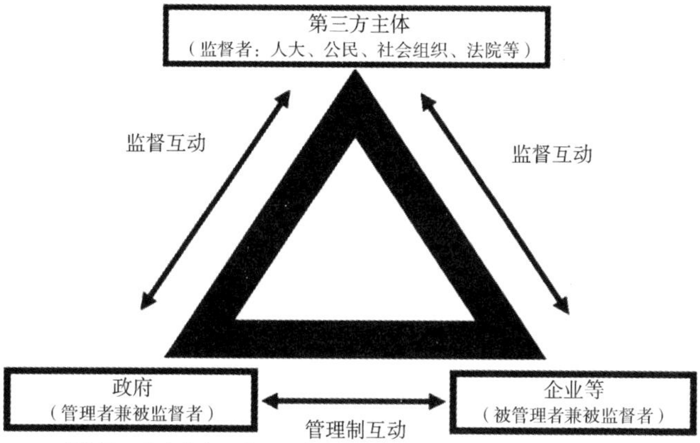

王曦设计，首次发表于中国生态文明研促会首届年会，苏州，2011.12.17

图 4 环保主体互动关系三角形模型

“政治过程”观察角度是一样的。第五，它是一个多学科知识交叉和综合运用的结果。经济学和新政治经济学中的相关理论对这个模型具有重要的支撑作用。我曾经指出，公共选择理论“为我们认识环保事业中的监督关系的理由提供了重要的启发。”[69] 这个三角形模型的提出标志着我对环境治理和环境法的认识首次上升到了总体性的高度。我将这个模型的出现算作我认识环境法历程的第五个里程碑。

（五）2014 年与美国学者的合作研究

自 2012 年以后，我的环保主体互动概念模型开始走向世界。我曾在两届世界自然保护联盟（IUCN）环境法学院的年度论坛上宣讲这个模型。2013 年，我与美国纽约佩斯大学环境法中心的几位资深教授和资深律师一起，运用这个模型，对 20 世纪 70 年代以来围绕着保护纽约哈德逊河而发生的几起环境法案例做了剖析和研讨，最后形成一篇长文，发表在美国著名环境法刊物——*Pace Environmental Law Review* 上。[70] 这篇文章的美方合作者，特别是其中的尼古拉·罗宾逊教授，在这篇文章的结论部分，用一个简明的算术等式图以另一种方式表达了环境治理中的主体及其地位和

---

69 同前注 68，王曦文。

70 See Wang Xi，Albert K. Butzel，Richard L. Ottinger，Nicholas A. Robinson，John Louis Parker，Taryn L. Rucinski，Marla E. wieder，Radina R. valova & Wang Pianpian，“Assessing Environmental Governance of the Hudson River Valley：Application of an IPPEP Model”，*Pace Environmental Law Review*，Volume 31，Number 1，Winter 2014，pp. 1-104.

作用。这个等式图[71]如下所示。这个等式图与我的三角形模型相得益彰。这是一个令人愉快的、双方互有收获的、成功的比较法国际合作。

1. (R) + (-E) = G

2. (-R) + (-E) = -G

3. (-R) + (-E) + (NGO, changing R) = G

4. (-R) + (-E) + (NGO+J, changing R) = G

5. (-R) + (-E) + (-NGO) + (-J) = -G

6. (-R) + (-E) +NGO+C (changing R or law) = G

注:

R:强环境规制者　-R:弱环境规制者　-E:污染企业

J:支持环保的法院　-J:不支持环保的法院

-NGO:非政府组织参与无效或完全不参与　G:环境善治

-G:环境劣治　C:支持环保的立法机关

Changing R:改变规制者　Changing R or law:改变规制者或法律

© Nicholas Robinson, Pace U., USA, 2014.

图5　环保过程主体互动模型的算式表达

(六) 论我国环境公益诉讼制度的立法顺序

2016年年底,我在《清华法学》上发表《论环境公益诉讼制度的立法顺序》一文。[72] 这是我第一次对我国环境法制中的具体问题发表具体的评论。这篇文章是我用环保主体关系三角形模型观察和思考我国环境公益诉讼制度现状的结果。在文章中,我指出:“由于国家立法部门对不同的环境公益诉讼制度的目的和功能的忽视,在环境公益诉讼制度立法时出现了环境行政公益诉讼制度与环境民事公益诉讼制度的立法顺序的颠倒。这种颠倒通过环境民事公益诉讼的司法实践引起两个不合理的后果,一是审判机关与行政机关职责错位,二是环保团体职能扭曲。在这种错位和扭曲的状态下,一方面法院在环保团体的推动下超越审判职权范围,不合理地干预环保行政职权的行使;另一方面环保团体的监督‘抓小放大’‘避重就轻’,没有聚焦于它应该聚焦的地方政府及其环保职能部门的环保履

71　Ibid., p. 103.

72　王曦:《论环境公益诉讼制度的立法顺序》,载《清华法学》2016年第6期。

职。”[73] 我因而建议国家立法机关通过立法解释或司法解释，建立环境行政公益诉讼制度并为环境行政公益诉讼规定诉前通知期程序以便为有关行政主管机关履行环保职责提供一个机会。[74] 从表面上看，这篇文章只字未提外国环境法，它似乎只是一篇纯粹讨论国内环境法的文章，但它实际上涉及各国环境法背后的一个重要的规律性东西——司法权与行政权的关系。[75] 这种关系是各国环境治理中的基本政治关系之一。环保主体互动关系三角形模型帮助我觉察到我国现行环境公益诉讼制度在这个关系上存在问题。这是我首次用这个模型作为工具考察我国环境法制中存在的具体问题并得出了符合环境法背后的规律的认识，因此我把这篇文章算作我环境法认识历程的第六个里程碑。

在上海交通大学工作的后期，我还发表了一些重要的译文，其中包括两篇由我领衔翻译的关于美国公民诉讼的重要文献[76]和一篇关于欧盟和德国环境集体诉讼经验的文章。[77] 这些译文为我国环境法学界了解美国和欧洲的环境公益诉讼制度提供了重要的参考资料。此外，我率领一个团队主编了《中国环境百科全书》的《环境法学》分册[78]，与卢锟、唐瑭联合翻译出版了世界自然保护联盟的《保护地立法指南》[79]，与卢锟等人联合翻译出版了美国著名的宝库山出版社出版的《国际可持续发展百科全书》的《可持续发展的法律和政治》分册。这些著作和译作都是重要的比较环境法研究资料。

---

73 同前注 72，王曦文。

74 同前注 72，王曦文。

75 在我这篇文章之前，有作者曾谈到此问题。参见章礼明《检察机关不宜作为公益诉讼的原告》，载《法学》2011 年第 1 期；王明远《论我国环境公益诉讼的发展方向：基于行政权与司法权关系理论的分析》，载《中国法学》2016 年第 1 期。

76 一篇是詹姆斯・R. 梅：《超越以往：环境公民诉讼趋势》，王曦、张鹏译，卢锟校，载《中国地质大学学报》（社会科学版）2018 年第 2 期；另一篇是詹姆斯・R. 梅：《环境公民诉讼三十年：庆祝与峰会》，王曦、张鹏译，卢锟校，载《中国地质大学学报》（社会科学版）2018 年第 4 期。

77 ［德］艾卡・雷宾德：《欧盟和德国的环境保护集体诉讼》，王曦译，载《交大法学》2015 年第 4 期。

78 王曦主编：《环境法学》（《中国环境百科全书选编本》），中国环境出版社 2017 年版。

79 ［美］巴巴拉・劳瑎：《保护地立法指南》，王曦、卢锟、唐瑭译，法律出版社 2016 年版。

五 昆明理工大学任教期间

2018 年年底我应聘来到昆明理工大学。从那时至今，虽然时间不长，但我对环境法的认识却渐入佳境，在比较法和跨学科两个方面都有更大、更重要的进步。这些进步主要表现在以下七个方面。

（一）提出中国环境治理概念模型

2020 年，我在原“环保主体互动关系三角形模型”的基础上，正式提出“中国环境治理概念模型”。我带领一批年轻的学者，在生态环境部主管的《环境保护》杂志上发表了一组以“完善制度保障，构建良性互动的环境治理体系”为主题的专栏文章。[80] 作为这个专栏的基调文章，我在《中国环境治理概念模型：一个新范式工具》[81]一文中提出了这个模型。相较于原来的“环保主体互动关系三角形模型”，这个模型的变化主要表现为在原来的等边三角形之外，加上了三个圆圈。修改的模型如图 6 所示。加上的三个圆圈，分别代表环境道德、党规政纪、法律法规。它们都是规则。它们环绕着中间的等边三角形，表示它们对该三角形所表示的三方主体及其良性互动关系的规范和保障。通过补充这三个圆圈，新的模型突出了规则的重要作用，对我国环境治理过程的反映更加完整。

中国环境治理概念模型的提出，标志着我对中国环境治理的理想状态形成了一个更为完善的总体性认识。我将这个认识表述为：“在完善规则的规范下环境治理主体在环境规制、督政和督企三方面良性互动，各方主体的有关权利（和权力）得到有效行使，义务（职责）得到有效履行，

---

[80] 这组专栏文章一共九篇。它们分别是王曦：《中国环境治理概念模型：一个新范式工具》；罗文君：《论环境治理中上级党政的环保督政及其完善》；谢海波：《环境治理中地方政府环保履职的完善与制度保障》；朱达俊：《环境治理体系现代化背景下的政企关系重塑》；章楚加：《环境治理中的人大监督：规范构造、实践现状及完善方向》；杨华国：《论环境治理中的公众监督：基于新范式的分析》；唐瑭：《环境治理体系中人民检察院的角色及再塑》；吴良志：《论我国环境治理中法院的定位》；卢锟、张岩：《环境治理规则的层级结构与功能定位》，载《环境保护》2020 年第 3、4 期合刊。

[81] 详见王曦《中国环境治理概念模型：一个新范式工具》，载《环境保护》2020 年第 3、4 期合刊。

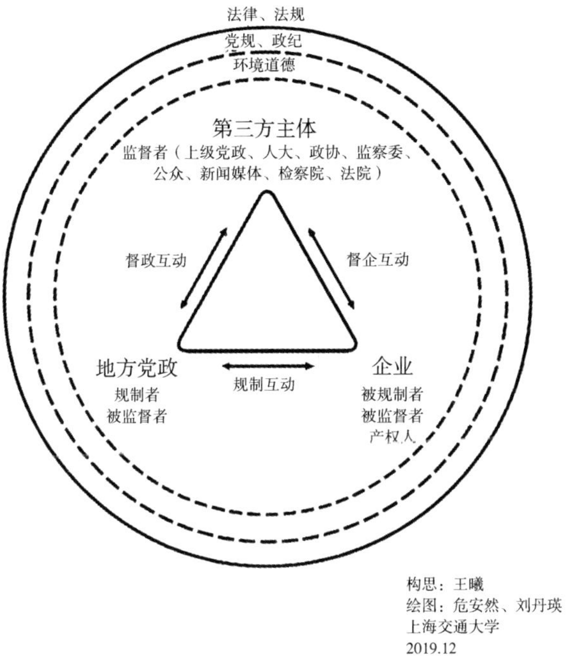

图 6　中国环境治理概念模型

共同助力环境治理目标的实现。”[82] 按照这个认识，环境治理是一个各方主体在规则的保障之下为了实现环保目标而互动的过程。这个模型反映了环境治理的理想状态，是环境治理现实的一个重要参照物。从此我对中国环境治理和环境法的研究开始注意运用这个参照物并取得了好的效果。

在这篇文章中，我对这个模型所赖以支撑的基础学科的相关原理做了简要阐述。我指出，这个模型具有明确而规范的理论渊源和理论基础。这个渊源或基础包括三部分。第一部分是作为法学的基础学科的有关学科的理论，包括亚当·斯密的政治经济学、微观经济学的公共经济学部分、新政治经济学的公共选择理论、政治学的治理与善治理论、伦理学的功利主义理论等。第二部分是法学本身的一些基本概念和原理，包括关于法的概念、法律关系、法律权利和义务等。第三部分是当下我国提出并运用于指导环境治理的政治理论，例如《中共中央关于坚持和完善中国特色社会

82　同前注 81，王曦文。

主义制度推进国家治理体系和治理能力现代化若干重大问题的决定》等一系列关于治国理政和生态文明制度建设的理论。[83] 所有这些基础学科相关原理都支撑着环境法并反映环境治理的规律性。对这些相关基础理论的认识是我从比较法和多学科的角度认识环境法的最新成果。我认为中国环境治理概念模型具有范式创新和方法论上的重要意义。它抽象地表达了环境治理和环境法的规律性。当然，这只是我个人的一个判断。模型一些细节尚待深入研究和完善。这个模型的学术价值和意义最终要留给后人和时间来判断。正如哈耶克所说："我的目标是为大家描绘一幅理想蓝图，并说明实现它的途径以及实现它在实际生活中意味着什么。为此，科学分析只是手段，不是目的。我相信自己是本着诚实的态度来运用我关于我们生活在其中的这个世界的知识的，至于读者是否接受我运用这些知识得出的价值标准，则由他们自己决定。"[84]

这组专栏文章，除了上述我的文章以外，还有另外八位学者的文章。他们围绕这个模型，分别从环境治理中的上级党政环保督政、地方政府环保履职、政企关系、人大监督、公众监督、人民检察院的地位和作用、人民法院的地位和作用，以及规则的体系和功能等方面做了进一步的论述。这些文章所运用的方法都含有比较法和跨学科的痕迹。由于中国环境法治理概念模型的提出和这组文章的重要理论和现实意义，我将它们算作我环境法认识历程的第七个里程碑。

（二）基于新政治经济学的继续思考

在这个时期，我继续从新政治经济学的角度认识环境法。在 2018 年夏天，我在中达环境法论坛上报告了我基于政治经济学对环境法学研究思路的思考。详见图 7。

图 7 所表达的研究思路的内在逻辑与中国环境治理概念模型的内在逻辑是一致的。它始于负外部性的产生，归于负外部性的消除。它建议以各种相关主体（自然人、法人）所引起的环境问题为研究的出发点，以规范这些主体的各种规则（法律和道德）的改善为研究的重点，针对人的

---

83 同前注 81，王曦文。

84 ［英］弗雷德里希 · 奥古斯特 · 哈耶克：《自由宪章》，杨玉生、冯兴元、陈茅等译，中国社会科学出版社 1999 年版，第 11 页。

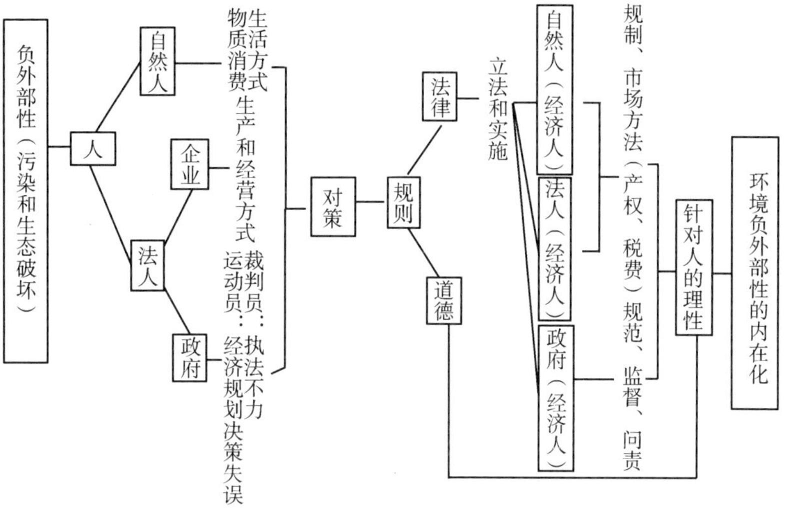

图 7　基于政治经济学的环境法学研究思路

理性开展研究。

（三）中美环境法比较研究的深入

从 2019 年 12 月到 2020 年 9 月，我领导一个跨国研究组[85]对中美环评制度做了对比研究。这项研究是生态环境部《中华人民共和国环境影响评价法》（以下简称《环评法》）修订研究的一个子课题。这项研究的目的是为我国《环评法》的修订提供建议和参考材料。要实现这个目的，就必须分析、比较中美两国同类法律的异同，找出其中共性的、具有规律

85　这项研究由王曦教授担任负责人。研究组中方成员有罗文君副教授（湖北经济学院）、周卫副教授（深圳大学）、周艳芳副教授（中南财经政法大学）、杨华国讲师（浙江嘉兴学院）、唐瑭副教授（上海海事大学）、谢海波讲师（上海应用技术大学）、卢锟讲师（上海海洋大学）、王小军教授（浙江嘉兴学院）、张岩助理研究员（上海环境科学研究院）、苑小斐（上海交通大学）、高倩雯（昆明理工大学）。研究组外方成员有尼古拉·罗宾逊（Nicholas Bobinson）教授（美国纽约佩斯大学）、丹·塔洛克（Dan Tarlock）教授（美国芝加哥肯特法学院）、萨姆·凯伦（Sam Kalen）教授（美国怀俄明州立大学）、劳伦斯·沃特斯（Lawrence Watters）教授（挪威奥斯陆大学富布莱克访问学者，武汉大学、上海交通大学访问学者）、鲍尔·巴雷西（Paul Barresi）教授（新罕布什尔州立大学）、罗伯特·里弗斯特（Rebert Lifset）教授（美国俄克拉荷马州立大学）、艾伦·斯皮塔尔尼克（Ellen Spitalnic）律师（美国联邦环保局前官员）、蒋式延（美国得克萨斯州环境保护部环境工程师）。

性的东西。研究组克服突然暴发的新冠肺炎疫情和特朗普政府掀起的反华浪潮的干扰，团结一心，精诚合作，收集、阅读了大量资料，举行了多次网上讨论会，基本摸清了美国环评制度的情况，对中美环评制度做了比较深入的比较研究，得出了一系列对于我国《环评法》的修改和环境法治建设具有较大参考价值的新认识。

通过对两国包括环评立法在内的环境立法的政治文化背景的比较，这项研究形成了以下“中美公众环境觉悟与环境政治行动意愿概念曲线图”。

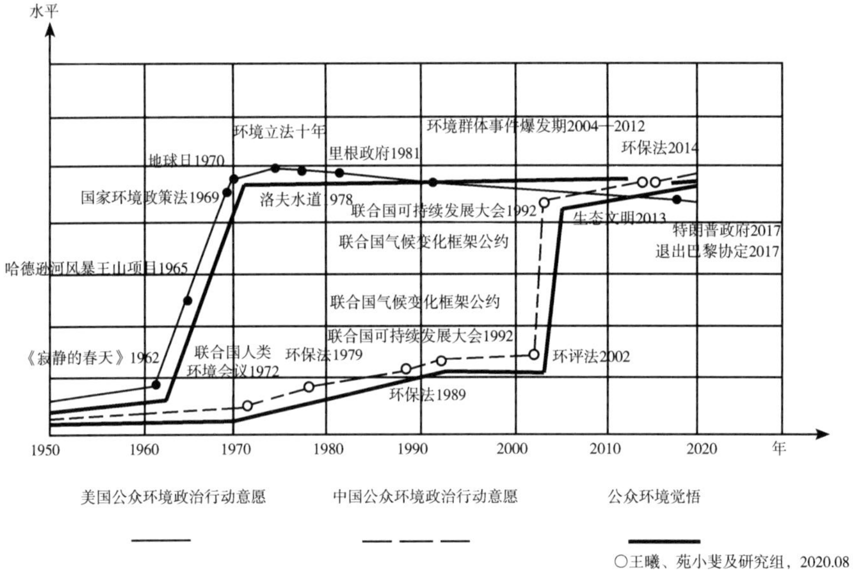

图8　中美公众环境觉悟与环境政治行动意愿概念曲张（1950—2020年）

这个曲线图集中体现了课题组的一系列新发现。其结论是：两国公众的环境觉悟和环境政治行动意愿的发展与变化从总体上证明了一个道理：环境觉悟、环境政治行动意愿、环评立法都属于社会上层建筑，它们是社会经济基础的反映。经济基础中的某些变化，如环境污染和生态破坏、环境支撑力和环境生产力、人口经济结构的变化，或迟或早会引起上层建筑的变化例如公众环境觉悟和环境政治行动意愿的提升与包括环评立法在内的环境立法的发展。这些经济基础中的变化证明了环评立法的必然性并预示其演进趋势。

这个曲线图还告诉我们：我国《环评法》的修改应当预见到，随着我国深化改革开放，深入发展社会主义市场经济，公众的环境觉悟和环境政治行动意愿将继续高涨。这个前景提示我们：我国《环评法》的修改应当为公众有效、有序参与规划环评和建设项目环评提供更加完善的程序性保障。这个建议是符合环评立法背后的政治经济学原理的。

从环评立法的政治制度基础——主体及其相互关系的比较中，这项研究基本搞清楚了“美国国家环境政策程序中的主体关系”“中国综合性规划环评中的主体关系”“中国专项规划环评中的主体关系”和“中国建设项目环评中的主体关系”，并分别以四个图示加以表达。这方面的研究证明：(1) 中美两国环评程序所涉的主体关系大同小异，中国的更加复杂一些。(2) 两国环评程序的主体关系有其各自的历史和文化原因，适合各自的社会条件，没有伯仲之分。(3) 就环评主体关系而言，中国《环评法》修改研究应当重视如何进一步以法律保护我国民众日益高涨的参与环评程序的热情，并将其引导到法制的轨道上。(4) 环评主体类型的多寡由各国的政治文化传统等多种因素所决定。(5) 中国是一个有着长期中央集权历史的单一制国家。中国环评程序中的上级党政与下级党政之间的政治监督关系是中国这种历史传统的一个反映。这种监督可以在一定程度上减少环评程序运作中的失误，有助于维护环评程序得到严格的遵守。因此，我国《环评法》的修改研究应当研究如何从制度上更好地保障这种监督制度的有效性。

在立法目的比较方面，课题组发现，中美两国的环评立法都规范和约束政府有关环境的行政行为。其中美国《国家环境政策法》专为此目的而制定。中国的环评立法是先有建设项目环境管理，后有规划环评。因此，中国的环评立法含有规制企业行为和规范政府行为双重目的。其中只有规划环评旨在规范和约束政府有关环境的行政行为。与美国的《国家环境政策法》相比，中国关于规划环评的法律规定比较简略且可操作性不强。由于两国国情不同，中国的环评立法不应当也不可能照搬美国的环评立法。但如何通过环评立法提高各级政府对其决策的环境影响的认识，预防决策可能对环境带来重大不利影响，却是两国环评立法所面临的一个共同问题。就我国《环评法》的修订而言，这项比较告诉我们：应当把《环评法》的修改提高到政府行政思想和行政程序改革的高度来认识。从这个高度看，在建设项目环评和规划环评两方面，法律都有修改的空间。在规划环评方面，修改和完善的空间更大一些。

在环境影响评价程序的比较方面，这项研究在“环评程序与政府规划活动的关系”“环评时机”“环评项目的类型识别”“环评信息披露”“替代方案”“公开评议”等方面对中美两国的做法做了对比，并得出了很多的新认识。这些认识都有助于我国《环评法》的修改和环境法治的进步。

在立法特点的比较方面，这项研究有以下认识和建议：美国《国家环境政策法》是行政思想进步法、行政程序创新法和督政法。中国在环评立法方面是一个后来者。中国的环评立法起初并没有站在行政思想和行政程序改革的高度来看待环评程序，只是在2002年《环评法》对规划环评做了规定之后，我国的环评立法才兼具督政的功能。就中国的规划环评和建设项目环评而言，其中的行政规制部分已经比较完善，但涉及监督政府的部分如征求和听取公众意见的程序性规定等则比较薄弱。因此，《环评法》修改研究应当研究我国《环评法》的功能定位，研究如何通过环评程序的完善进一步提升我国政府的行政思想、创新行政程序、确保环评程序的督政效果。

在中美两国环评立法的发展趋势比较方面，这项研究认为以下几点值得注意：（1）在特朗普总统的推动下，美国的环评制度正在经历前所未有的“简化”；（2）中国的环评制度在我国深化改革的背景下经历着巨大的改革；（3）由于当前中美两国公众环境觉悟和政治行动意愿、政府对于环评制度看法上的差异，两国环评制度改革的前景差别较大；（4）中美两国的环评制度面临一些共同的挑战。例如新冠肺炎之类不明来源的流行病、生物多样性、气候变化和温室气体排放等问题的挑战。

这项中美比较研究与国家环境立法紧密结合。以上所列举的各种新认识，无不体现着对环评立法背后的一些规律性的东西认识和我对环境法认识的深化。

（四）综合运用跨学科知识检查我国环境公益诉讼制度

2021年，我在《昆明理工大学学报》（社会科学版）上发表《我国环境公益诉讼制度设计的弊端及改进》一文。该文继2016年我在《清华法学》上发表的《论环境公益诉讼制度的立法顺序》一文之后，再次讨论我国环境公益诉讼制度设计上的问题。在这篇文章中，我通过剖析一个真实案例，揭露我国《民事诉讼法》第55条等有关法律和司法解释创立环境民事公益诉讼制度的规定在司法实践中引起了僭越行政权、虚化行政权、默认或放任行政不作为和怠政、审判权膨胀和失能的严重问题。我认为这种制度设计违背了公益诉讼和公共事务治理科学规律，引起行政权的弱化，检察机关、法院、社会组织、行政机关公信力的损失，公共资源的浪费，国家治理体系的紊乱、国家治理能力的减损等严重问题。因而我建议修改有关法律并废止环境民事公益诉讼的做法。我建议在授予人民检察机关提起环境行政公益诉讼权利的同时，授予合乎法定资质的社会组织以同样的权利。通过这样的制度安排，检察机关和合乎法定资质的社会组织可以通过环境行政公益诉讼，督促行政机关严格履行环保职责，从而达到矫正违法污染者违法行为的目的。这样做的好处是尊重行政机关的行政优先权，使得司法关系与行政关系、司法权与行政权相协调。

在 2021 年 4 月 18 日第七届云耕环境法治讲坛上，我阐述了上述观点。讲坛的各位点评人[86]对我的观点进行了坦率而中肯的点评。他们同意我对现行环境民事公益诉讼制度的批评，但不同意废除环境民事公益诉讼制度。会后，我吸收他们的意见，提出了第二套优化方案。第二套方案一方面保留了现行法律对环境民事公益诉讼制度的规定，另一方面建议对检察机关和社会组织提起的环境民事公益诉讼增设一个对涉案当地行政主管机关和被告的诉前催告程序。对于涉案当地行政主管机关而言，这个程序给它提供了一个严格履行法定职责的机会；对于涉案的涉嫌违法污染者而言，这个程序给了它一个矫正违法行为的机会。这种制度安排与美国环境法中的公民诉讼制度安排相类似。应当说，不论上述第一方案，还是第二方案，其所遵循的原则都是一致的，即充分尊重行政主管机关对于地方行政事务的优先管辖权，保持司法关系与行政关系、司法权与行政权的协调。这个原则是各国环境法背后一个重要的规律性的东西。

从新政治经济学的角度看，我提出的这两个方案体现了提高和维护国家治理体系效率的原则。19 世纪意大利著名福利经济学家维尔弗雷多·帕累托（Wilfredo Pareto）认为，如果某种经济变化的结果（包括政治经

86 担任点评的有：清华大学王明远教授、中国政法大学王灿发教授、浙江大学巩固教授、广东财经大学颜运秋教授、贵州医科大学龚学德副教授、自然之友政策顾问葛枫律师、中国生物多样性保护与绿色发展基金会法律顾问王文勇律师、湖北隆中律师事务所吴安心律师、浙江京衡律师事务所高级合伙人陈国强律师、徐州市自然资源和规划局法规处熊绍琦工程师。

济，法律等各种因素造成的结果）可以在不使其他人的境况变得更坏的情况下，使一些人或至少一些人的情况变得更好时，社会的福利就会得到改善。[87] 他的这个观点被后人看作衡量社会福利改善与否的标准——“帕累托标准”。当代著名经济学家科斯认为，“……有可能想象出一个比我们所处的世界更好的世界。但问题是要涉及各种可行的安排，它们将纠正制度中的某方面缺陷而不引起其他方面更严重的损害”[88]。他还提出，“……当在各自为改进决策的前提下，对各种社会格局进行选择时，我们必须记住，将导致某些决策的改善的现有制度的变化也会导致其他决策的恶化。而且，我们必须考虑各种社会格局的运行成本（不论它是市场机制还是政府管理机制），以及转成一种新制度的成本。在设计和选择社会格局时我们应考虑总的效果。这就是我所提倡的方法的改变”[89]。布坎南也指出，“在某种非常真实的意义上，政治活动被视为一种手段，通过这种手段，所有参与者的权力都可以得到增加，如果我们把权力（power）定义为控制人们所渴望得到的东西的能力的话。为使其正当性得到这里所使用的标准的证明，集体行动必须对所有各方都是有利的。用更为精确的现代博弈论术语来说，这种效用或经济分析法表示，按抽象的理解，政治过程可以解释为一种正和博弈（a positive sum game）”[90]。他还说道，“我们与启蒙哲学家一样地相信，人可以理性地组织他自己的社会。现存的组织总是能够加以完善的。在社会秩序中，没有什么东西应当免于理性的、批判的和明智的讨论。……人就能够以这样一种方式来组织他自己与他的同伴的联系，可以有效地使社会生活相互依赖的共同收益最大化”[91]。这三位著名经济学家关于总效率、总成本和总收益的提法，堪

---

87 ［美］保罗·A. 萨缪尔森：《萨缪尔森辞典》，陈迅、白远良译，京华出版社 2001 年版，第 283 页。

88 ［美］科斯：《社会成本问题》，载［美］R. 科斯、A. 阿尔钦、D. 诺斯等《财产权利与制度变迁——产权学派与新制度学派译文集》，上海三联书店、上海人民出版社 1994 年版，第 21 页。

89 ［美］科斯：《社会成本问题》，载［美］R. 科斯、A. 阿尔钦、D. 诺斯等《财产权利与制度变迁——产权学派与新制度学派译文集》，上海三联书店、上海人民出版社 1994 年版，第 52 页。

90 ［美］詹姆斯·M. 布坎南、戈登·塔洛克：《同意的计算》，陈光金译，中国社会科学出版社 2000 年版，第 25—26 页。

91 同前注 90，布坎南、塔洛克书，第 333 页。

称经典。他们告诉我们，在做出制度改革的时候，要从总体上看问题，要考察改革措施的总效率即其是否符合达到了“帕累托最优”。这些经济学家所提倡的这样一种总体的、全局的视野和方法，与习近平主席关于“全面依法治国是一个系统工程，必须统筹兼顾，把握重点，整体谋划，更加注重系统性，整体性，协同性”的观点[92]是完全一致的，值得我们在考察现行环境民事公益诉讼制度时加以汲取和应用。我考察环境公益诉讼制度的这个经历再次表明，比较法和跨学科的方法，对于认识环境法是必要的、很有帮助的。

（五）参著和翻译《牛津比较环境法手册》

2021 年，我应《牛津比较环境法手册》主编、英国剑桥大学讲师艾玛·李（Emma Lees）和豪尔赫·E. 比纽阿莱斯（Jorge E. Vinuales）教授之邀，承担了该书第一部分（国别研究）的中国部分撰稿人。这一部分所纳入的国家，除中国以外，还有美国、欧盟等 13 个国家和国家联合体。在我的这一章中，除了对中国环境状况和环境法律制度作了介绍之外，我特地介绍了中国环境治理概念模型。我认为这个模型有助于外国读者全面认识我国的环境法和开展环境法的比较研究。在酝酿此书的过程中，主编艾玛·李曾来信说我这个模型很有意思。后来，当我应上海三联书店邀请带领一个团队翻译这部著作时，我发现它的两位主编对全书结构的构思也是基于一个多层次的模型。他们借用地质学的专有名词“cartography”（地图学）来表达这个模型。经过咨询美国丹·塔洛克（Dan Tarlock）教授，我按照书中此词的意思，将它译为“结构图”。这部著作是我所见到的当代第一部在统一的概念性框架（结构图）之下对代表性国家的环境法进行比较研究的巨著。国际社会此前存在的少数几部大型比较环境法著作基本上流于对各国环境法的介绍，缺乏在统一的概念性框架下的比较法理论阐述。虽然我的模型与他们的模型有很大的不同，但在研究方法上有一点却是相同的，即我们都试图运用一个框架性模型来观察和研究环境法。我观察的是中国环境治理与环境法，他们通过此书所观察和研究的是不同国家的环境治理与环境法。这是一个巧合，还是一个规律性的东西？这个问题留给读者思考。

92　习近平：《论坚持全面依法治国》，中央文献出版社 2020 年版，第 229 页。

（六）美国最高法院环境判例起诉资格考

不久前，我在《清华法学》上发表《美国最高法院环境判例起诉资格考》一文。文章详细而系统地介绍了美国环境法中的起诉资格规则。在文章中，我指出："在起诉资格问题上，美国最高法院的司法实践达到了既适应时代的要求对环境诉讼放低法庭的门槛，又维护司法权与立法权、行政权之间的平衡的目的。对于环境公益诉讼蓬勃兴起而相关的制度建设不尽完善的我国而言，美国最高法院在环境判例中对起诉资格问题的种种裁定和论证对于完善我国的环境公益诉讼起诉资格规则具有重要的参考价值。"我花了一年的时间研读美国最高法院这方面的主要判例。当年在华盛顿大学的法律研究与写作课上的收获，这次又发挥了作用。这是我继以前在环境影响评价制度、环境公益诉讼制度的立法问题上的中美比较研究之后的又一个比较研究课题。这当中不乏环境法背后的规律性的东西。

（七）《美国环境法概论》的修订

目前，我正在修订《美国环境法概论》一书。在修订过程中，通过运用比较法和跨学科的方法，我对美国环境法（从而对我国的环境法），有了一些新的发现和认识。由于本文篇幅所限，这里不予赘述，留待读者看该书的修订版。《美国环境法概论》第二版的出版，将成为我的环境法认识历程的第八个里程碑。

六 总结

四十年来，由上述八个里程碑做标志，我的环境法认识历程是一个"由散到合、由浅入深、焦点不变、自然生长、锲而不舍、贵人相助"的过程。

我对环境法的认识开始于对法学和相关学科一些概念或原理的零散而敏感的关注，例如"比较法""法律关系""政治过程""市场失灵""政府失灵"等。到后来，这些看似零散的概念或原理在我的脑海中发生了"化学反应"或融会贯通，形成了对环境治理和环境法的总体认识。这种总体认识集中体现在中国环境治理概念模型上。这个模型形成于为《环保法》在 2014 年的修订而做的大量研究工作之中，并接受了该法修订过程和其后的法律实施的检验。在那之后，我应用这个模型观察我国的环境治理，对环境法的认识进一步深化。这是所谓“由散到合”。

我对环境法的认识经历了一个由浅入深的过程。开始时，我对环境法的认识是肤浅的和狭隘的。随着比较法和跨学科思考的积累，我的认识开始深化，逐渐从“知其然”到“知其所以然”转化。知其所以然，就是懂得事物背后的规律。比较法和跨学科的思考使我注意到环境治理和环境法背后的一些规律性的东西并针对这些东西进行补充学习，力求正确理解之。随着对这些规律性东西的融会贯通的增加，我对环境治理和环境法的认识就深化了。一旦有了这种深化，认识环境治理和环境法就变成了一个令人神往的系统性的工作。当然，我对环境法的认识才刚刚入门，远未达到登堂入室的地步。这里所说的“深化”不过是相较于自己的从前而已。

所谓“焦点不变”，指的是我对环境法的认识始终聚焦于环境治理中的制度性问题。我是“制度改进论者”。[93] 由于这个焦点不变，我的环境法认识过程虽然缓慢，但没有走弯路。

我对环境法的认识始终坚持“自然生长”方法论，注重考察环境法的学术渊源和其背后的基本原理。我力求用规范的学术研究方法来规范环境法研究。我认为环境法这个新生的学术领域有其自身的交叉学科的理论渊源或“土壤”。环境法是由于人类应对环境危机的需要，从经济学、新政治经济学、法学等学科的基础上自然而然地“生长”出来的。[94] 环境法身上带有明显的基础学科的“胎记”。这些“胎记”就是环境法背后的那些基础学科所正确总结的规律性的东西。

在方向正确的前提下，锲而不舍，金石可镂。三十多年前，我在研究美国环境法时敏锐地抓住了“政治过程”概念；二十多年前，我在中国澳大利亚可持续发展研讨班上在这个概念的基础上“自然生长”出关于“中国环境保护的政治法律过程”的系统思路；十多年前，我提出了“环保主体互动关系三角形模型”；五年前，我提出了“中国环境治理概念模型”；当前，在这个模型的理论框架下，我继续对中国环境治理和环境法中的规律性东西进行探索并有新的心得。

---

93 同前注 29，王曦文。

94 更广泛些，它的基础还包括有关环境与生态的自然科学和技术科学部门。

在我研究环境法的早期，条件十分艰苦，没有计算机，没有互联网，极度缺乏信息来源。但幸运的是我有"贵人"相助。在武汉师范学院汉口分院的本科学习阶段，我有幸遇到了一批"文化大革命"前甚至中华人民共和国成立前科班毕业的资深教师，并从他们那里受到了他人一般难以得到的教育和熏陶；我有幸成为一个来自各行各业的、年龄跨度高、社会阅历差别大，但勤奋学习、互相帮助的班集体的成员。在研究生学习阶段，我有幸师从韩德培、梁西等一大批武汉大学法学院的老前辈并得到他们的耳提面命和亲切教诲。在国外留学阶段，我有幸得到威廉·琼斯等教授的亲切指导和大力帮助。在武汉大学、上海交通大学和昆明理工大学工作阶段，我有幸得到很多领导同志和同事的关怀与帮助。在这些大学，我有幸与历届同学教学相长，互相促进；其中有些同学现在已成为我的环境法同仁。我有幸结识了以美国尼古拉·罗宾逊教授、巴基斯坦帕索维尔·哈桑律师、澳大利亚本·布尔教授、澳大利亚布莱恩·普雷斯顿（Brain Preston）法官、美国丹·塔洛克教授和德国艾卡·雷宾德（Eckard Rehinder）教授等为代表的一大批外国著名环境法学者并多年来同他们开展了卓有成效的学术交流。我有幸得到了我的父母、兄弟和我的夫人、儿子的一贯如一的鼎力支持。没有以上所有"贵人"相助，我的环境法学业不可能取得成就。在此，我对所有的支持和帮助过我的"贵人"表示衷心的感谢！

最后，抛砖引玉，讲一讲我所认识的环境法。我认为环境法是由国家立法机关制定或认可的、以国家强制力作保证的、有关人们开发、利用和保护环境、资源和生态系统的行为规范的总称。环境法是服务于环境治理的制度性手段。环境法是保障环境治理主体良性互动关系的规则之一，规定的是环境治理各个主体的行为底线。环境法是人们为应对环境、资源和生态问题的需要而在传统法律和法学部门以及相关基础科学的相关原理的基础上发展出来的一套新的法律规范和一个新的法学领域。它的制定和实施依赖于传统法律并影响着传统法律的发展。我认为："环境保护领域是我国治国理政的前沿领域……立法要重视结果与手段的统一……专业的事让专业机构去做，环境治理主要靠行政规制……讲求治国理政的总效率和总成本。"[95] 环境法不是无源之水、无本之木。它有着一系列相关基础学

---

95 王曦：《论我国环境公益诉讼制度之优化》，昆明理工大学第七届云耕环境法治讲坛，2021年4月18日。

科所认识和总结的规律性东西的支撑。认识环境法需要抓住这些规律性的东西。这些都是我以比较法和跨学科方法认识环境法的心得，提出来供同仁指教。

认识环境法是为了发展环境法。环境法的发展带来新的需要认识的问题。这个过程不会完结。比较法的和跨学科的方法将有助于我们的视野更加开阔、认识更加深刻。路线已清晰，探索未有穷期。让我们为认识环境法而共同努力吧！

（责任编辑 魏世婧）

热点聚焦

环境标准：法律属性与适用规则

王　炜*

内容摘要：我国环境标准体系已基本成形，并在环境管理中发挥着独特的重要作用。环境标准涉及的法律问题较多，但理论研究相对薄弱，一些带有基础性的问题，还有待进一步厘清。比如，环境标准的法律属性与相关法律渊源的关系；如何看待环境标准与《标准化法》的关系；环境标准的援用机制及其对标准适用可能带来的影响；环境标准的适用应当遵循哪些基本的规则；等等。考虑到我国环境标准体系的复杂性，以及各方认知的差异，相关问题很难有简单而笼统的结论。本文拟以环境标准的适用为主要视角，探讨环境标准的法律属性，并借鉴法律冲突的解决模式，构建环境标准的基本适用规则。要充分发挥环境标准的管制功能，就不宜过分强调和追求环境标准的法源属性。在认可其调整环境法律关系工具性质的基础上，与一般意义的法源保持合理的距离，建立相对独立的适用机制，乃是理性的选择。

关键词：环境标准；法律属性；适用规则

我国第一个真正意义上的环境标准[1]——《工业“三废”排放试行标准》，制定于1973年。经历了多年的发展后，截至2020年7月，我国现行国家生态环境标准总数达到2140项。其中包括17项环境质量标准，186项

---

* 王炜，法学硕士，生态环境部法规与标准司二级巡视员。特别声明，本文纯属个人观点，不代表生态环境部和生态环境部法规司。

1 《环境保护法》等环境法律的用语为“环境标准”，生态环境部的最新表述为“生态环境标准”。这涉及“环境”与“生态环境”两个概念的区分，笔者无意深究。本文中“环境”与“生态环境”“环境标准”与“生态环境标准”均为同义语。

污染物排放标准，1231 项环境监测类标准，42 项环境基础标准，648 项环境管理规范，16 项与应对气候变化相关的标准。[2] 总体而言，我国环境标准体系已基本成形，并在环境管理中发挥着独特的重要作用。相当一部分环境标准的社会关注度，比如《环境空气质量标准》（GB3095—2012），甚至要高于一般的环境法律法规。

环境标准涉及的法律问题较多，但理论研究相对薄弱，[3] 一些带有基础性的问题，还有待进一步厘清。比如，环境标准是不是环境法的法律渊源？环境标准与《标准化法》之间究竟是什么关系？环境标准援用机制的存在，对环境标准的适用将带来哪些影响？不同的环境标准发生冲突时，应遵守哪些基本的规则？等等。考虑到我国环境标准体系的复杂性，以及各方认知的差异，相关问题很难有简单而笼统的结论。

环境标准如同法律法规一样，最终的生命力均在于实施。环境标准本身存在的一些问题，比如，标准制定时追求科学性，但与实际操作中，可能存在脱节的地方；部分本该由法律法规规章等法律文件规定的环境管理要求，"借道"标准成为实际工作依据，并对相关法律文件的实施带来实质性影响；环境标准，特别是污染物排放标准的基本适用规则不明确，等等，多数是在标准的实施过程中出现的。如何确保环境标准的精准有效实施，乃是当前需要重点关注的，也与贯彻落实习近平总书记提出的"精准治污、科学治污、依法治污"密切相关。这或许比如何制定一个科学合理的环境标准，更具有法学的实践意义和指导价值。近期，因环境标准的适用引发的几起诉讼案件，特别是北京某公司诉天津市宝坻区生态环境局行政处罚案，[4] 对环境管理实务带来了较大影响，由此引发的相关问题

2 《生态环境部举行新闻发布会 介绍生态环境保护法规标准等工作进展并答问》，http：//www. gov. cn/xinwen/2020-07/02/content_5523492. htm。

3 环境法学界相对比较关注标准制定的问题，即标准制定应当遵循哪些基本原则和要求，如何通过标准制定的科学化和合理化，实现改善环境质量、加强环境风险防控、保障人体健康等管制目标。这也是环境标准跨学科研究的特色之一。

4 北京某公司诉天津市宝坻区生态环境局行政处罚案，参见《北京四中院 2019 年十大行政审判典型案例》，http：//bj4zy. chinacourt. gov. cn/article/detail/2020/06/id/5324005. shtml。该案中，天津市宝坻区生态环境局以对工业园区污水处理站的出水一次取样监测结果，认定该污水处理站污水排放超标，作出行政处罚决定。北京市四中院经审理认为，该起行政处罚案涉及污染物排放标准的适用。首先，《城镇污水处理厂污染物排放标准》（GB18918—2002）中规定的城镇污水处理厂水污染物排放标准为日均值，采样频率为至少每 2 小时一次，取 24 小 （转下页）

也有必要在理论上做进一步梳理。

本文的关注重点不在于环境标准的制定，而是以推动环境标准的科学、精准实施为主要视角，通过梳理其规范内容及其体系，进一步探讨环境标准的法律属性及其效力，并试图借鉴法律冲突的解决模式，构建环境标准的基本适用规则。

一　环境标准的规范内容

何谓环境标准？最简单的形式判断方法，就是看它有没有标准的文号，符不符合标准的格式。一个文件以“GB”“HJ”“DB”等标准文号的形式发布，自然可以认为属于环境标准。至于该文件是否符合标准的实质要求，可以在所不问。不过，从另一个角度看，问题还在于，环境标准的规范内容应当限定在什么范围，或者说，什么样的规范要求，需要制定标准，或以标准的形式来体现。

（一）“需要统一的技术要求”

《环境保护法》等环境法律没有对环境标准的规范内容作出规定。《标准化法》第 2 条规定：“标准（含标准样品），是指农业、工业、服务业以及社会事业等领域需要统一的技术要求。”生态环境部 2020 年 12 月发布的《生态环境标准管理办法》第 3 条规定，生态环境标准，是指由生态环境部和省级人民政府依法制定的生态环境保护工作中需要统一的各项技术要求。[5] 上述法律和规章，对标准，包括环境标准的定义，均明确

（接上页）时混合样。宝坻区生态环境局以一次取样检测的数值认定超标排放水污染物继而作出被诉处罚决定，违反了《城镇污水处理厂污染物排放标准》的规定，被诉处罚决定适用法律错误。其次，天津市环境保护局、天津市市场和质量监督管理委员会共同发布的天津市《城镇污水处理厂污染物排放标准》（DB12599—2015），对污水处理厂污染物排放的监测，也规定“采样频率为至少 2h 一次，取 24h 混合样，以日均值计”。同样没有规定一次性取样监测的内容。由于该标准系天津市对城镇污水处理厂污染物排放所作的特别规定，属于严于国家标准的地方标准，应当优先执行。宝坻区生态环境局适用法律错误。综上，北京市四中院驳回上诉，维持一审判决。该案主要涉及地方污染物排放标准与国家污染物排放标准的关系、污染物排放标准与部门规章的关系、污染物排放标准规定的监测取样规范的法律效力等问题。

5　原国家环境保护总局于 1999 年发布的《环境标准管理办法》第 3 条也规定，环境标准是指环境保护工作中需要统一的各项技术规范和技术要求。

指向了“需要统一的技术要求”。

上述“技术要求”的确切含义是什么？法律和规章的规定语焉不详。其相关定义，与其说是对环境标准概念的解释，不如说是对环境标准规范内容的限定。其间隐含的逻辑是，行政管理要求和技术要求是可以区分的，只有那些技术性的要求，才应当制定环境标准。

问题是，行政管理要求和技术要求应当如何区分？无论在理论上还是实务上，都很难有清晰的标准和界限。由于现代行政范围的扩张，行政管理已逐步深入复杂的技术领域，涉及大量技术性分析与判断。环境管理中，此类现象尤为明显。通常认为，技术要求只是从技术层面，基于科学分析、评估和测算，对某一事项作出的规定。技术要求规定的只是中立性的技术内容，是一种科学判断，不涉及价值判断，往往不会直接与法律效果产生关联，也基本不会以上位法授予的裁量空间为依据，[6] 一般不直接创设行政管理职责和行政相对人的权利义务。而行政管理要求往往属于法律法规相关规定的实施，直接涉及行政机关的职责行使和行政相对人的权利义务，属于价值判断的范畴。从风险预防和控制的角度看，对风险的评估和管理，乃是规制体系的两个重要组成部分。技术的部分被称为风险评估（risk assessment），旨在度量风险；更具政策导向意味的部分被称为风险管理（risk management），是去决定对此要做些什么。[7] 旨在度量风险的部分，由于其具有高度的技术性，适合以标准形式予以规范；而更具政策导向性质的内容，由于涉及行政机关职责的行使，就不宜纳入标准的范畴。当然，实践中的情形，可能极为复杂，很难用一条杠杆在两者之间进行简单的切分。

技术要求如要脱离科学研究的范畴，进入环境规制领域，需要满足一定的条件。以环境标准的形式，将相关技术要求固化，或者转变为某种形式的“软法”或“硬法”，这是环境治理现代化的合理进路。事实上，在规制（Regulation）法上，标准，包括环境标准，本就被视为政府干预市场的重要工具之一，其干预强度被认为介于低干预强度的信息规制和高干

---

6 参见熊樟林《行政裁量基准运作原理重述》，北京大学出版社 2020 年版，第 21 页。

7 参见［美］史蒂芬·布雷耶《打破恶性循环：政府如何有效规制风险》，宋华琳译，法律出版社 2009 年版，第 8 页。

预强度的事前审批之间。[8] 也不是所有的技术要求都会以标准的形式呈现。除了环境标准外，我国环境法上还有一个“规范”或“技术规范”的概念，它们比环境标准的概念更宽泛，标准只是技术规范的一种。[9] 至于什么样的技术要求，或者在什么样的情况下，行政机关会制定或适用环境标准，并无说明，亦无一定之规，[10] 需要考量的因素比较复杂，诸如出台的时机、制定程序的便利程度、技术可行性与现实可操作性、科学研究的进展程度、部门职责分工等，均有可能影响最终的决策。

关于环境标准的制定，很重要的一点是，环境标准不能无视我国经济社会发展的现实状况，以及环境监管执法普遍存在的技术配备不足、能力资源短缺等问题，过度追求其科学性，否则将严重影响标准的执行。由于技术性规制涉及大量科学分析和判断，实际上存在巨大的不确定性。比如，企业排放的污染物要控制在什么幅度范围内，才可能不会对环境和人体健康造成影响；对二氧化硫、COD 等污染物排放进行监测时，需要遵守什么样的要求，包括取多少个样品，在什么地方取样等，才能保证监测结果的准确性、可靠性，等等。这不仅涉及科学技术和人类认知的限度，还关系到规制的边界，以及经济社会管制的成本和效益。一味追求技术和科学的完美，无视经济社会发展水平和需要付出的成本代价，并不是行政管理的理想模式。因此，无论是环境质量标准设定的宏观政策目标，还是污染物排放标准设定的污染物排放限值，都不可能仅基于技术理性。寻找科学与现实之间的平衡，是制定环境标准永恒的课题。

---

8 参见［英］安东尼·奥格斯《规制：法律形式与经济学理论》，骆梅英译，中国人民大学出版社 2008 年版，第 153 页。

9 比如，《环境保护法》第 17 条在规定环境监测制度时，使用了“国务院环境保护主管部门制定监测规范”，“监测机构应当遵守监测规范”等表述；《大气污染防治法》第 55 条规定，机动车维修单位应当按照防治大气污染的要求和国家有关技术规范对在用机动车进行维修，使其达到规定的排放标准。按照一般的理解，“规范”或“技术规范”是一个比标准更宽泛的概念。《环境保护法》规定的环境监测规范，是所有关于环境监测的技术规范的总称。其中有一部分技术规范制定了标准，因而属于环境标准的范畴，还有一部分技术规范，并没有通过标准的形式体现，它可能规定在一些规范性文件中。

10 生态环境部于 2020 年 12 月印发了《国家生态环境标准制修订工作规则》，替代了 2017 年的《国家环境保护标准制修订工作管理办法》。该工作规则也未对什么样的技术要求或何种情形需要制定标准作出明确规定，只是要求在启动标准制修订项目时，说明建议开展标准制修订的理由，包括实施法律、法规、规章的需要；开展专项工作的需要；现行标准和正在制修订的标准不能满足工作要求的原因等。

（二）技术要求的限定：严格的法定约束条件，抑或一般性限制

环境标准规范的内容，应当属于“需要统一的技术要求”，这是环境标准制定时应当严格遵守的法定约束条件，还是一般性限制？理论上，如果可以恪守相关法律的规定，严格限定环境标准的技术属性，合理划定其与行政管理要求的边界，有助于更清晰准确地把握环境标准的法律属性。但从现有的环境标准体系和规范内容看，恐怕只能悲观地得出结论，“需要统一的技术要求”只是对环境标准制定时的一般性限制，而非严格意义的法定约束条件（即使是，实践中也没有严格遵守）。

如果将是否技术中立，是否直接涉及行政管理职责或行政相对人的权利义务，作为技术要求与管理要求的划分原则，环境标准的规范内容实际上并没有固守其技术要求的边界，而是规定了相当多行政管理层面的内容。甚至一个标准中，也有可能同时横跨管理和技术两个领域。比如，居住区内二氧化硫年平均浓度限值为60微克/立方米，这是《环境空气质量标准》的规定，它本应该是一个技术中立的科学判断。但该标准中有“实施与监督”的内容，明确规定“本标准由各级环境保护行政主管部门负责监督实施”“各类环境空气功能区的范围由县级以上（含县级）人民政府环境保护行政主管部门划分，报本级人民政府批准实施”等，这显然属于行政管理的范畴。就整个《环境空气质量标准》而言，技术要求和管理要求是并存的。事实上，任何一个环境标准，都面临着执行的问题，而这部分执行的要求，很多被写入了标准的文本之中。[11] 即使我们可以认为，相关执行的要求均来源于《环境保护法》等法律法规，环境标准本身并没有创设新的行政管理职责，其核心还是技术要求。但只要全面充分审视环境标准，就会发现，很多环境标准，并没有严格遵守上位法的规定。《环境空气质量标准》规定的生态环境部门划定环境空气

---

[11] 《生态环境标准管理办法》第13条、第18条、第23条均规定，环境质量标准、环境风险管控标准、污染物排放标准应当规定“标准实施与监督”的内容。之所以作出这样的规定，主要还在于照顾环境标准规范内容的完整性，以及保障标准实施的便利性。实践中有一种观点从标准实施的角度出发，认为环境标准制定后，也要确保其得到有效实施。如何实施，或者说通过什么样的机制实施，需要在标准文本中作出明确规定，否则该标准的规定是不完整的。这其实是从正确的论点出发，通过并不正确的逻辑推理，得出了一个似是而非的结论。

功能区，报本级人民政府批准实施，就没有明确的上位法依据。此外，环境标准中，还有一类专门的“环境管理技术规范”，比如排污许可证申请与核发技术规范。这类环境标准，毫无疑问横跨了管理和技术两个领域，是否属于严格意义上的“技术要求”，不难得出结论。

环境标准能否创设行政管理职责或管理规则？如果环境标准可以严格恪守“技术要求”的界限，这本不成一问题。行政机关的管理职责，环境规制的要求等，需要由具有法律效力并达到一定层级的法律文件作出规定，不是也不需要不加区别地由所有的规制工具自行创设，这是行政法治的应然之义。[12] 环境标准的执行，由于其涉及生态环境部门等行政机关的职责，也与环境标准的效力密切相关，应当由相关法律法规作出规定，而不是在每一个环境标准中规定执行或监督机制，甚至在法律法规规章之外创设新的环境管理规则。容许环境标准创设环境管理规则，将从根本上改变环境标准的法律属性，并对环境法治带来较大影响。这恐怕不是合理的发展方向。

近年来，环境标准的适用范围与覆盖领域逐步呈扩大趋势。不过，由于环境标准的制定程序，却与立法程序存在本质差别。在现行的环境标准制定机制下，制定机关对环境标准的制定拥有决定性的影响力，但在程序的开放性、意见的反馈和平衡、合法性审核等方面，却明显弱于环境立法，导致一部分缺少合法性基础的行政管理规则“借道”环境标准，进入环境管理领域，并对管理实践带来重大影响。有学者将环境标准制定中存在的问题，归纳为编制主体权威性欠缺，制定依据科学性不足，制定程序参与性缺失，修订制度虚位等，还是比较中肯的。[13] 在标准中隐含行政管理要求，[14] 在没有上位

12　行政机关在何种情况下可以实施行政行为，还涉及行政法上的“法律保留”原则。参见余凌云《行政法讲义》（第三版），清华大学出版社 2019 年版，第 80 页。无论法律保留采何种观点，不同层级和位阶的法律文件，各有其规范内容的限制，此乃不言自明。

13　参见周骁然《环境标准法律制度研究》，中国社会科学出版社 2020 年版，第 181—185 页。

14　比如，《石油炼制工业污染物排放标准》（GB31570—2015）规定：“废水进入城镇污水处理厂或经由城镇污水管线排放，应达到直接排放限值；废水进入园区（包括各类工业园区、开发区、工业聚集地等）污水处理厂执行间接排放限值，未规定限值的污染物项目由企业与园区污水处理厂根据其污水处理能力商定相关标准，并报当地环境保护主管部门备案。”这实际上规定了生态环境部门对协商确定的标准的备案权。这一备案权没有上位法依据，且效力不明。

法依据的情况下增加行政相对人的义务或减少行政相对人的权利，[15] 类似现象并不鲜见。这也对环境标准的制定，包括规范其流程，强化合法性审核提出了更高的要求。

二　环境标准的体系

我国的环境标准，有着极为庞大复杂的体系。按照《环境保护法》《大气污染防治法》等环境法律，以及《标准化法》和《生态环境标准管理办法》，环境标准的体系可以分为以下三个层次。[16]

（一）按规范内容分类

从横向看，环境标准按其规范内容，分为环境质量标准、环境风险管控标准、污染物排放标准、环境监测标准、环境基础标准和环境管理技术规范六大类。[17] 每一类标准又各有不同的类型。详见表 1：

表 1　环境标准分类

环境标准	环境质量标准	大气环境质量标准
		水环境质量标准
		海洋环境质量标准
		声环境质量标准
	环境风险管控标准	核与辐射安全基本标准
		土壤污染风险管控标准
		其他环境风险管控标准

15　比如，《危险废物焚烧污染控制标准》（GB18484—2020）规定：“危险废物焚烧单位应依据有关法律……对污染物排放状况及其对周边环境质量的影响开展自行监测，保存原始监测记录，并公布监测结果。”现行的法律法规并没有要求企业事业单位对周边环境质量状况进行监测的规定，《土壤污染防治法》也只规定地方人民政府生态环境主管部门应当定期对污水集中处理设施、固体废物处置设施周边土壤进行监测。

16　特别要说明的是，作为“环境标准的标准”的环境基准，它不是标准，不属于环境标准的任何范畴。

17　《生态环境标准管理办法》第 4 条。原国家环境保护总局于 1999 年发布的《环境标准管理办法》规定，环境标准分为环境质量标准、污染物排放标准（或控制标准）、环境监测方法标准、环境标准样品标准和环境基础标准。两相比较，可以看出，随着近年来环境法律法规的制修订和环境管理实践的发展，环境标准的体系业已发生较大变化。除了标准类型名称的修改外，最主要的在于增加了“风险管控标准”和“环境管理技术规范”两大类，同时将样品标准合并至监测标准中。

续表

<table>
<tr><td rowspan="18">环境标准</td><td rowspan="11">污染物排放标准</td><td rowspan="4">大气污染物排放标准</td><td>行业型</td></tr>
<tr><td>综合型</td></tr>
<tr><td>通用型</td></tr>
<tr><td>流域（海域）或者区域型</td></tr>
<tr><td rowspan="4">水污染物排放标准</td><td>行业型</td></tr>
<tr><td>综合型</td></tr>
<tr><td>通用型</td></tr>
<tr><td>流域（海域）或者区域型</td></tr>
<tr><td colspan="2">固体废物污染控制标准</td></tr>
<tr><td colspan="2">环境噪声排放控制标准</td></tr>
<tr><td colspan="2">放射性污染防治标准</td></tr>
<tr><td rowspan="4">环境监测标准</td><td colspan="2">生态环境监测技术规范</td></tr>
<tr><td colspan="2">生态环境监测分析方法标准</td></tr>
<tr><td colspan="2">生态环境监测仪器及系统技术要求</td></tr>
<tr><td colspan="2">生态环境样品标准</td></tr>
<tr><td rowspan="2">环境基础标准</td><td colspan="2">生态环境标准制修订技术导则</td></tr>
<tr><td colspan="2">生态环境通用术语、图形符号、编码和代号（代码）及其相应的编制规则</td></tr>
<tr><td>环境管理技术规范</td><td colspan="2">大气、水、海洋、土壤等领域的管理技术指南、导则、规程、规范等</td></tr>
</table>

环境法学上的研究，主要集中在对环境质量标准和污染物排放标准的讨论上。《环境保护法》和各专项污染防治法，规定的重点也在于上述两类标准。《土壤污染防治法》出台后，环境风险管控标准因其自身的特殊性，从环境质量标准中分离出来，成为单独一类标准。

上述六类环境标准，基本涵盖了环境标准的主要类型。随着相关法律法规的制修订，以及环境标准管理实践的发展，新的环境标准类型也在逐步出现。2020 年 12 月制定的《长江保护法》第 44 条规定，生态环境部负责制定长江流域水环境质量标准，对国家水环境质量标准中未作规定的项目可以补充规定；对国家水环境质量标准中已经规定的项目，可以作出更加严格的规定。这实际上在一般的水环境质量标准之外，增加了长江流域水环境质量标准的种类。随着黄河保护等其他流域立法工作的推进，流域水环境质量标准将独立成为水环境质量标准的一个子类。[18] 从规范内容看，按照《长江保护法》，流域环境质量标准与国家环境质量标准的关系，类似于地方标准与国家标准的关系，即只能对国家环境质量标准进行补充规定，或者作出更严格的规定。但流域环境质量标准由生态环境部负责制定，依法属于国家标准的范畴，不属于地方标准。按照《长江保护法》，地方还可以制定比流域水环境质量标准更严的地方水环境质量标准。

所有类型中，争议较大的是环境管理技术规范。比如，生态环境部发布的排污许可证申请与核发技术规范，以环境标准的形式发布，具备标准的形式要件，但其规定的内容很大程度上涉及排污许可的管理要求和行政相对人的权利义务，而不仅仅是技术性的内容。此外，类似的管理规范，虽然多数以推荐性标准的形式发布，但在执行效果上带有一定的强制性。比如，排污许可证申请与核发技术规范实质性地构成了排污许可证的核发条件，排污单位不符合该技术规范的，依法不能获发排污许可证。

将环境管理技术规范作为环境标准的一种类型，对环境标准的体系带来了较大影响。尽管以标准形式制定的环境管理技术规范中，多数内容偏技术性，或者说是将行政管理中，比如许可条件，需要明确和细化的技术性要求通过标准的形式予以规范。这显然更多地考虑了实际工作的需要，而不是标准体系的完整性和科学性。前已述及，将环境标准限定在“需要统一的技术要求”，实际上很难构成一个严格的法定约束条件。但是，如果本来应由法律法规规范的行政管理要求，过多地侵入环境标准，将对环境法律体系带来较大冲击。对这部分标准，应当进行更严格的审查。

（二）按制定层级分类

从纵向看，环境标准按其制定层级，分为国家标准和地方标准。国家标准由生态环境部制定，包括所有标准种类。一般情况下，国家标准由生态环境部与国家市场监督管理总局以“GB”或“GB/T”的形式联合发布。地方标准则由省级人民政府制定，包括地方环境质量标准、环境风险管控标准、污染物排放标准和其他标准。

1. 制定地方环境标准的权限和条件

《环境保护法》《水污染防治法》《土壤污染防治法》等法律规定，

---

18 目前，生态环境部尚未制定专门的流域环境质量标准。

地方环境标准的制定权专属于省级人民政府。[19] 2014 年《环境保护法》修改时，曾经考虑将地方环境标准的制定权下放至设区的市级人民政府，但也有很多反对意见。反对的理由主要是认为设区的市级人民政府是否有能力制定环境标准，还缺乏实践检验。此外，标准对企业生产经营影响重大，标准制定权的过度分散可能带来市场割据、地方保护等问题。[20] 综合权衡后，最终通过的法律，维持了省级人民政府制定地方标准的规定。

环境法律法规规定的可以制定地方标准的情形包括两类：一是国家环境质量标准、污染物排放标准和土壤污染风险管控标准未作规定的项目，可以制定地方标准；二是对国家环境质量标准、污染物排放标准和土壤污染风险管控标准中已作规定的项目，可以制定严于国家标准的地方标准。此外，地方也可以根据工作需要制定一些环境监测分析方法标准等。[21]

从上述规定可以看出，相关法律实际上是对地方标准制定的授权性规定。省级人民政府可以根据本行政区域的实际情况，自行决定是否对国家标准作出补充规定或更严格的规定。这是国家标准和地方标准制定最基本的逻辑关系。不过，《长江保护法》对上述模式作了调整，明确要求在一些特定的情况下，长江流域省级人民政府应当制定地方水污染物排放标准。比如，现有水污染物排放标准不能满足所辖长江流域水环境质量要

19 这一规定显然不同于《标准化法》。《标准化法》第 13 条规定，地方标准由省级人民政府标准化行政主管部门制定；设区的市级人民政府标准化行政主管部门根据本行政区域的特殊需要，经所在地省级人民政府标准化行政主管部门批准，可以制定本行政区域的地方标准。地方标准由省级人民政府标准化行政主管部门报国务院标准化行政主管部门备案，由国务院标准化行政主管部门通报国务院有关行政主管部门。

20 即使是将地方标准的制定权限定在省级人民政府，实践中也出现了争议较大的问题。比如，对机动车大气污染物排放标准，省级人民政府是否有权制定，历来就有不同看法。《大气污染防治法》第 50 条第 3 款只规定了“省、自治区、直辖市人民政府可以在条件具备的地区，提前执行国家机动车大气污染物排放标准中相应阶段排放限值，并报国务院生态环境主管部门备案”。这一规定应当如何理解，有观点认为，虽然《大气污染防治法》没有对地方机动车大气污染物排放标准的制定作出具体规定，但依照《环境保护法》第 16 条第 2 款，省级人民政府基于本行政区域改善大气环境质量的需求，仍然可以制定地方机动车大气污染物排放标准。但也有观点认为，《大气污染防治法》已经对机动车大气污染物排放标准问题作出了规定，并没有授权省级人民政府制定地方排放标准，且对机动车等移动污染源而言，如果允许省级人民政府制定地方排放标准，将可能导致地方保护、交通壁垒等问题。按照特别法优先的法律适用规则，《大气污染防治法》的效力优先于《环境保护法》，实践中应按《大气污染防治法》执行。

21 《生态环境标准管理办法》第 31 条。

求，流域或者区域水环境形势复杂，无法适用统一的水污染物排放标准等。[22] 这实际上给省级人民政府提出了义务性要求。满足有关条件的，省级人民政府就应当制定地方标准，而不再有自行选择的权力。由于《长江保护法》作为流域管理的特别法，相较于《环境保护法》《水污染防治法》等法律，具有优先适用的效力，符合《长江保护法》有关规定适用条件的，应当按《长江保护法》执行。

2. 地方标准备案的法律意义

《环境保护法》和各专项污染防治法均规定：地方环境质量标准、污染物排放标准和风险管控标准，应当报生态环境部备案。这一“备案”行为，应当如何理解，实践中存在不同的观点。第一种观点认为，既然法律规定地方标准要报生态环境部备案，生态环境部即可依法主动开展备案审查；通不过审查的，可以不予备案。第二种观点认为，生态环境部确实可以依法开展审查，但这一审查并不能影响对标准的备案。换言之，即使生态环境部发现地方标准存在问题，也不能不予备案，只能在予以备案的同时，以适当方式告知地方，建议其按程序进行修改。第三种观点认为，法律规定的备案，只是告知性质的，生态环境部只能接受，法律未赋予生态环境部进行审查的权力。

笔者以为，环境标准备案的法理含义，理论上包含几点：一是备案属于告知性质，不构成审批事项，即地方标准的制定情况要告知生态环境部；二是备案属于事后备案，即地方标准已制定发布后备案，不构成事前审查；三是备案不是地方标准生效的前提条件，生态环境部备案与否，均不影响地方标准生效执行。此外，法律的表述是省级人民政府“应当向……备案”，强调的是省级人民政府应当履行的法定职责，而非生态环境部进行备案的行政权力。据此，对报送备案的地方环境标准，生态环境部原则上应当予以备案。但生态环境部在办理地方标准备案的过程中，如

---

[22] 《长江保护法》第45条规定：“长江流域省级人民政府应当对没有国家水污染物排放标准的特色产业、特有污染物，或者国家有明确要求的特定水污染源或者水污染物，补充制定地方水污染物排放标准，报国务院生态环境主管部门备案。”“有下列情形之一的，长江流域省级人民政府应当制定严于国家水污染物排放标准的地方水污染物排放标准，报国务院生态环境主管部门备案：（一）产业密集、水环境问题突出的；（二）现有水污染物排放标准不能满足所辖长江流域水环境质量要求的；（三）流域或者区域水环境形势复杂，无法适用统一的水污染物排放标准的。”《生态环境标准管理办法》也对相关内容作了规定。

果发现地方标准存在比国家标准宽松等违反法律规定的情形，依照生态环境部的标准管理职责，其有权指出地方标准存在的问题，并要求地方依法予以纠正。根据“权责一致”的行政管理基本原则，地方标准由省级人民政府制定并发布，其内容是否符合法律规定应由省级人民政府负责和把关，如存在不合法情形，也应由省级人民政府自行纠正。《生态环境标准管理办法》实际上体现了上述思路。[23]

（三）按规范效力分类

从规范效力看，环境标准分为强制性标准和推荐性标准。环境质量标准、环境风险管控标准和污染物排放标准属于强制性标准；[24] 其他标准，原则上属于推荐性标准。强制性标准必须执行，推荐性标准不具有强制执行的效力。

按照《标准化法》，国家标准包括强制性标准和推荐性标准，以“GB/T”编号的国家标准，属于推荐性标准。生态环境部以“HJ”形式发布的标准，属于推荐性标准。地方标准中，地方环境质量标准、环境风险管控标准和污染物排放标准属于强制性标准。当然，强制性标准和推荐性标准的效力并不是绝对的，可以通过援用机制转化。

三　环境标准的法律属性

环境标准的法律属性涉及一个核心的问题，即环境标准是否属于法律

23　《生态环境标准管理办法》第 45 条规定：“国务院生态环境主管部门收到地方生态环境标准备案材料后，予以备案，并公开相关备案信息；发现问题的，可以告知相关省级生态环境主管部门，建议按照法定程序修改。”

24　判断某一标准是否属于强制性标准，可以基于法律法规的明确规定。比如，《土壤污染防治法》第 12 条第 3 款规定：“土壤污染风险管控标准是强制性标准。”但多数环境法律法规没有类似的规定，相关标准的强制属性，可以通过法律规定的禁止性条款或者相关责任条款推导得出。比如，《水污染防治法》第 10 条规定：“排放水污染物，不得超过国家或者地方规定的水污染物排放标准和重点水污染物排放总量控制指标。”《环境保护法》第 60 条等相关法律法规还规定了超过污染物排放标准排放污染物的法律责任。据此，污染物排放标准无疑属于强制性标准的范畴。又如，《环境保护法》第 28 条第 2 款规定：“未达到国家环境质量标准的重点区域、流域的有关地方人民政府，应当制定限期达标规划，并采取措施按期达标。”这也是通过责任条款的设置，明确了环境质量标准的强制属性。

渊源？如果属于，环境标准在环境法律体系中应当居于何种地位；如果不属于，其与相关法律渊源的关系是什么？连带的，我们还可以讨论环境标准与《标准化法》的关系，以及援用机制对环境标准的强制效力带来的影响等。

（一）环境标准与《标准化法》

环境标准与《标准化法》之间的关系，这本来不应成为问题。只要《标准化法》的规定明晰，环境标准自然在《标准化法》适用范围之列。但恰恰是《标准化法》部分条款规定的含糊不清，导致实践中纷争不断。《标准化法》第 10 条第 1 款规定："对保障人身健康和生命财产安全、国家安全、生态环境安全以及满足经济社会管理基本需要的技术要求，应当制定强制性国家标准。"显然，环境标准属于保障生态环境安全的标准范畴。但该条第 5 款同时又规定："法律、行政法规和国务院决定对强制性标准的制定另有规定的，从其规定。"正是这一款规定为环境标准的纷争埋下了伏笔。要厘清环境标准与《标准化法》的关系，需要解释清楚两层逻辑。

1. 环境标准是否适用《标准化法》

在标准化领域，《标准化法》居于基础性地位，应无疑问。[25] 从《标准化法》第 10 条第 1 款的规定看，环境标准无疑在《标准化法》的适用范围之列。[26] 不过，《标准化法》最早制定于 1988 年，而 1979 年制定的《环境保护法（试行）》中就已经有"企业排污应当遵守国家规定的标准"，"超过国家规定的标准排放污染物，要收取排污费"等规定，同时还授权国务院环境保护机构会同有关部门拟定环境保护标准。1984 年制定的《水污染防治法》首次在法律中授权国务院环境保护主管部门制定国家环境质量标准和污染物排放标准，省级人民政府制定地方环境质量标

[25] 2017 年 11 月 4 日，修订后的《标准化法》通过后，全国人大常委会办公厅召开新闻发布会。会上，时任国家质检总局党组成员、国家标准化管理委员会主任田世宏在回答记者提问时，表示"标准化法可以说是我国标准化工作的一部基本法律"。http：//www. cspress. com. cn/xinwenzhongxin/xingyedongtai/31771. html。

[26] 《标准化法》于 2017 年作了修订，《标准化法实施条例》未作相应修改，也未明确废止。按照法律适用规则，《标准化法实施条例》的规定如与《标准化法》不抵触，仍继续有效。该条例第 2 条规定，"有关环境保护的各项技术要求和检验方法"，应当制定标准。

准和污染物排放标准，由此确定了后续环境法律规定有关环境标准问题的基本模式。据此，在环境法学界和环境标准研究领域，通常认为环境标准的法律依据是《环境保护法》《大气污染防治法》《水污染防治法》等环境法律，而不直接指向《标准化法》。当然，这并不能就此得出结论，认为环境标准仅需执行环境法律的规定即可。标准化领域带有综合性、基础性的法律，也应当适用于环境标准的制定和管理，其道理如同环境行政处罚除了要执行环境法律法规的规定外，还需遵守《行政处罚法》等有关行政处罚的基础性法律一样，不言自明。

由于环境质量标准、污染物排放标准、土壤污染风险管控标准，都属于强制性标准，按照《标准化法》第 10 条所作的例外规定，上述强制性标准的制定，可以不执行《标准化法》。但第 10 条的例外规定，明确限定在标准的“制定”范畴，而不是排除强制性环境标准对《标准化法》的适用。除了“制定”外，强制性环境标准涉及的其他事项，以及推荐性环境标准的制定和实施，仍应适用《标准化法》。比如，“GB”的标准号由标准化主管部门统一掌握编号，并与生态环境部联合发布等。仅因为第 10 条第 5 款的例外规定，就将环境标准完全排除出《标准化法》的适用，无法自圆其说。恰恰相反，《标准化法》的例外规定，正好可以解释《标准化法》与相关环境法律的关系，即《标准化法》已经将环境标准涵盖其中，但考虑到《环境保护法》等环境法律对环境标准的制定和实施另有规定，这些规定可以视为对强制性环境标准的特殊规定，具有优先适用的效力，实践中可以按照相关环境法律的规定执行。比如，《标准化法》规定，强制性国家标准由国务院批准发布或者授权批准发布。而《环境保护法》等环境法律均明确规定，国家环境质量标准、污染物排放标准等强制性国家标准，由生态环境部制定。据此，根据环境法律的特别授权，相关强制性环境标准无须报国务院批准发布。总体而言，环境标准仍应视为整个标准体系的一部分，特殊规定不影响《标准化法》的法律定位。

2.“HJ”标准的归类

按照《标准化法》，标准包括国家标准、行业标准、地方标准和团体标准、企业标准。环境领域的标准，在国家层面，大体分为两种形式，一种是由生态环境部和国家市场监督管理总局以“GB”或“GB/T”号联合发布的标准，还有一种是生态环境部自行以“HJ”号发布的标准。前者属于国家标准的范畴，即使认为其直接的法律依据是《环境保护法》等环境法律，但对其定位，向无疑问。后者却一直存在争议。生态环境部门通常认为，由于《环境保护法》等环境法律的授权，生态环境部可以自行依法制定环境标准，即使以"HJ"的名义发布，也属于国家标准的范畴。而标准化主管部门往往依据《标准化法》，认为按照《标准化法》确立的标准体系，只有冠以"GB"号的，才属于国家标准，生态环境部自行发布的"HJ"标准，应当归入行业标准的范畴。

笔者以为，如果认可《标准化法》的定位，明确环境标准在《标准化法》的适用范围之列，那么，环境标准即使自成体系，也应当与《标准化法》确立的总体框架相契合。这是基本的制度逻辑。

首先，从标准的体系看，以"HJ"形式发布的环境标准，如果视为国家标准，那实际上等于在以"GB"系列之外另行设立了新的国家标准形式。《环境保护法》等相关环境法律固然是授权生态环境部制定相关环境标准，但仍要考虑与《标准化法》的衔接。按照现行法律法规的授权，除了环境标准外，还有工程建设、卫生健康等其他类型的强制性标准，国务院有关主管部门也有权自行发布。[27] 如果把类似的标准都视为独立的国家标准，将对整个标准体系带来较大冲击。

其次，"HJ"标准原则上都是推荐性标准。《标准化法》第 10 条第 5 款的例外规定，只是排除了强制性标准制定的适用，推荐性标准仍应按《标准化法》执行。既然要执行《标准化法》，必然要与《标准化法》确立的体系保持衔接。

最后，从标准的适用关系看，以"GB"形式发布的国家标准，其效力显然优先于"HJ"标准。无论是行政机关还是司法机关，对此都不会有疑问。如果两者同为国家标准，那其效力应该是等同的。一旦有冲突，按照"特别规定优先于一般规定"的法律适用规则，"HJ"标准就应当优先于"GB"标准适用。但这并不符合实际。

---

27 比如，《食品安全法》第 5 条第 3 款规定："国务院卫生行政部门依照本法和国务院规定的职责，组织开展食品安全风险监测和风险评估，会同国务院食品安全监督管理部门制定并公布食品安全国家标准。"《药品管理法》第 28 条第 3 款规定："国务院药品监督管理部门会同国务院卫生健康主管部门组织药典委员会，负责国家药品标准的制定和修订。"《建设工程安全生产管理条例》第 26 条第 3 款规定："本条第一款规定的达到一定规模的危险性较大工程的标准，由国务院建设行政主管部门会同国务院其他有关部门制定。"

综上，将“HJ”环境标准归入《标准化法》规定的行业标准范畴，应当是比较合理的选择。

（二）援用机制

环境标准并不构成一个完整的法律规范，也无法自行发挥作用。它必须借助某种机制，方可成为环境规制的工具。推荐性标准要想发挥其拘束力，成为行政相对人的行动准则，也需要某种转化的机制。这一机制，可以借用行政法上的援用概念来表述，[28] 主要包括两层情形：第一层情形是指环境标准被法律法规规章等法律文件援用，从而与相关法律文件一同构成一个完整的法律规范，发挥其调整作用。比如，《水污染防治法》第58条规定：“农田灌溉用水应当符合相应的水质标准，防止污染土壤、地下水和农产品。”该“水质标准”在法条中，并没有具体规定，只有援用《农田灌溉水质标准》（GB5084—2021），才能与该法条共同构成一个完整的法律规范。第二层情形是指推荐性环境标准在被法律法规、规章、规范性文件或者强制性环境标准援用并赋予其强制执行效力的情况下，被援用的内容获得了相应的强制效力。[29] 这一层面的援用，只解决推荐性标准的效力转化问题。

援用的情形在环境法领域大量存在，且对环境标准的实施带来了重大影响。可以从以下几个方面分析：

首先，援用的两种情形中，强制性标准在法律文件或具体的法律规范中被援用的，不涉及效力属性的变化，该强制性标准因为援用而成为法律规范的构成要素或组成部分。按照法律规范构成的“假定、处理、制裁”三要件说，[30] 环境标准属于假定的一部分；按照“构成要件、法律后果”两要件说，[31] 环境标准属于构成要件的一部分。推荐性标准被援用的，可

---

28 行政法上的援用制度，通常是指行政法规范在实施过程中不同规范之间互相使用以补充某一单个规范不足的状态。参见张淑芳《行政法援用研究》，中国政法大学出版社2008年版，第81页。

29 参见《生态环境保护标准管理办法》第5条。

30 参见张志铭《中国法治实践的法理展开》，人民出版社2018年版，第255—256页。

31 参见雷磊《法理学》，中国政法大学出版社2019年版，第39页；也可表述为“事实构成”与“法律后果”，参见［德］伯恩·魏德士《法理学》，丁晓春、吴越译，法律出版社2013年版，第61页。

以改变其效力属性。无论哪种情形，援用该标准的法律文件或具体的法律规范，本身须具备强制力。不具备强制力的指导性规范或“软法”规范，不构成援用，也无从改变推荐性标准的效力属性。

还需要说明的是，援用是指法律文件或法律规范对环境标准的援引，换言之，援用制度只能适用于可以成为法律渊源或作为行政管理依据的（抽象）行政行为。实践中，还出现了一些特殊的情况。有的地方通过一个具体的行政行为，比如环境影响评价批复、核发排污许可证等行政许可决定，引用某一个推荐性环境标准，并要求被许可人强制执行。笔者以为，这种情形不属于援用机制的适用范畴，也不具备合法性。一个推荐性标准，如果没有经过合理的援用，获得普遍的或在一定条件下适用的强制性，那它就不具备强制执行的效力。具体的行政许可行为，不能引用一个推荐性标准作出许可决定。即便引用了，许可决定的相关内容也存在合法性问题，更不能就此改变一个推荐性标准的效力属性。

其次，在援用机制中，除了援用环境标准的法律规范要明确具体外，被援用的标准原则上也应有具体的指向，以防被不适当地扩大化。比如，《水污染防治法》第10条规定：“排放水污染物，不得超过国家或者地方规定的水污染物排放标准和重点水污染物排放总量控制指标。”据此，水污染物排放标准被《水污染防治法》援用，构成一个“禁止违法排污”的法律规范。此处被援用的“水污染物排放标准”虽然属于一类标准，但其指向明确。再如，排污许可证申请与核发技术规范以推荐性标准的形式发布，原则上不具有强制效力。但《排污许可管理条例》第11条规定的排污许可证核发条件中，包括“重点污染物排放符合排污许可证申请与核发技术规范”，同时在第47条授权生态环境部制定排污许可证申请与核发技术规范。据此，生态环境部通过制定环境标准的形式，将排污许可证核发的相关要求，包括《排污许可管理条例》第11条规定的其他许可条件，作出具体规定，实际上是通过行政法规的援用，赋予了原本属于推荐性标准的排污许可证申请与核发技术规范强制效力。被援用的推荐性标准，明确指向排污许可证申请与核发这一类标准。

援用机制可以适用于什么样的情形，什么样的法律文件可以援用推荐性标准，并改变其效力属性，其实不无争议。在法律、法规和规章援用的情形，各方认可度较高。在规范性文件援用的情形中，由于规范性文件本身的效力来源于法律法规，且不得在没有法律法规依据的情况下，限制当事人的权利或增加其义务，[32] 因此，在法律法规没有明确规定，规范性文件自行创设了某种带有强制性或约束力的情形，是否适用援用机制，是否可以援用推荐性标准并就此改变推荐性标准的效力属性，存在一定疑问。还有一种情况，即某一个强制性标准援用了推荐性标准，由于强制性标准的效力是法律法规赋予的，而不是自行取得的，如果允许强制性标准中援用推荐性标准并就此改变推荐性标准的效力属性，相当于赋予强制性标准自行取得强制效力，对此，是否合理，也有不同看法。《生态环境标准管理办法》第5条将援用机制扩展至强制性标准援用推荐性标准，对此，有学者提出质疑，认为该规定没有上位法依据及授权，系行政权不当扩张的客观表现。[33] 笔者以为，推荐性标准被强制性标准援用的，如果构成"双重援用"，即推荐性标准被强制性标准援用，而该强制性标准又被法律法规等法律文件援用，从而构成一个完整的法律规范的，仍然属于环境标准的援用，可以间接改变该推荐性标准的效力。

再次，环境标准被援用后，援用该标准的法律文件须明确赋予其强制效力。换言之，仅仅被引用是不够的，如果引用该标准的法律文件，没有明确赋予其强制性或约束力，就不能据此确定环境标准的强制效力。

最后，援用不改变环境标准本身的法律效力。强制性标准被援用的，不涉及效力属性的变化。推荐性标准被援用的情形比较复杂，有整个标准被援用的，有标准中部分条款被援用的。不论哪种情形，援用均不改变推荐性标准本身的法律效力。如果是部分援用，被援用的条款获得了强制效力，其他条款仍然是推荐性的；如果是整体援用，也只有在援用该标准的法律规范规定的情形下，该推荐性标准才具有强制效力，离开了规定的情形，该标准仍然是推荐性标准。比如，排污许可证申请与核发技术规范，只有在排污许可证核发的时候，才具有强制力，不能就此将该技术规范强制适用至环境管理的所有领域。

---

32 国务院办公厅2018年5月印发的《关于加强行政规范性文件制定和监督管理工作的通知》明确规定，行政规范性文件，不得设定行政许可、行政处罚、行政强制等事项，增加办理行政许可事项的条件，规定出具循环证明、重复证明、无谓证明的内容；不得违法减损公民、法人和其他组织的合法权益或者增加其义务；不得违法制定含有排除或者限制公平竞争内容的措施，违法干预或者影响市场主体正常生产经营活动，违法设置市场准入和退出条件等。

33 同前注13，周骁然书，第163页。

总之，援用机制的根本目的在于保证环境法律规范的完整性，填补可能出现的规制空白，有其必要性与合理性。援用机制在一定程度上解决了环境标准的执行问题，但其本身也有需要规范化与合理化的地方。过度援用，甚至滥用援用机制，特别是通过规范性文件援用，随意改变推荐性环境标准的效力属性，有可能导致本应通过法律法规规定的行政管理要求，借助环境标准进入环境管理领域，侵蚀环境法治的根基。因此，完善环境标准的制定和审查机制，适度控制援用机制的使用，也是环境标准法治建设的重要内容。

（三）环境标准与法律渊源

标准是否属于法律渊源，历来存在争议，环境标准也是如此。[34] 有学者提出，在环境法体系中，环境标准是一个特殊的又是不可缺少的组成部分。[35] 也有的学者认为，环境标准只有与法律法规结合在一起，才能构成完整的法律规范，把环境标准作为环境法体系的组成部分是不全面的。[36] 有学者认为标准具有的规范效力并不是源自标准本身，而是源自法律的规定。强制性标准之所以具有效力，并不是因为其被贴上“强制性”的标签，也不是因为其在我国标准体系中具有“GB”的代号，而是因为《标准化法》第 2 条“强制性标准必须执行”的规定，是《标准化法》赋予强制性标准以法律效力。标准是法调整社会关系的一种工具，但并不是法的组成部分。[37] 环境标准与法律渊源之间的关系，还有待进一步阐明。

国务院 2015 年印发的《深化标准化工作改革方案》提出：“标准是生产经营活动的依据，是重要的市场规则。”但标准的重要性，不等于赋予标准法源属性。法律渊源有广义和狭义之分。广义的法律渊源，是指对客观法产生决定性影响的所有因素；狭义的法律渊源，是指对于法律适用者具有约束力的法规范。[38] 法学方法论上，法律渊源被界定为根据特定法律共同体所承认或接受的规则，能够成为法律解释的对象或法律解释结果

---

34 同前注 13，周骁然书，第 140—142 页。

35 参见金瑞林主编《环境法学》（第四版），北京大学出版社 2016 年版，第 53 页。

36 参见王灿发《环境法学教程》，中国政法大学出版社 1997 年版，第 55 页。

37 参见柳经纬《评标准法律属性论》，载《现代法学》2018 年第 5 期。

38 同前注 31，伯恩·魏德士书，第 98—99 页。

证成基础的各种文本和资料。[39] 行政法上，如果采取“在行政管理或者公共治理中能否起到规范作用”的标准，所有成文法源、不成文法源，硬法、软法，它们所包含的规范、规则都能起到规范作用，只是规范的领域、范围、对象、效力、程度和后果等方面有所差别而已；如果采取“作出行政决定或者行政判决时能否直接依据”的标准来判断，法源主要锁定在成文法源和硬法，隐藏在不成文法源、软法中的一些规则，只能在特定例外情况下被行政机关或法院认可和援用。[40]

对法律渊源的构成及其属性，有学者提出了“法源双层构造论”，可资借鉴。该理论认为，一个完整的法源理论框架，包括“法源性质论”与“法源分量论”，前者厘清法源的制度性权威和规范拘束力；后者解决法源的规范性拘束力大小问题，亦即法源地位的高低。[41] 严格意义上的法源，必须具备制度性权威，从而成为法院裁判的依据，这种制度性权威需来源于立法机关制定的法律规范（广义）；同时，法源必须具有规范拘束力，该法源的存在，意味着法院裁判时必须遵守，否则违反依法裁判的要求。[42] 以上述标准衡量，环境标准并不具备法律渊源的本质属性。

环境标准的制度性权威或规范拘束力来源于何处？不是因为该标准具备“GB”的文号，更不是标准可以自行确定，而是因为《标准化法》规定“强制性标准必须执行”，《环境保护法》等环境法律通过禁止性规定和法律责任条款明确了环境标准的强制执行效率，因此，是《标准化法》和《环境保护法》等环境法律赋予了强制性标准的规范拘束力。如果标准被具备强制力的法律文件援用，成为某一法律规范的构成要素，该环境标准就具备与法律文件相同的制度性权威和规范拘束力。从规范构成的角度看，环境标准只是提供了带有科学中立性的技术性指标，并不具备法律规范的完整结构。前已述及，环境标准在法律规范结构中，只是“假定”或“构成要件”的一部分。仅就环境标准本身而言，由于其欠缺后果部分是无法成为完整的法律规范的。因此，环境标准的制度性权威，从根本

39 参见舒国滢、王夏昊、雷磊《法学方法论前沿问题研究》，中国政法大学出版社 2020 年版，第 285 页。

40 同前注 12，余凌云文，第 19—20 页。

41 参见雷磊《法律体系、法律方法与法治》，中国政法大学出版社 2016 年版，第 159、168 页。

42 同前注 31，雷磊书，第 164—165 页。

上讲是基于法律文件的援用，其效力来源于援用该标准的法律文件。在没有援用的情况下，即使是强制性标准，其规范拘束力也无从体现。比如，污染物排放标准明确规定了相关污染物排放限值，具有强制力，但如果法律没有规定“禁止超标排污”，以及超标排污的法律责任，该标准的强制力是无从体现的。此外，对法院而言，环境标准并不是立法机关制定的法律规范，并不具有规范拘束力。法院裁判时之所以适用标准，也是因为援用机制的存在，环境标准成为某一法律规范的构成要素。法院在裁判时，实际上是在适用一个《大气污染防治法》《水污染防治法》等法律规定的“禁止超标排污”的法律规范。如果脱离了该法律规范，即使是“GB”形式的强制性标准，对法院而言也不具有规范拘束力。行政机关执行环境标准同样如此。一个环境标准，不管是以什么形式发布的，都不可能当然地具备强制性。

在标准化领域，比较常用的一个概念是技术法规（Technical Regulation），以与国际接轨为由，认为标准提出的技术要求，如果带有强制性，就属于技术法规，具有相应的法源属性和强制效力。技术法规的概念主要来源于2001年中国加入世贸组织议定书。该议定书第13条“技术性贸易壁垒（TBT）”中，将技术法规和标准并列，要求中国在官方刊物上公布，使所有技术法规、标准和合格评定程序符合《TBT协定》。据此，按照一般的观点，技术法规就是强制性标准，而议定书中提到的“标准”，主要是指推荐性标准。原国家质量技术监督局曾于2000年3月发布《关于强制性标准实行条文强制的若干规定》（质技监局标发［2000］36号），该规定的起草说明中，提出了“强制性标准属于技术法规”的观点。[43]

问题是，技术法规在我国现行的法律渊源体系中找不到对应的概念。我国现行的法律体系，基本上遵循的是以制定主体确定法律规范的位阶和效力的原则。换言之，不同的法律渊源，其规范拘束力的大小，取决于制定主体在《宪法》确立的国家治理结构中所处的地位。如果严苛地按照这一原则对环境标准进行归类，那么即使是强制性标准，其最高层级只能视为国务院部门发布的规范性文件，其效力还不如部门规章。要把强制性标准视为“法规”，这一“法规”又没有明确的地位，将面临理论和实践

43 转引自柳经纬《评标准法律属性论》，载《现代法学》2018年第5期。

上的诸多挑战，并对整个环境法律渊源体系带来不必要的冲击。

环境法上，有学者提出，环境标准具有四个特征：一是规范性，它同法律一样是一种具有规范性的行为规则；二是强制性，强制性环境标准或者被强制性环境标准援用的推荐性环境标准，都必须强制执行，属于具有法律约束力的技术性规范；三是制定程序严格，由有关国家机关按照法定程序制定和发布；四是显著的技术性和时限性，环境标准属于技术规范，且需定期进行修改和完善。[44] 这也是将环境标准视为环境法的法律渊源的主要理由。但是，如果以上述四个特征作为认定环境标准法源属性，还是欠缺说服力。上述四个特征，并不是环境标准所特有的。比如，大量存在的规范性文件，也同样具备上述四个特征，但没有一种理论或法理学教科书会把规范性文件视为法源。按照《行政诉讼法》，法院裁判时，可以“参照”规章，规范性文件不仅不属于法院裁判的依据，甚至还是审查的对象，不成其为法源。就规范性而言，前已反复述及，环境标准不具备法律规范的完整结构，规范性文件也创设行政管理规则，其规范性特征比环境标准更明显；就强制性而言，环境标准的强制效力来源于法律法规，是基于援用机制而存在的，且多数规范性文件涉及行政相对人的权利义务，具备强制力，环境标准中只有强制性标准具有强制力；就制定程序而言，环境标准相较于法律法规的制定程序，谈不上“严格”，也无法得出比规范性文件制定程序更严格的结论；就技术性和时限性而言，规范性文件也有技术性和时限性，况且技术性、时限性和是否属于法源没有必然联系。因此，以上述四个特征判断环境标准的法源性质，比较牵强。

当然，从另一个角度看，虽然环境标准不具备法律渊源的本质属性，但环境标准规定的内容，对调整环境法律关系，仍然具有重要作用。将其从法律渊源的体系中剥离出来，并不是否定其规范功能，而是要在法律渊源之外，另行构建一个相对独立的适用体系。否则，实践中纠缠不清的“规章与标准孰大孰小”“规章能不能修改标准”等问题，永远不会有合理的解决方案。在北京某公司诉天津市宝坻区生态环境局行政处罚案中，就涉及一个关键的问题，生态环境部门可否直接以一次性采样的监测结果，认定企业的排污行为超标？如果可以，其依据是什么，是否需要在污染物排放标准中作出明确规定？如果不可以，那该如何看待生态环境部发

44　参见韩德培主编《环境保护法教程》（第八版），法律出版社2018年版，第115页。

布的一系列文件和解释，这些文件和解释与污染物排放标准之间是什么关系？

关于一次性采样监测，生态环境部早在2007年就在《关于环保部门现场检查中排污监测方法问题的解释》（国家环境保护总局公告2007年第16号）中提出了基本处理规则，即“在任何时间、任何情况下，排污单位的排污行为均不得违反排放标准中的有关规定”。按照这一思路，2010年修订的《环境行政处罚办法》（环境保护部令第8号）第37条明确：“环境保护主管部门在对排污单位进行监督检查时，可以现场即时采样，监测结果可以作为判定污染物排放是否超标的证据”。之后，生态环境部相继发布多个解释性文件，如《关于“现场即时采样”监测数据认定有关问题的复函》（环办政法函［2017］1624号）提出：“城镇污水处理厂‘现场即时采样’即为一次性采样”“其监测结果可以作为判定排污行为是否超标的证据”。《关于环境行政处罚即时采样问题的复函》（环办法规函［2018］1246号）规定：“现场即时采样是指现场检查时可以取一个样品进行监测，监测结果可以作为判定污染物排放是否超标的证据。该样品的采集需按照相关技术规范进行。”

所有这些规章和文件，都在宣示以下几点：一是生态环境部门在执法时，可以现场即时采样；二是现场即时采样等同于采集一个样品进行监测；三是现场即时采样结果可以作为判断企业排放是否超标的依据。而从排放标准本身的规定看，2008年之后的污染物排放标准（主要是水污染物排放标准），基本都规定了现场即时采样的内容。比如，《制革及毛皮加工工业水污染物排放标准》（GB30486—2013）就规定，环保部门进行监督性检查时，可以现场即时采样或监测结果，作为判定排污行为是否符合排放标准的依据。但2007年之前的污染物排放标准，大多没有相关内容。上述案件涉及的《城镇污水处理厂污染物排放标准》（GB18918—2002）就没有规定。由此产生的问题是，环境标准与这些规章或文件之间，应当按照什么样的逻辑来解释？

实践中，一种观点认为，上述文件，应当视为对污染物排放标准的解释。换言之，如果排放标准中没有规定现场即时采样的内容，相关文件可以直接作为对排放标准的解释，具有和标准相同的法律效力，直接予以适用。另一种观点认为，标准归标准，文件归文件，除了援用的情况外，两者不应存在交叉适用的问题。对标准的解释，应当按照标准解释的规范开展。即使相关文件，实质性地构成了对标准的解释，也不能简单等同于标准的解释。还有一种观点认为，污染物排放标准的强制效力，来源于《环境保护法》《水污染防治法》等法律的规定，并通过援用机制获得了和法律法规相同的效力，是企业排污和生态环境部门执法的基本依据，而部门规章和规范性文件都只能在法律法规之下作出具体规定。对法院而言，排放标准可以直接作为裁判的依据，而部门规章仅具有“参照适用”的效力，更不用说规范性文件了。

上述案件中，法院的裁判其实没有涉及《环境行政处罚办法》的适用，也没有将前述规范性文件视为对环境标准的解释。背后的逻辑在于，污染物排放标准通过援用机制，成为《水污染防治法》规定的“禁止超标排污”这一法律规范的构成要素，从而获得了与《水污染防治法》相同的规范拘束力。对法院而言，他们可以基于一个简单的裁判方法进行裁量，即适用《水污染防治法》规定的“禁止超标排污”的法律规范，水污染物排放标准只是这个法律规范的构成要素，而不需要再去推究该排放标准与其他规章或规范性文件的关系。换言之，排放标准的法律效力等同于《水污染防治法》，除非将相关规章或规范性文件认定为对排放标准的解释，否则规章或规范性文件均无法对标准的实施造成影响。但环境标准的解释，有其确定的程序、路径和发文形式，[45] 规章或规范性文件无法直接替代对标准的解释。

从这个案子可以看出，环境标准实际上有其自洽的适用规则和逻辑，强行纳入法律渊源的范畴，反而带来不必要的适用难题。将环境标准独立于法律渊源，基于其自身的特性构建相对合理的运作模式，乃是理性的选择。

四　环境标准的适用规则

环境标准体系的庞杂，如同法律渊源的多样性一样，带来的重要问题就是标准的效力层级和选择适用的复杂化。在不同的分类体系中，任何一个环境标准都可以找到对应的位置，但各归其位不等于其效力层级不言自明，相反，环境标准在实践中的选择适用，历来是一大难题。特别是作为

---

45 《生态环境标准管理办法》第 52 条规定：“生态环境标准由其制定机关负责解释，标准解释与标准正文具有同等效力。相关技术单位可以受标准制定机关委托，对标准内容提供技术咨询。”

判断排污行为合法性依据的污染物排放标准，由于直接涉及行政相对人的权利义务，如何准确适用至关重要。如果企业排放某类污染物，同时有不同类型的排放标准，其规定的排放限值、监测方法又可能存在不一致的地方，这就需要明确不同标准适用的优先顺位。

《环境保护法》《大气污染防治法》等法律没有对标准的位阶及其效力作出明确规定。《水污染防治法》第 14 条第 3 款规定："向已有地方水污染物排放标准的水体排放污染物的，应当执行地方水污染物排放标准。"这一规定只解决了地方污染物排放标准和国家污染物排放标准的优先顺位问题，但由于环境标准体系的复杂性，除了国家标准和地方标准外，还涉及其他多种类型标准的相互关系，需要进一步总结提炼相应的适用规则。笔者以为，可以考虑借鉴法律冲突的解决模式，探索在环境标准领域构建相对合理的适用规则。

（一）规则一：强制性标准优先于推荐性标准

强制性标准必须强制执行，推荐性标准不具有强制执行的效力，因此，强制性标准优先于推荐性标准，此乃不言自明。在援用的情况下，由于援用不改变推荐性标准本身的效力，只是赋予了被援用部分内容的强制力，因此，援用也不改变强制性标准优先执行的基本规则。

（二）规则二：国家标准优先于行业标准，行业标准优先于企业标准、团体标准

在《标准化法》确定的标准体系中，国家标准应当优先执行。即使是国家标准中的推荐性标准，相较于一般的行业标准，也应当优先执行。企业标准和团体标准，其适用范围受限，仅供相关方自愿采用，其效力要低于国家标准和行业标准。

上述适用规则的基本前提是均属于推荐性标准。如果相关标准中有强制性标准，那么，按照第一个适用规则，强制性标准应当优先执行。实践中比较常见的是，一些行业标准，甚至是企业标准或团体标准，其中的部分条款借由援用机制，获得了强制力。这种情况下，这些标准中被援用的条款，也应当适用第一个规则优先执行。

还有一种比较复杂的情形，主要出现在污染物排放标准的适用中。比如，某一排污单位自行制定了企业标准，或者自愿选择适用一个团体标

准，该企业标准或团体标准，要比国家标准或行业标准更为严格。一旦企业违法排污，能否适用企业自愿采用的企业标准或团体标准判断其排污行为的合法性？这就涉及环境标准适用的效力问题。即使企业自愿采用了更为严格的企业标准或团体标准，但这些标准确定的排放控制要求，原则上不具有强制力，行政机关不能依据该企业标准或团体标准判断其排污行为的合法性。总之，排污单位基于自愿原则，采用的企业标准或团体标准，原则上仍然不具有强制力。

（三）规则三：地方标准优先于国家标准

从国家标准与地方标准制定的基本要求看，对环境质量标准、污染物排放标准和环境风险管控标准而言，地方标准只能补充国家标准，或者严于国家标准。在补充的情形，由于国家标准没有对相关控制限值或要求作出规定，应当按照地方标准执行，不能以国家标准没有规定为由，拒绝地方标准的适用。这种情况下，标准之间并不存在严格意义上的冲突。在更严的情形下，由于地方标准规定的限值或要求比国家标准更严，自然应当按照地方标准执行。因此，无论哪一种情形，地方标准都应当优先于国家标准执行。在北京某公司诉天津市宝坻区生态环境局行政处罚案中，北京市四中院认为，天津市《城镇污水处理厂污染物排放标准》（DB12599—2015）应当优先于《城镇污水处理厂污染物排放标准》（GB18918—2002）执行。在水污染物排放监测取样的规定上，天津市的地方标准没有规定一次性取样监测的内容。地方标准没有规定的，本可以执行国家标准的规定，但《城镇污水处理厂污染物排放标准》（GB18918—2002）也没有规定一次性监测取样的内容。因此，北京市四中院认定宝坻区生态环境局适用法律错误，其在标准的选择适用上，符合基本的规则。

以污染物排放标准为例，首先，如果某类污染物排放的控制项目同时有国家排放标准和地方排放标准的，即国家标准和地方标准均对某一排放控制项目作了规定的，优先适用地方标准；其次，如果某一排放控制项目，国家标准没有规定，而地方标准作了规定的，也要适用地方标准；最后，如果对某一排放控制项目，国家标准有规定，但地方标准没有规定的，总体上仍应适用地方标准，但对该排放控制项目，不能以地方标准没有规定为由，不再执行相关控制要求。这种情况下，针对该特定的污染物控制项目，应当适用国家标准的规定。

上述规则的适用存在例外。考虑到环境监测需要国家层面的规范和统一，特别是环境监测分析方法的确定，直接与环境质量标准、污染物排放标准等标准中的排放控制限值或要求密切关联，完全授权地方自行规定，可能会带来相关强制性标准无法准确有效执行、地方借由环境监测标准的制定变相放松或加严相关排放控制要求等问题，因此，对环境监测标准而言，只有在国家环境监测标准没有规定的情况下，地方才可以规定相关监测分析方法，或者在实际工作中采用地方制定的监测分析方法标准。国家环境监测标准一旦出台实施，相关地方环境监测分析方法不再执行。[46]

（四）规则四：污染物排放标准的细化适用规则

水和大气污染物排放标准中，根据标准的适用对象，国家污染物排放标准可以分为行业型、综合型、通用型三类；地方污染物排放标准可以分为行业型、综合型、通用型、流域（海域）或者区域型排放标准四类。行业型污染物排放标准适用于特定行业或者产品污染源的排放控制，比如《钢铁工业水污染物排放标准》（GB13456—2012）；综合型污染物排放标准适用于行业型污染物排放标准适用范围以外的其他行业污染源的排放控制，比如《污水综合排放标准》（GB8978—1996）；通用型污染物排放标准适用于跨行业通用生产工艺、设备、操作过程或者特定污染物、特定排放方式的排放控制，比如《电镀污染物排放标准》（GB21900—2008）；流域（海域）或者区域型污染物排放标准适用于特定流域（海域）或者区域范围内的污染源排放控制。不同的排放标准之间，也存在选择适用的问题。《生态环境标准管理办法》第 24 条对不同标准的适用作了规定。[47]

46 《生态环境标准管理办法》第 31 条。

47 该条规定："污染物排放标准按照下列顺序执行：（一）地方污染物排放标准优先于国家污染物排放标准；地方污染物排放标准未规定的项目，应当执行国家污染物排放标准的相关规定。（二）同属国家污染物排放标准的，行业型污染物排放标准优先于综合型和通用型污染物排放标准；行业型或者综合型污染物排放标准未规定的项目，应当执行通用型污染物排放标准的相关规定。（三）同属地方污染物排放标准的，流域（海域）或者区域型污染物排放标准优先于行业型污染物排放标准，行业型污染物排放标准优先于综合型和通用型污染物排放标准。流域（海域）或者区域型污染物排放标准未规定的项目，应当执行行业型或者综合型污染物排放标准的相关规定；流域（海域）或者区域型、行业型或者综合型污染物排放标准均未规定的项目，应当执行通用型污染物排放标准的相关规定。"

据此：

1. 同属国家标准的，行业型污染物排放标准优先

如果某类污染物排放的控制项目同时有国家行业型排放标准、国家综合型排放标准和国家通用型排放标准的，优先适用行业型污染物排放标准。行业型或者综合型污染物排放标准未规定的项目，应当执行通用型污染物排放标准的相关规定。

按照《生态环境标准管理办法》，行业型排放标准和综合型排放标准互不替代。行业型排放标准没有规定的，直接适用通用型排放标准，而不能适用综合型排放标准。换言之，行业型、综合型和通用型三类排放标准，并不是层级替代的关系。第一顺位是行业型污染物排放标准。行业型污染物排放标准未规定的，适用通用型污染物排放标准；综合型污染物排放标准未规定的，也适用通用型污染物排放标准。

2. 同属地方标准的，流域（海域）或者区域型污染物排放标准优先

如果某类污染物排放的控制项目，有地方污染物排放标准的，地方标准优先执行。这是第三个规则已经明确的。在地方排放标准中，如果该控制项目同时涉及多种类型标准的，其适用顺位为：流域（海域）或者区域型污染物排放标准优先于行业型污染物排放标准，行业型污染物排放标准优先于综合型和通用型污染物排放标准。流域（海域）或者区域型污染物排放标准未规定的项目，应当执行行业型或者综合型污染物排放标准的相关规定；流域（海域）或者区域型、行业型或者综合型污染物排放标准均未规定的项目，应当执行通用型污染物排放标准的相关规定。进言之，第一顺位适用流域（海域）或者区域型排放标准，第二顺位适用地方行业型和综合型排放标准，第三顺位适用地方通用型排放标准。

（责任编辑　连佑敏）

瑞典环境司法构造和程序规则之分析与借鉴[*]

王翠敏[**]

内容摘要：环境司法专门化改革在结构设置和程序规则上仍处在探索阶段，域外一些发展较为成熟的改革经验对我国在此领域的改革具有一定的借鉴意义。瑞典和中国均属于强调"公共执行"的国家，且环保法庭在类型上属于同类，两国都选择了在既有的普通法院里通过成立审判庭的方式去审理环境案件。本文通过对两国环保法庭的起源与发展、结构设置的宏观比较，探求预防环境损害发生和提高环境纠纷解决效率的可应用方式；通过两国环境纠纷解决机制中的核心问题即管辖、原告范围、法官构成和诉讼费用等的比较，探求环境纠纷解决机制中程序规则设置。

关键词：环境司法；专门化；结构设置；程序规则

21世纪以来，环保法庭[1]（Environmental Courts and Tribunal，ECTS）的数量在世界范围内迅猛增长。2009年有41个国家先后设立了350个环保法庭。[2] 到2016年年底，世界范围内已有44个国家建立了1200个专门的环

---

* 中国博士后基金："生态损害预防视角下环境行政救济构造研究"（项目编号：2016M601572）；济南市哲学社会科学课题："黄河济南段河道滩区治理与防洪防汛法律制度研究"（项目编号：JNSK20B28）；山东省重点研发计划（软科学项目）："山东省黄河流域生态保护与高质量发展法治保障研究"（项目编号：2020RKB01378）。

** 王翠敏，山东建筑大学法学院副教授，上海交通大学凯原法学院博士后。

1　这里的环保法庭主要是指专门的审判机构，还包括了在行政机构内设立的专门处理环境纠纷的裁判机制。

2　George Pring and Catherine Pring, Greening Justice: *Creating and Improving Environmental Courts and Tribunals*, Washington: The Access Initiative, 2009, p. xi.

境审判机构。[3] 面对日益严重的环境问题和与日俱增的环境纠纷，中国自2007年开始探索环境司法专门化[4]的改革路径，在各地方法院相继设立环保法庭。[5] 截至2019年年底，全国各级法院共设立了1353个“环保法庭”，其中专门审判庭513个，合议庭749个，人民法庭91个，共有23家高级人民法院施行环境资源刑事、民事、行政案件“二合一”“三合一”归口审理模式。[6] 相较2017年各个类型环保法庭的数量均有较大幅度增加。现行的环境司法专门化改革在机构设置和程序规则上仍处在探索阶段，域外一些发展较为成熟的环境司法专门化改革经验对我国在此领域的改革具有一定的借鉴意义。

选择瑞典的土地与环保法庭制度作为比较考察的对象主要基于三方面原因：一是在环境保护领域，瑞典和中国均属于强调“公共执行”而非“私人执行”的国家；二是环保法庭作为一种专门法庭，其类型基于不同国家的法律文化和政治体制而各有不同，但本质上，瑞典和中国的环保法庭在类型上属于同类，两国都选择了在既有的普通法院里通过成立审判庭的方式去审理环境案件。瑞典的环境司法体制经历了较长时间的发展已经进入了相对成熟的阶段，并有明确的法律依据，即1999年颁布的《瑞典环境法典》（*The Swedish Environmental Code*，EC）。以《瑞典环境法典》为依据设立的土地与环保法庭较好地发挥了生态损害预防性救济功能。

一 瑞典环保法庭的设置与特点

瑞典的法院分为普通法院（The General Courts）、行政法院（The Administrative Courts）和专门法院（The Special Courts）。普通法院由基层法院（The District Courts）、上诉法院（The Appellate Courts）和最高法院

---

3 ［英］吉檀迦利·纳因·吉尔：《印度环境司法：国家绿色法庭》，李华琪等译，中国社会科学出版社2019年版，第3页。

4 环境司法专门化是指在国家或地方设立专门的司法机关或在司法机关内部设立专门的审判、检察机构或组织进行专门的环境司法活动，包括审判组织的专门化、审理程序的专门化和审判主体的专门化三个方面。

5 2007年11月，贵州省清镇市人民法院成立了我国第一个环保法庭。

6 中国的环保法庭主要包括环境资源审判庭、合议庭和巡回法庭三种形式。参见最高人民法院2020年5月发布的《中国环境资源审判（2019）》白皮书。

（The Supreme Courts）三个级别构成。除特别规定外，基层法院通常受理一审民事和刑事案件。为了有效地保护公民权利，瑞典设立了单独的行政法院处理行政诉讼案件。瑞典的行政法院分为三个级别：基层行政法院（The County Administrative Courts）、上诉行政法院（The Administrative Courts of Appeal）和最高行政法院（The Supreme Administrative Courts）。

1999 年，《瑞典环境法典》的颁布替代了之前 15 部分散的环境立法，确立了环境领域协调统一的法律适用规则，大部分内容为行政法，同时也包括一些赔偿规则、刑罚规则和法院的设置与组成规则，其主要目标在于集中统一处理环境纠纷，特别是建立环境行政纠纷处理的新机制。《瑞典环境法典》成立的土地与环保法庭替代以往处理环境纠纷的机构即国家许可委员会（National Licensing Board）、水法庭（Water Courts）和行政法院（The Administrative Courts）。[7] 土地与环保法庭从现有的基层法院中挑选出 5 个基层法院处理环境案件、特定范围内的环境行政许可、对于环境决定等具体行政行为不服的诉讼以及禁令的颁布。实际上瑞典的土地与环保法庭（Land and Environmental Courts，LEC）是在挑选出的 5 个基层法院中设立的审判庭。土地与环境上诉法庭（Land and Environmental Courts of Appeal，LECoA）是设立在斯德哥尔摩上诉法院中的一个审判庭，部分案件可上诉至最高法院（The Supreme Courts）。从 2011 年起，涉及城市规划、基础设施建设等由行政机构处理后仍发生纠纷的事项允许上诉到土地与环保法庭。图 1 揭示了瑞典环境行政机关与司法机关在环境纠纷解决中的相互关系。

二 瑞典环保法庭的主管范围

（一）环境行政许可

瑞典的基层土地与环保法庭承担了部分环境行政许可的功能，尽管环境监管的主要职责由市政当局即省环境委员会（The County Administrative

7 Jan Darpö，“Justice through Environmental Courts? Lessons Learned from the Swedish Experience”，in Jonas Ebbesson and Phoebe Okawa，eds.，*Environmental Law and Justice*，Cambridge：Cambridge University Press，2009 ，p. 2.

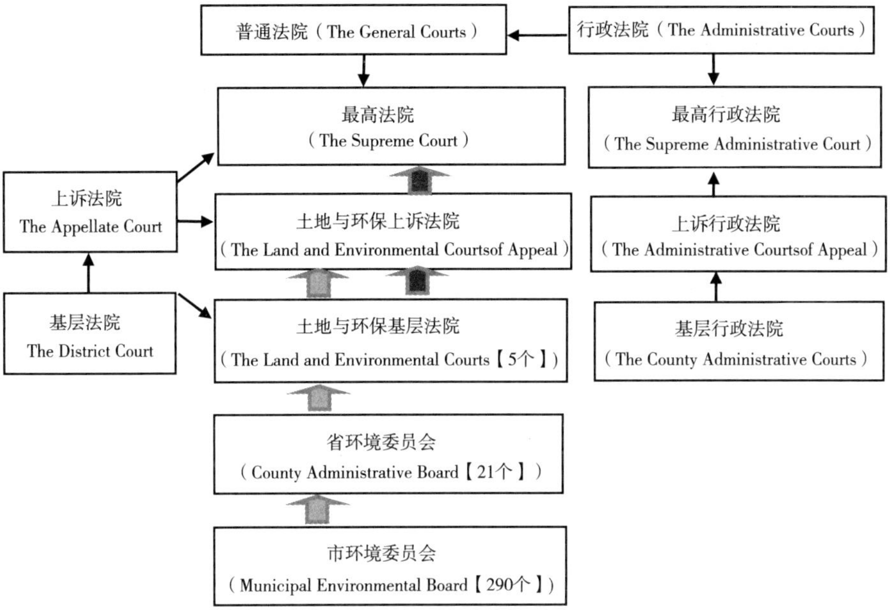

图 1

Boards/Länsstyrelsen，CAB）和市环境委员会（The Municipal Environmental Boards/Kommuner，MEB）承担。除了应当由 CAB 审批的地面排水事项（Land Drainage），瑞典基层土地与环保法庭主要承担重大环境危险活动和大部分水作业（Water Operations）的环境许可。此外，基层土地与环保法庭还负责给排水变更与修复工程的审批，工程时限及延长的批准，持续性活动的许可或禁令的撤回。

（二）环境行政诉讼

瑞典土地与环保法庭受理的大部分案件是环境行政案件，尽管其是普通法院中的审判庭。[8] 对于 MEB 做出的环境行政决定不服的可以向 CAB 提起复议，对于 CAB 的处理结果仍然不服的可以到基层土地与环保法庭提起诉讼，如果仍不服可以上诉到环保上诉法院。如果该环境行政决定是由 CAB 首先做出的，依然遵循上述路线。对于由土地与环保法庭直接做出行政决定的事项，可以上诉到土地与环保上诉法院，如对处理结果还是

8 See also Jan Darpö，supra n. 7，p. 3.

不服，可以上诉到最高法院。[9] 在法律有特别规定时对 MEB 和 CAB 的决定不服最高可上诉到土地与环保上诉法院。所有案件的上诉都遵循上述路线，尽管起点或者终点会有所不同。一些案件会有特别的处理程序，例如政府对于国家重要的基础设施建设、能源生产、通信等事项做出的决定，政府的上述决策不能按照上述诉讼程序寻求救济，但是利害关系人和环境非政府组织可以向最高行政法院申请司法审查。

（三）环境民事诉讼与环境刑事诉讼

瑞典土地与环保法庭对于环境类损害赔偿案件也拥有管辖权，包括与水作业相关的公共干预与许可的生态补偿、禁渔期的补偿，环境侵权引起的人身、财产损害赔偿等。根据《瑞典环境法典》第 32 章第 12 节，自然人可以要求法庭针对未依法批准的环境侵害行为采取保全措施以阻止环境侵害的发生。环境刑事案件的起诉权属于总检察长（Attorney General），根据《瑞典环境法典》第 32 章，当监管机构发现环境侵害行为可能需要追究刑事责任时有义务向警方或者有权起诉的机构报告，进而启动刑事调查程序。[10]

（四）环境群体诉讼

环境群体性诉讼也属于土地与环保法庭的受案范围。[11] 个体可以因为环境侵权引起的人身、财产损害而起诉到环保法庭，私主体只能基于自己的权益受到侵害而提起诉讼，但这种私人环境侵权诉讼在瑞典是非常少见的。[12] 环境侵权群体性诉讼可以被群体成员中的自然人或法人提起，原告必须遭受到了人身损害或者有其他可诉的原因方可提起诉讼。申请加入诉讼的群体成员不具备当事人的地位。但是群体成员同当事人在资格审查、

9 Annika Nilsson, "Environmental Law", in Michael Bogdan, eds., *Swedish Legal System*, Stockholm: Elanders Sverige AB, 2010, p. 484.

10 Korseland Lars Emanuelssonl, "Big Stick, Little Stick: Strategies for Controlling and Combating Environmental Crime", *Journals of Scandinavian Studies in Criminology and Crime Prevention*, Vol. 2, No. 2, Jan. 2001, p. 142.

11 Per Henrik Lindblom, "Group Litigation in Scandinavia", *ERA Forum*, Vol. 10, No. 1, Oct. 2009, p. 13.

12 See also Jan Darpö, supra n. 7, p. 6.

未决程序、诉的合并、询问程序以及其他与证据相关的事项上具有平等的地位。[13] 瑞典 2003 年 1 月 1 日生效的《群体诉讼法》（Group Proceedings Act）规定了三种诉讼形式：私人群体诉讼（The Private Group Action）、团体诉讼（The Organization Group Action）和公益诉讼（The Public Action）。团体诉讼仅限于消费者权益保护和环境保护两个领域。在环境法中，致力于自然保护和环境保护的非营利组织有资格提起团体诉讼。在团体诉讼中，没有关于规模和成立时间的任何限制。一个新成立的环保组织仅仅有几个成员或者今天成立明天去起诉都是允许的，只要组织的财务状况良好并且法院认为其能够很好地代表群体利益。最后，瑞典的环境保护行政机构也可以代表群体利益提起诉讼。[14] 自《群体诉讼法》颁布以来，环境行政诉讼成为主要的解决纠纷渠道，仅有一起环境类私人群体民事诉讼发生，环境团体民事诉讼尚未发生。[15]

三 瑞典环境诉讼中原告资格的确定

（一）环境行政复议与行政诉讼中利害关系人的界定

《瑞典环境法典》第 16 章第 12 节，将自然人的原告资格界定为任何人只要是行政决定（Judgment or Decision）的对象都有权利提起诉讼。在行政诉讼中，只要是受到行政决定影响的本市居民均有权向法庭提起对该决定的诉讼。例如，居住在被许可活动的附近或者受活动影响的区域的主体；自然人面临受到主管部门污染排放许可的危害被认为具有利害关系并有资格作为原告提起诉讼。土地的所有人或者拥有捕鱼权的人会认为与在附近进行的水作业的许可和大坝建设许可具有利害关系。[16] 原告能够在诉讼中提起私人的和公益的诉请。但是如果仅仅是公益的诉请，该自然人没

---

13 See also Per Henrik Lindblom, supra n. 11, pp. 14-15.

14 Annika Nilsson, "Environmental Law. Swedish Legal System", in Michael Bogdan, eds., *Stockholm: Elanders Sverige AB*, 2010, pp. 221-222.

15 See also Per Henrik Lindblom, supra n. 11, pp. 20-23.

16 Jan Darpö, "Effective Justice? Synthesis Report of the Study on the Implementation of Articles 9. 3 and 9. 4 of the Aarhus Convention in Seventeen of the Member States of the European Union", EU Environment. European Commission Brussels, Oct. 11, 2013.

有原告资格。尽管原告资格被给予了非常宽松的解释，但私人利益必须受到影响方可具备提起诉讼的资格。如果主张仅仅涉及海岸防护、自然保护或生物多样性保护，自然人不具备提起复议或诉讼的资格，即使居住在诉求公益的附近。这种状况同样适用于疏忽和不作为，例如居住在斯德哥尔摩主要街道 Hornsgatan 的居民起诉地方当局未能依据现行法落实当地的空气质量标准和氮氧化合物的标准。[17]

环境行政诉讼中行政机构作为诉讼的一方当事人，另一方的当事人是利害关系人。如果接受复议或诉讼的主体改变了行政决定，则做出决定的主体依然可以上诉。如果该行政决定影响了更广泛的人们，则可能出现第三方（Third Parties），当某主体被赋予作为第三方的复议或诉讼资格，该主体不必完全依靠首要利害关系人去主张自己的利益。第三方主体参与诉讼的时限与其他当事人完全相同。正常情况下，一个复议或诉讼需要在决定公布或通知之日起 3 周之内完成。[18] 有时候，如果当局被认为是利害关系人或者立法上提供了此项权利，行政当局可以针对某行政决定起诉到法院。[19]

（二）社团提起环境公益诉讼的原告资格

根据《瑞典环境法典》第 16 章第 13 节，以促进自然环境保护为目的的非营利性社团（Non-profit Associations）可以针对许可、批准和豁免作为原告起诉，历史上曾要求非营利性社团必须在瑞典开展环保业务活动三年以上，并拥有不少于 2000 人的成员。但是，该项标准在 2010 年根据欧洲联盟法院（The Court of Justice of the European Union，CJEU）的判决（DLV C-263/09）而修改。瑞典现行立法要求非营利社团的成员人数不少于 100 人，或者即使少于 100 人只要能证明拥有来自公众的支持也可。在瑞典，大多数环境立法赋予了非政府组织（NGOs）依据《瑞典环境法典》起诉的原告资格，包括针对生物和自然的保护问题。但仍有一些领

---

17 See also Jan Darpö, supra n. 7, p. 6.

18 See also Jan Darpö, supra n. 7, p. 5.

19 Helle Tegner Anker, Ole Kristian Fauchald, Annika Nilsson, Leila Suvantola, “the Role of Courts in Environmental Law -a Nordic Comparative Study”, *Nordic Environmental Law Journal*, Vol. 2, No. 2, Dec 2009, p. 18.

域未规定在《瑞典环境法典》中，如林业和狩猎领域。因此，非政府组织在狩猎和林业管理领域即使与生物与自然保护有密切联系也依然没有资格作为原告针对行政决定提起诉讼。2013 年这种状况通过判例得以改变，斯德哥尔摩行政上诉法院允许环境非政府组织对违反欧盟法规定的狩猎行为的行政决定提起诉讼。[20] 2014 年最高行政法院确认了这一立场。

实践中，瑞典的国家标准违反了《奥胡斯公约》（*The Arhus Convention*）中的非歧视条款。根据 1974 年北欧环境保护惯例，北欧非政府组织等同视为瑞典国内的组织，北欧的非政府组织起诉一个瑞典的行政机构做出的决定时是允许的，但波兰或者德国的非政府组织对于瑞典许可的一种燃烧装置将会对空气或者波罗的海产生广泛的影响而提起诉讼将不被允许。[21]

四　瑞典土地与环保法庭中审判庭的组成与诉讼费用

（一）环保技术专家组成的审判庭

环境案件通常涉及复杂的技术和科学问题，是否符合保全措施（precautions or protective measures）要求的条件往往需要专业的判断，因此，裁判主体包括独立和公正的技术人员更有利于环境案件的审判。[22] 瑞典环境审判庭由具有法律资格的法官担任审判长，另外由一个环境技术法官和两个专家组成。环保法庭的审判庭还可能包括一个补充的法官和一个环境技术专家，他们是由工业部门和国家公共部门提名的。环保技术专家经历过技术或者科学的训练并具备处理环境问题的经验。其中一个专家应当有

20　Yaffa Epstein, Jan Darpö, "The Wild Has no Words: Environmental NGOs Empowered to Speak for Protected Species as Swedish Courts Apply EU and International Environmental Law", *JEEPL*, Vol. 10, No, 3, Oct. 2013, p. 251.

21　Jan Darpö, "Effective Justice? Synthesis Report of the Study on the Implementation of Articles 9. 3 and 9. 4 of the Aarhus Convention in Seventeen of the Member States of the European Union", EU Environment. European Commission Brussels, Oct. 11, 2013.

22　See also Jan Darpö, supra n. 7, p. 6.

在瑞典环保机构工作的经验。[23] 审判庭的主持人将决定其他专家是否要具有在工业部门或地方政府工作的经验。裁判合议时的投票首先由法官提出观点，接着是环保技术专家，最后是专家成员。审判长具有决定性的一票，除了在预期罚款（prospective fines）的判定问题上实行少数服从多数。环保上诉法院也会在法官之外指定技术专家，通常 4 个成员组成的合议庭有 3 个法官。

（二）诉讼费用

诉讼成本的高低很大程度上决定了当事人能在多大程度上接近司法正义。瑞典环保法庭的诉讼费用通常包括申请费（Application fees）、行政复议费（Administrative appeal fees）、受理费（Court fees）和其他诉讼中实际支出的费用、律师费（Lawyer's fees）、申请禁令的保证金（Bonds for Obtaining Injunction Relief）等。[24] 在瑞典，不存在诉讼的经济障碍，除了民事诉讼中需要交纳 450 克朗的受理费外，其他种类的环境诉讼不需要交纳受理费，上诉是免费的。[25] 无论是对 MEB 的决定不服向 CAB 提出的复议还是向环保法庭提起的诉讼均不需要交纳案件受理费，败诉方无须负担胜诉方的诉讼费用、申请禁令救济也不需要交纳申请费。依据职权主义原则（ex officio-principle），案件的调查由行政机构和环保法庭承担。由于技术人员和专家参加庭审，当事人很少需要聘请专家证人。如果当事人想聘请律师或者专家证人，需要自己负担此项费用，并且此项费用不适用败诉方负担原则。尽管瑞典没有实行强制律师代理制度，但没有经验的当事人通常需要聘请律师来应对专业性较强的环境诉讼。[26]

---

[23] See Swedish Environmental Code &4 (1999).

[24] Jan Darpö, "Effective Justice? Synthesis Report of the Study on the Implementation of Articles 9. 3 and 9. 4 of the Aarhus Convention in Seventeen of the Member States of the European Union", EU Environment. European Commission Brussels, Oct. 11, 2013.

[25] See also Anker, Helle Tegner, Ole Kristian Fauchald, Annika Nilsson, and Leila Suvantola, supra n. 19, p. 19.

[26] Jan Darpö, "Effective Justice? Synthesis Report of the Study on the Implementation of Articles 9. 3 and 9. 4 of the Aarhus Convention in Seventeen of the Member States of the European Union", EU Environment. European Commission Brussels, Oct. 11, 2013.

五 瑞典环境司法构造与程序规则的分析与借鉴

（一）中瑞两国环保法庭设置结构的比较分析

本质上，瑞典和中国均选择了在现有的普通法院中挑选部分法院成立环保审判庭的方式来审判环境案件。[27] 瑞典的土地与环保法庭受理土地开发利用类案件、环境民事案件、环境刑事案件、环境行政案件，同时主管部分环境事项的行政许可、行政事业性收费等。我国环境资源审判机构负责审理环境民事案件、环境行政案件和环境刑事案件以及部分行政决定的执行。两国环保法庭的审判权范围均较为广泛，但在机构设置和主管范围上有很大的不同。

1. 生态损害预防视角下行政权与司法权的权限划分和功能定位

权力的分立成为近代西方政治生活的运行准则。在瑞典历史上，法院的角色一直处于受限制的状态，这是历史上关于民主与平等政治争论的混合产物，然而，瑞典法院的角色在20世纪的最后10年和21世纪头几年开始变得越发重要。[28] 瑞典土地与环保法庭的发展确认了这种趋势却又表现出了极强的特殊性。由于环境问题的专业性，瑞典土地与环保法庭的审判人员包括具有在工业部门、地方政府或环保机构工作经验的专业技术法官。根据《瑞典环境法典》和《规划与建设法》（*the Planning and Building Act*）瑞典基层土地与环保法庭承担行政许可和受理上诉（复议）的职责，基层土地与环保法庭承担A级别的300—400项的环境行政许可，主要包括重大环境危险活动和大部分水作业的环境行政许可。[29] 此外，基层土地与环保法庭还负责给排水变更与修复工程的审批，工程时限及延长的批

---

27 2014年7月，我国最高人民法院成立环境资源审判庭，同月最高人民法院发布《关于全面加强环境资源审判工作为推进生态文明建设提供有力司法保障的意见》，提出高级人民法院要按照审判专业化的思路设立环境资源专门审判机构。中级人民法院应在高级人民法院的统筹指导下，根据环境资源审判业务量，合理设立环境资源审判机构，案件数量不足的地方，可以设立环境资源合议庭。个别案件较多的基层人民法院经高级人民法院批准，也可以考虑设立环境资源审判机构。

28 See also Per Henrik Lindblom, supra n. 11, p. 8.

29 See also Jan Darpö, supra n. 7, p. 2.

准，持续性活动的许可或禁令的撤回。

瑞典环境行政纠纷解决机制脱离了由传统的行政法院进行救济的渠道，而是纳入专门的土地与环保法庭主管。基层土地与环保法庭实施部分环境行政许可的职能是该国特殊的历史传统形成的，形成了跨区域的集中管辖。环境行政许可由基层土地与环保法庭行使，与传统的行政权和司法权分立的法治理念相背离，但也是其“复议诉讼一站式”纠纷解决机制设置的需要，专业技术法官的存在为环境行政许可权的设置提供了可能性，且实行负责行政的人员和负责处理行政争议的裁判人员相区分，无论是行政或是司法，现有的制度设置都未脱离“司法最终解决原则”。

我国公民、法人或者其他组织认为地方环境保护行政主管部门的具体行政行为侵犯其合法权益的，可以向该部门的本级人民政府申请行政复议，也可以向上一级环境保护行政主管部门申请行政复议。对于复议决定不服的既可以向最初做出行政行为的行政机关所在地人民法院，也可以向复议机关所在地人民法院提起诉讼。2016 年，《关于充分发挥审判职能作用为推进生态文明建设与绿色发展提供司法服务和保障的意见》明确在各省高级人民法院设立环境资源审判机构，中级人民法院在高级人民法院的统筹指导下，合理设立环境资源审判机构，案件数量不足的地方，可以设立环境资源合议庭。个别案件较多的基层人民法院经高级人民法院批准，也可以考虑设立环境资源审判机构。

瑞典的环境行政许可、环境行政复议和环境行政诉讼通过环境司法专门化实现了“一站式”预防生态环境损害的发生。我国环境司法改革之初，环境污染和生态破坏的严峻现实促发了以事后救济为主的环境民事公益诉讼的立法先行，近几年，学者逐渐意识到环境行政救济[30]在生态损害

30 学界目前关于环境行政救济的含义有广义和狭义之争，王明远教授认为环境侵权的概念的客体除了包括人身权、财产权外，还应当包括环境权益，侵权法应当对环境损害有所回应，其从“环境侵权”的特殊性出发，提出环境行政救济相较传统的行政救济概念所含的内容更为广泛，认为环境侵权救济法律制度包括环境民事救济法和环境行政救济法，环境侵权行政救济法包括环境侵害的行政排除法、环境侵权损害的行政补偿法、环境民事纠纷行政处理法、环境侵权损害的国家赔偿法，其中环境侵害行政排除法包括公众参与环境行政过程，环境行政复议、环境行政诉讼以及公益诉讼。此种观点属于广义的环境行政救济的界定。参见胡保林《环境法新论》，中国政法大学出版社 1992 年版，第 315 页；王明远《环境侵权救济法律制度》，中国法制出版社 2001 年版，第 35 页。

预防上的功能和建立环境法领域统一协调的救济体系的重要性。我国目前并未在所有的省级以下人民法院设立环境资源审判机构，跨区域的集中管辖在部分地区进行了有益的尝试，[31] 但在全国范围内突破现有的行政区划实现跨区域的集中管辖还未实现法定化。省级以下尚未形成环境司法专门化的体系。由行政机构行使准司法权的行政复议制度，具有纠纷解决上的专业性强、快速、便捷、高效的优点，但同时复议机构更容易受到行政权力的影响，缺乏独立性。无论是环保法庭行使部分环境行政许可职能，还是行政机构行使准裁判权，都需要制度保障负责行政执法工作的人员和负责处理行政争议的裁判人员的剥离，理顺环境法治中行政权和司法权的关系，并围绕环境行政的具体特点和要求进行相应的制度设计与完善，既确保司法机关对环境行政机关的专业性和自由裁量权的适当尊重，又保证司法机关对行政机关的有效制约，并为公众参与环境保护特别是环境行政过程提供更加便捷和有效的法律路径。

2. “一站式”（One Stop Shop）纠纷解决机制的构建

瑞典将污染活动的许可依次交给行政机构 MEB、CAB 和基层土地与环保法庭承担，创造了一站式的行政许可和纠纷解决方式。[32] 传统意义上的行政复议与行政诉讼被统一到一条解决线路上来。寻求救济的行政相对人或利害关系人不需要在行政复议和行政诉讼中做出选择。最终的裁决由

---

31 实践中跨区域集中管辖的模式主要分为四种：一是以生态系统或生态功能区为单位实行跨区域集中管辖，如 2007 年 11 月，为保护贵州主要饮用水水源地，采取在贵阳市全市范围内指定由贵阳市中级人民法院环境保护审判庭及清镇市人民法院环保法庭集中管辖环保民事、刑事、行政、执行案件的模式；之后在总结经验的基础上，上述经验向全省推行，根据贵州河流和山脉的走势，选择在清镇市、仁怀市、遵义县、福泉市、普安县 5 个基层法院、5 个基层法院对应的中级人民法院及省高院设立的生态环境审判庭实行生态环境保护民事、行政案件（未列入刑事案件）跨市、州级行政区域的集中管辖。参见贵州省高级人民法院《探索集中管辖，推进公益诉讼》，载《人民司法》2015 年第 23 期。二是以环境资源数量、人口数量和经济发展水平综合考量因素实行跨区域集中管辖模式，如重庆市高级人民法院指定五个区法院审理各自所在中院辖区内的环境民事、刑事、行政案件。三是依托铁路法院实现环境资源案件跨区域集中管辖。四是以案件性质和河流流域相结合确定跨区域集中管辖模式，如湖北省武汉海事法院和汉江中级人民法院对全省环境公益诉讼实行跨区域集中管辖。参见徐胜萍、曾佳《论环境资源案件跨区域集中管辖制度的完善》，载《华东师范大学学报》（哲学社会科学版）2017 年第 1 期。

32 Bjällås, Ulf, “Experiences of Sweden’ s environmental courts”, *Journal of Court Innovation* (*winter*) Mar. 2010, pp. 179-183.

土地与环保法庭做出。[33] 无论是CAB还是土地与环保法庭对诉请的审查，其审查范围都是彻底全面的，有权直接撤销原行政决定并做出新的行政决定。

瑞典大多数环境类案件是行政案件，美国的公民诉讼和德国团体诉讼的主要类型均为环境行政诉讼。我国的情况则与此不同，2019年环境资源审判白皮书显示：全国法院受理各类环境资源民事一审案件202671件，同比上升5.6%。受理各类环境资源行政一审案件47588件，同比上升12.7%。我国环境类案件主要是民事案件而非行政案件。1989年《环境保护法》和1990年《行政复议条例》的颁布实施，促使各级环保行政主管部门开始建立具有行政复议功能的法制机构，但环保行政复议案件寥寥无几。2004年之前环境保护部行政复议案件平均每年1—3件。1999年我国《行政复议法》颁布实施，为了该法的进一步贯彻落实，2007年颁布了配套的《行政复议法实施条例》，2008年环境保护部公布了《环境行政复议办法》，环境行政复议案件急剧增加，2014年、2015年和2016年环保部受理行政复议案件分别为102件、108件和102件，环境行政应诉案件分别为11件、16件和12件。[34] 环境行政复议也未成为环境行政救济的主渠道。北京市环境保护局近四年分别受理环境行政复议案件4件、5件、26件和25件，环境行政复议案件数量在2016年、2017年增长较快。近四年环境行政复议类型中不服环境行政处罚案件居多，共计36件，占比60%，申请信息公开案件9件，占比15%，不服行政许可、行政征收、行政不作为和投诉举报答复的案件占比相对较少，环境行政复议对于生态损害预防功能的发挥不明显。四年共计60起环境行政复议案件中有1起复议案件获得支持，责令被申请人依法告知申请人公开申请的政府信息的行政机关的名称、联系方式；8起案件维持原具体行政行为，41件复议案件撤回行政复议申请，10件复议案件达成调解协议。申请人多为行政相对人，利害关系人或基于公益提起环境行政复议的案件较少。

现代环境问题的治理主要依赖于行政权，环境行政复议与环境行政诉讼均属于行政权力的监督制约机制。环境行政诉讼是风险社会模式下行政

---

33 See also Jan Darpö, supra n. 7, p. 4.

34 参见中国政府法制信息网关于2014年、2015年和2016年全国行政复议、行政应诉案件统计数据。

监督程序在司法中的延续和拓展，行政复议与行政诉讼是纠正错误的行政行为避免生态损害发生的第一步，它不像环境民事诉讼和环境刑事诉讼一样通常提供的是事后救济。环境损害具有不可逆性，环境民事公益诉讼是事后救济的主要手段，对于生态损害预防的作用十分有限，因此当破坏环境的建设还未发生时及时纠正一个错误的环境行政行为非常重要。环境行政复议与行政诉讼体制的设计与高效运行对于阻止环境损害的发生至关重要，瑞典在这个领域的经验给了我们很好的启示，统一的环境行政救济程序在中国长期以来一直未受到重视。

（二）中瑞环保法庭程序规则的比较分析与启示

1. 由专家组成的审判合议庭

环境案件在证明因果关系、环境损害及私人损害方面涉及复杂的科学与技术问题。[35] 环境问题的审查要具有专业知识的专家参与才有可能提高判断的质量、有效性和效率。在瑞典，法官和技术专家（the technical advisers）由法院所雇佣并作为环境问题的裁判者全职工作。这些内行的专家和法官共同决定一个环境案件的审判。法官、技术法官和专家创造了一个解决复杂环境纠纷的平台，以消除或者最大限度地减少对当事人聘请的专家证人陈述的误解。我国环保法庭的审判人员基本上是从原刑事、民事、行政审判人员中调配，多数基层法庭的法官具有本科以上学历，清镇市环保法庭研究生以上学历人数达到80%以上，但环境法官的知识背景与接受的环境法专业教育非常有限。[36] 环境资源案件专业性强、技术性较高，牵涉因果关系、损害后果的认定往往依赖鉴定意见，但对有冲突的鉴定意见如何采信，当事人聘请的具有专业知识的人提出的专家意见如何判定，对于没有环境资源知识背景的法官来讲比较困难。各地法院在审判实践中主要形成了两种做法：一是由环保专家作为陪审员参加案件的审理[37]；[38] 二

35 Preston, Brian J, "Characteristics of successful environmental courts and tribunals", *Journal of Environmental Law*, Vol. 26, No. 3, Mar. 2014, p. 386.

36 参见吕忠梅等《环境司法专门化——现状调查与制度重构》，法律出版社2017年版，第36页。

37 东营市中级人民法院环保法庭由环保专家在部分案件中作陪审员。

38 参见郄建荣《法院准备聘任环保专家出任陪审员》，《法制日报》2015年1月14日第8版。

是人民法院建立专家委员会或专家库，从中直接选取专家为审判人员提供技术咨询意见作为法官审判的参考。[39] 从直接言词原则出发，吸纳专业技术人员参加庭审并赋予其裁判权更有利于做出专业的判断。

2. 原告的范围及判断标准

（1）瑞典相对宽松的原告范围及判断标准

根据《奥胡斯公约》的规定，欧盟国家的国内法在规定原告范围时将获得复审或司法救济作为基本理念，赋予利害相关的公众广泛的接近司法正义的机会。宽松原告范围及判断标准的建立是接近司法正义的第一步。瑞典环境行政案件的司法实践中原告资格的解释相对宽松，除了直接利害关系人，所有私人环境利益受到影响的人都有资格提起复议或诉讼，人们可能因为行政决定或者行政不作为影响了一个居住区域内诸如饮水安全、空气质量、交通、安宁等权益而提起诉讼。同时，环境非政府组织成员人数不少于 100 人，或者即使少于 100 人只要能证明拥有来自公众的支持均具备成为原告的资格，但是这里仍然有许多盲点，如非北欧的环境非政府组织不具备原告资格。在民事案件中，环境非政府组织的原告资格更为宽松，任何环境非政府组织均有权启动群体诉讼，且没有关于机构的授权、规模和存续期限的限制。然而直到 2009 年，没有非政府组织提起的环境群体诉讼提交到法庭，更多的案件为环境行政复议或环境行政诉讼。此外，非政府组织有权针对行政决定或裁判提起上诉和提起环境公益诉讼。

在瑞典，如果私人的环境权益没有受到决定或者行政不作为的影响，个体没有资格启动公益诉讼。但是如何判断私人利益受到影响，标准是什么？每个国家在司法审判中会形成自己的标准。即使是在私人的环境侵权案件中也可能涉及环境公共利益，因此涉及公共利益的上诉均对私人利益和公共利益有利。瑞典关于谁是公共利害相关人的司法解释是宽松的，要考虑的因素主要包括与活动地点的距离、排放物的类型和它们可能产生的影响。只要行政决定或行政不作为影响了人们的利益比如在居住区域饮用水的安全、空气质量、交通、生活的安宁等，人们就可以起诉行政机构的决定。

---

39 参见江必新《论环境区域治理中的若干司法问题》，载《人民司法（应用）》2016 年第 19 期。

（2）我国相对严格的原告范围

根据《环境保护法》《民事诉讼法》《行政诉讼法》相关规定，我国可以向人民法院就污染环境、破坏生态、损害社会公共利益的行为提起公益诉讼的主体为法律规定的有关机关、检察机关和社会组织。和瑞典的规定相同，我国公民不具备启动环境行政公益诉讼的原告资格，仅在私人的环境权益受行政行为的影响时才可以提起行政诉讼，在维护私人环境权益的同时，客观上起到了保护公益的作用。我国目前关于谁是“利害关系人”的解释相对严格，主张人身、财产权益之外的娱乐、审美、环保以及精神享受等非物质性利益、不特定多数人的共同利益则通常被认为不具备原告适格资格。如在 2016 年顾远忠、杨华诉建湖县环保局不依法履行职责案中，上诉人居住在克胜集团埋藏的农药、废渣周边，未能提供其健康、财产等权益受到侵害的证据，上诉法院裁定诉请行政机关依法履行职责具有公益性，个人不是公益诉讼的适格诉讼主体，故不属于行政诉讼的受案范围。[40] 在 2016 年王理清诉青岛市环境保护局崂山分局、青岛市环境保护局、青岛崂山玻璃有限公司行政不作为、行政赔偿案中，再审法院裁定没有证据证明其与被诉行政行为有利害关系，对于环境污染举报行政机关不予处理的行为，个人不具有提起环境公益诉讼的主体资格。[41] 2014 年，饱受雾霾之苦的石家庄市民李贵欣诉石家庄市环保局依法履行治理大气污染职责并赔偿损失 10000 元，河北省高级人民法院和石家庄市中级人民法院均未受理。[42] 相比之下，瑞典在对于私益受到影响的判断上相对宽松，只要行政决定或行政不作为影响了人们的利益比如在居住区域饮用水的安全、空气质量、交通、生活的安宁等即可作为原告起诉。而我国在处理雾霾等空气污染、水污染等私益、公益均受影响的行政不作为案例时，对于私益受到影响的判断标准过高且无法体现预防功能，要求起诉人提供其健康、财产等权益受到侵害的证据，或者以该事实属于公益性事实将起诉人拒于诉讼大门之外。

---

40 参见［2016］苏 09 行终 255 号江苏省盐城市中级人民法院行政裁定书。

41 参见［2016］鲁行申 280 号山东省高级人民法院行政裁定书。

42 《石家庄市民因雾霾起诉环保局并索赔为全国首例》，中国新闻网，https：//news. china. com/social/1007/20140225/18358651. html，最后访问日期：2021 年 6 月 29 日。

3. 诉讼费用的分担问题

在瑞典，环境公益诉讼的原告不存在诉诸环境司法的经济障碍，但我国环境民事公益诉讼面临较大的经济障碍。2007 年《诉讼费用交纳办法》（以下简称《办法》）出台时我国环境民事公益诉讼还未入法，未就环境公益诉讼费用的负担规则与群体性环境私益诉讼费用的负担规则做出区别性规定。群体性环境私益诉讼在本质上属于共同诉讼，是受害人基于同一环境侵权事实而提起众多诉的主体的合并，其涉案人数众多，损害赔偿标的额较大，加之鉴定费用高昂，巨额的诉讼费用往往成为当事人提起环境诉讼的一个现实障碍。《办法》对于共同诉讼中诉讼费用的预交问题未予规定。实践中各共同诉讼人应根据各自的私益请求的性质和数额分别计算出各自负担诉讼费用的数额，分别缴纳。原告在规定的期限内未预交诉讼费用，又不提出缓交申请的，按撤诉处理，退出共同诉讼。2021 年《最高人民法院关于适用〈中华人民共和国民事诉讼法〉的解释》第 194 条规定，人数不确定的代表人诉讼不再需要预交案件受理费，结案后按照诉讼标的额由败诉方交纳。群体性环境私益诉讼中当事人难以负担高额受理费的问题得以解决。但高昂的鉴定费仍然是当事人提起环境众益诉讼和环境公益诉讼的现实障碍。

对于环境公益诉讼的原告来讲，由于环境公益损害赔偿波及范围和受损数额较大，专业性较强，需要耗费大量的人力、物力和财力，原告不能从诉讼中直接受益，还要独自承担巨额的诉讼费用和律师费用，同时面临败诉的风险，这严重挫伤了原告提起环境公益诉讼的积极性。环境公益诉讼的目的是维护社会公众的共同环境利益或人与自然共享的公共生态利益，原告是众多利益相关人中的一员或是代表公益的社会团体、有关机关，环境公益诉讼中主张的财产请求是由社会公众共同享有而不是由申请人直接享有的。原告不能通过谋求诉讼的胜诉来获得时间、精神上的补偿，如果还要由原告来承担诉讼的巨额费用，环境公益诉讼将难以开展。针对上述现状，《最高人民法院关于全面加强环境资源审判工作为推进生态文明建设提供有力司法保障的意见》（以下简称《意见》）提出环境公益诉讼的原告请求被告赔偿预防损害发生或者恢复环境费用、破坏自然资源等生态环境造成的损失以及合理的律师费、调查取证费、鉴定评估费等诉讼支出的，可以根据审理情况给予支持。探索构建合理的诉讼成本负担机制，设立环境公益诉讼的专项基金，鼓励从环境公益诉讼基金中支付原告环境公益诉讼费用。《意见》扩大了被告败诉时负担的范围，除了案件受理费、申请费外，明确列举的诉讼中实际支出的费用外，当事人的律师费、鉴定评估费等实际支出的费用也应由败诉人负担。

《意见》确立了我国环境公益诉讼诉讼费用的公共负担和社会负担原则。环境公益诉讼的费用理应由公共财政和社会负担。财政机制以提供公共产品、公共服务满足社会公共需要为目标，法院为社会提供的司法服务也属于一种提供公共物品的行为，因此，国家财政应当在环境公益诉讼的诉讼费用问题上承担更大的份额，降低环境公益诉讼案件受理费的收费标准。社会公众作为环境公益诉讼的受益者分担一部分诉讼费用符合“受益者付费”这一环境资源保护法的基本原则。设立环境公益诉讼援助基金，基金的主要来源为政府拨款、社会捐助、赔偿款中按比例提取、发行彩票等，原告在需要援助时可向该基金提出申请。如果原告败诉，则诉讼费用及原告实际支出的费用由国家、社会按比例负担，而被告的实际费用则应由原告、国家和社会共同负担。建立原告奖励制度，原告在胜诉后应当得到一定的奖励，用于弥补原告时间、精力的消耗和经济损失，也有利于鼓励更多的公民参与到监督环境违法行为、参与环境公益诉讼的行动中来。

六　结语

环境行政救济是生态损害预防的第一道防线，瑞典建立了“一站式”纠纷解决机制，环境行政复议与环境行政诉讼案件成为主要的纠纷类型，较好地发挥了预防生态损害发生的功能，减少了环境侵权的发生。我国省级以下环境司法专门化的体系处于高速发展阶段，理顺行政权与司法权的关系，明确环境民事公益诉讼与环境行政救济机制之间的主从关系，畅通环境行政复议、行政诉讼等行政救济机制是我国当前面临的主要任务。应完善环境纠纷救济机制中的程序规则，通过司法解释形成较为宽松稳定的原告资格判定标准、吸纳专业技术人员成为审判人员，建立原告、国家、社会共同负担机制，清除环境民事公益诉讼的经济障碍。

（责任编辑　魏世婧）

海洋微塑料：国际法治的新方向

温维刚*

内容摘要：海洋微塑料会对海洋生物健康产生不利影响，并通过食物链进入人体，被认为是全球亟待解决的新环境问题。出现新问题即建构新国际法治是不成熟的，因此本文首先对已有国际法治进行实证分析，明确存在适用的可能性；其次借助对“全球问题，本地解决”的国家实践考察，提出知识分享的最佳实践可以形成补足；最后回顾并展望海洋微塑料国际法治可能的演变路径。

关键词：海洋微塑料；知识分享；最佳实践；国际法治

一　问题的提出

海洋微塑料是海洋环境中的微塑料，即直径小于5毫米的塑料碎片，本质是塑料。[1] 尽管海洋微塑料的走向如何以及世界应当如何应对尚不十分明朗，但证据表明其不仅严重威胁海洋生态安全和可持续发展，对包括

---

* 温维刚，外交学院外交学与外事管理系博士研究生。

1　对于什么是微塑料，研究人员在问题产生初期曾有过不同见解，例如 Andrady 将其定义为直径0. 06—0. 5毫米的颗粒，而 Betts、Moore、Fendall 和 Sewell 则定义为小于5毫米。后者被2008年“关于海洋微塑料的产生、影响和归宿的国际研讨会”采用。最终，美国国家海洋和大气管理局（NOAA）将其定义为直径小于5毫米的塑料碎片，这成为微塑料比较权威的定义，业已被广泛接受。参见 Andrady，Anthony L.，“Microplastics In The Marine Environment”，*Marine Pollution Bulletin* 62. 8，2011；Betts，Kellyn S.，“Why Small Plastic Particles May Pose A Big Problem In The Oceans”，*Environmental Science & Technology* 42. 24，2008；Moore，Charles J.，“Synthetic Polymers In The Marine Environment：A Rapidly Increasing，Long-Term Threat”，*Environmental Research* 108. 2，2008；Moore，Charles J.，“Synthetic Polymers In The Marine Environment：A Rapidly Increasing，Long-Term Threat”，*Environmental Research* 108. 2，2008；Fendall，Lisa S.，and Mary A. Sewell，“Contributing To Marine Pollution By Washing Your Face：Microplastics In Facial Cleansers”，*Marine Pollution Bulletin* 58. 8，2009；Arthur，C.，J. Baker and H. Bamford，“Proceedings Of The International Research Workshop On The Occurrence，Effects And Fate Of Microplastic Marine Debris”，*NOAA Technical Memorandum* 30，2009。

人在内的生物健康也显现出令人担忧的一面。[2] 这就是不亚于气候变化一样严重的、需要特别关注的海洋微塑料（marine microplastics）问题。[3]

（一）海洋微塑料是否需要国际法治

海洋微塑料需要国际法治，一方面是因为它可能不会被海洋生物降解，当它进入海洋环境后会持续存在。常用的塑料[4]很难被降解，[5] 从而在环境中形成积累，随着全球塑料生产持续增长超过半个世纪，微塑料在海洋中已无处不在。另一方面，目前，在海洋中检测到的最小塑料直径为0. 0016毫米，且可能会进一步碎裂（fragmentation）至更小尺寸，[6] 与海洋中早已存在的大量直径小于0. 0001毫米的天然微粒相比，微塑料具有越来越明显的危害性。[7] 包括：第一，微塑料本身（如PBDEs[8]）会释放

---

2 See also Andrady, Anthony L. supra n. 1; Sussarellu, Rossana, et al., "Oyster Reproduction Is Affected By Exposure To Polystyrene Microplastics", *Proceedings Of The National Academy Of Sciences Of The United States Of America* 113. 9, 2016.

3 See Whitehouse, Sheldon, and Lisa Murkowski, "Picking Up The Pieces: Congress's Role In Combatting The Global Issue Of Marine Debris", *Roger Williams University Law Review* 22. 2, 2017; Derraik, Jose G. B., "The Pollution Of The Marine Environment By Plastic Debris: A Review", *Marine Pollution Bulletin* 44. 9, 2002; Page, Brad, et al, "Entanglement Of Australian Sea Lions And New Zealand Fur Seals In Lost Fishing Gear And Other Marine Debris Before And After Government And Industry Attempts To Reduce The Problem", *Marine Pollution Bulletin* 49. 1, 2004; Wagner, Martin, et al, "Microplastics In Freshwater Ecosystems: What We Know And What We Need To Know", *Environmental Sciences Europe* 26. 1, 2014.

4 包括一些被标注为"生物可降解"的塑料。实际上因被标注为"生物可降解"，反而使得人们更可能产生塑料垃圾，无形中加剧了海洋微塑料问题。参见UNEP，"UNEP 2015 Annual Report"，*United Nations Publications*，2016。

5 Roland Geyer et al., "Production, Use, And Fate Of All Plastics Ever Made", *Science* 3, 2017; OSPAR, https://www.ospar.org/documents?v=34422, accessed March 1, 2019.

6 Julien Boucher, Damien Friot, "Primary Microplastics In The Oceans: A Global Evaluation Of Sources", https://storyofstuff.org/wp-content/uploads/2017/02/iucn-report-primary-microplastics-in-the-oceans.pdf, accessed March 1, 2019; UNEP, "UNEP Year Book 2014: Emerging issues in our global environment", *United Nations Publications*, 2014.

7 See Rosse, Patrick, and Jeanluc Loizeau, "Use Of Single Particle Counters For The Determination Of The Number And Size Distribution Of Colloids In Natural Surface Waters", *Colloids And Surfaces A: Physicochemical And Engineering Aspects* 217. 1, 2003; Andrady, Anthony L., and Mike A. Neal, "Applications And Societal Benefits Of Plastics", *Philosophical Transactions Of The Royal Society* 364. 1526, 2009.

8 用作纺织品的阻燃剂和某些塑料制品的添加剂。

干扰生物内分泌的化学物质，[9] 破坏海洋环境；[10] 第二，微塑料容易吸附海水中的多环芳烃等疏水性持久有机物并形成富集作用，产生生物毒性并通过食物链形成累积，最终导致跨物种毒性；[11] 第三，微塑料可为微生物和藻类等生物附着生长的载体，[12] 继而破坏动物栖息地，在海洋中易跨区系迁移而导致生物入侵，[13] 加速濒危物种的灭绝；[14] 第四，广泛存在的微塑料将阻碍光线的传播，影响海洋生物对光线的利用，干扰海洋生物的正常活动。与人的关系而言，尽管全球普遍认为影响还需要进一步证明，但世卫组织（WHO）认为人体对极小微塑料的吸收可能性较高，[15] 考虑到在人体内和排泄物中相继发现了微塑料，[16] 且对相对脆弱的婴儿而言平均每天会接触百万计的微塑料，[17] 因此需要特别留意。退一步讲，把海洋微

9 "Marine Debris, Plastics And Microplastics-An Overview", UN, http://123.147.165.187:9999/120.52.51.14/www.un.org/depts/los/consultative_process/icp17_presentations/kershaw.pdf, accessed March 1, 2019.

10 "Synthetic Microfibers And Particles At A Municipal Waste Water Treatment Plant", HELCOM, http://www.helcom.fi/lists/publications/microplastics%20at%20a%20municipal%20waste%20water%20treatment%20plant.pdf#search=plastic, accessed March 1, 2019.

11 Kershaw, P. J., "Sources, fate and effects of microplastics in the marine environment: a global assessment", *GESAMP*, No. 90. See Endo, Satoshi, et al., "Concentration Of Polychlorinated Biphenyls (Pcbs) In Beached Resin Pellets: Variability Among Individual Particles And Regional Differences", *Marine Pollution Bulletin* 50. 10, 2005; Bowmer, T., "Proceedings Of The GESAMP International Workshop On Micro-Plastic Particles As A Vector In Transporting Persistent, Bio-Accumulating And Toxic Substances In The Oceans", *GESAMP Reports & Studies*, 2010; Rios, Lorena M., Charles J. Moore, and Patrick Jones, "Persistent Organic Pollutants Carried By Synthetic Polymers In The Ocean Environment", *Marine Pollution Bulletin* 54. 8, 2007.

12 Reisser, Julia, et al., "Millimeter-Sized Marine Plastics: A New Pelagic Habitat For Microorganisms And Invertebrates", *Plos One* 9. 6, 2014.

13 Maso, Mercedes, et al., "Drifting Plastic Debris As A Potential Vector For Dispersing Harmful Algal Bloom (HAB) Species", *Scientia Marina* 67. 1, 2003.

14 Barnes, D. K A, and P. Milner, "Drifting Plastic And Its Consequences For Sessile Organism Dispersal In The Atlantic Ocean", *Marine Biology* 146. 4, 2005.

15 《世卫组织呼吁进一步研究微塑料并大力处理塑料污染问题》，世界卫生组织，https://www.who.int/zh/news-room/detail/22-08-2019-who-calls-for-more-research-into-microplastics-and-a-crackdown-on-plastic-pollution，最后访问日期：2019年3月1日。

16 《人体内可能有塑料残留》，载《江苏卫生保健》2018年第12期。

17 See Lseei, D., Shi, Y., Yang, L. et al., "Microplastic Release From The Degradation Of Polypropylene Feeding Bottles During Infant Formula Preparation", *Nat Food* 1. 11, 2020.

塑料作为塑料垃圾问题的新发展也值得我们注意。

（二）海洋微塑料为什么需要国际法治

这一问题实际包含两个方面，一是什么是国际法治（international rule of law），二是为什么是国际法治。国际法治是国际法领域一个相对较新的概念，简单而言是指国际事务的法治化，[18] 抑或是以国际法为基础的善治（good governance）。它的前提是国际法制，即存在对应的国际法规则为基础的框架。同时，它又脱离国际法制，有自身价值追求，即一种美好的国际社会秩序。因此，国际法治是国际秩序努力的方向。[19] 这也意味着它与"治理"（governance）[20] 一样，强调的不是完整的规则，而是持续的互动。海洋微塑料问题源于人类活动，影响波及全世界，是典型的国际环境问题。与政府不得不优先考虑的本地问题不同，国际环境问题的因果关系、责任承担、科学性、滞后性、负外部性等明显。且问题的解决一旦上升到国际，就进入了国际法的领地。因此，除带有强烈政治色彩行为外，以全人类共同利益为价值衡量标准的国际法治可以说是最佳解决途径。

新出现的海洋微塑料问题离不开国际法治，但是否需要马上构建新国际法治是值得思考的。与所有国际法问题一样，第一步是证明合法性，一个新环境问题首先要确保"新"到具有独立性。换句话说，是已有国际法治这个"旧瓶"能否装下海洋微塑料这个"新酒"的问题。如果把海洋微塑料看作一般的塑料垃圾问题，那么已经有了较为成熟的国际法治，并被国际社会持续追踪。因此，即使承认它是新环境问题，也不意味着必

---

18 国际法治作为一个国际法的概念已为全世界认识和接受，但目前对于国际法治尚没有统一的认识，对其内涵的争议也较少。参见何志鹏《新时代中国国际法治思想》，载《国际政治研究》2018 年第 2 期；何志鹏《国际法治：一个概念的界定》，载《政法论坛》2009 年第 4 期；Simon Chesterman, "An International Rule of Law?" *American Journal of Comparative Law* 56, No. 2, 2008；黄稻《社会主义法治意识》，人民出版社 1995 年版，第 178 页。

19 参见黄惠康《习近平关于国际法治系列重要论述的核心要义》，载《武大国际法评论》2021 年第 1 期。

20 See The Commission on Global Governance, *Our Global Neighborhood*, Oxford University Press, 1995, pp. 13–16.

然另构一套法治体系。国际法已经建构了基本框架，[21] 当前是国际法伟大理念具体化的时代。[22] 从国际法治角度来看，首先应当考察当前基本框架中的国际法治能否适用、如何适用，其次是探寻在国际法夹缝中如何填补空白，否则只会使得实践中碎片化的国际法更加破碎，相互冲突，减损权威，亦可能使其失去独立性而沦为政治工具。

二 有法律拘束力国际法治适用可能性考察

国际环境法从来不是纯粹的技术问题，它本身不解决科学问题，但科学问题是其先决条件，事实反复证明以源头为核心的综合治理是解决环境问题的最佳实践（best practice）。根据微塑料产生的不同状态，可以将微塑料从广义上划分为原生和次生。原生微塑料是人为有意制造的，[23] 在进入环境之前已经是直径等于或小于 5 毫米的塑料，包括服装的微纤维、微珠（microbeads）和塑料颗粒等[24]。[25] 次生微塑料是指原直径大于 5 毫米的任何塑料，随着时间推移，通过物理、生物、光化学降解，最终将其结构完整性降低到直径 5 毫米的塑料，[26] 包括塑料水瓶、渔网和塑料袋等。[27] 美国国家海洋和大气管理局（NOAA）进一步认为，在海洋中被自然降解

---

21 Lowe, V., "The Politics of Law-Making: Are the Method and Character of Norm Creation Changing?" In *The Role of Law in International Politics: Essays in International Relations and International Law*, Oxford University Press, 2001, p. 32.

22 易显河：《向共进国际法迈步》，载《西安政治学院学报》2007 年第 1 期。

23 Karbalaei, Samaneh, et al., "Occurrence, Sources, Human Health Impacts And Mitigation Of Microplastic Pollution", *Environmental Science And Pollution Research* 25. 36, 2018.

24 原生微塑料通常被用于面部清洁剂和化妆品等日化产品中，或用于空气喷射技术、用作药物载体等。参见 Patel, Mayur M., et al, "Getting Into The Brain: Approaches To Enhance Brain Drug Delivery", *Cns Drugs* 23. 1, 2009。

25 Cole, Matthew, et al., "Microplastic Ingestion By Zooplankton", *Environmental Science & Technology* 47. 12, 2013; See also Julien Boucher, Damien Friot, supra n. 10.

26 "Laboratory Methods For The Analysis Of Microplastics In The Marine Environment: Recommendations For Quantifying Synthetic Particles In Waters And Sediments", NOAA, https://repository.library.noaa.gov/view/noaa/10296, accessed March 1, 2019.

27 Conkle, Jeremy L., Christian D Baez Del Valle, and Jeffrey W. Turner, "Are We Underestimating Microplastic Contamination In Aquatic Environments", *Environmental Management* 61. 1, 2018.

的塑料是狭义上的微塑料，人为有意设计的小型塑料是微珠。[28] 此外亦可根据是从陆地还是海上进入海洋而分为陆源和海源。但无论如何划分，在国际法治来看都应当从有法律拘束力出发。一般而言，法律拘束力基于同意，范围及于文本表述，限于宗旨。对海洋微塑料存在有法律拘束力可能性的国际法治文件集中于其源头的废物管理、船舶污染领域。

（一）废物管理领域国际法治适用可能性考察

首先是2001年《关于持久性有机污染物的斯德哥尔摩公约》（以下简称《斯德哥尔摩公约》），有184个缔约方。[29] 为便于制定、执行和更新其实施计划，公约要求各缔约方应酌情直接或通过全球、区域和分区域组织开展合作。作为全球参与程度最高的国际环境公约之一，公约明确了“最佳可行技术”“技术”“可行”“最佳”等的定义，这大大增强了操作性和权威性。公约附件从A至C，管制级别递减，分别是消除类、限制类、无意生产类化学品。公约第5条要求缔约方采取措施减少附件C中化学物质人为来源的排放总量，其中多氯联苯等则正是微塑料原料。缔约方大会会根据当前科技发展对附件中的化学品进行修正，如2017年公约第八次缔约方大会通过决议，将短链氯化石蜡列入附件A，而这个化学品广泛使用在塑料制品和日用品中，对水生物具有很强毒性，并对水环境造成长期负面影响。

即便没有更高的国内标准，《斯德哥尔摩公约》对于缔约方而言的最低国际标准仍然可以起到对海洋微塑料的一般性作用。即《斯德哥尔摩公约》存在适用可能性，但仅限用于生产某些塑料的某些化学品。

其次是1989年《控制危险废物越境转移及其处置巴塞尔公约》（以下简称《巴塞尔公约》）。它是危险废物及其他废物方面最全面的国际性环境公约，缔约方达到188个。[30] 公约对危险废物及其他废物的越境转移

28 “What Are Microplastics?”, NOAA, https://oceanservice.noaa.gov/facts/microplastics.html, accessed March 1, 2019.

29 “Status of ratification”, Secretariat of the Stockholm Convention, http://www.pops.int/Countries/StatusofRatifications/PartiesandSignatoires/tabid/4500/Default.aspx, accessed June 24, 2021.

30 “Parties to the Basel Convention on the Control of Transboundary Movements of Hazardous Wastes and their Disposal”, Secretariat of the Basel Convention, http://www.basel.int/Countries/StatusofRatifications/PartiesSignatories/tabid/4499/Default.aspx#enote1, accessed June 24, 2021.

加以管制，要求其缔约方确保此类废物能够以无害环境的方式得到管理和处置。缔约方亦有义务尽量减少废物的产生和运输，进行源头预防和就近处理，特别是避免向发展中国家出口和转移。公约的总体目标是保护人类健康和环境免遭危险废物的不利影响。其适用范围包括因其来源和/或成分及其特性而被界定为“危险废物”的各种废物，以及被界定为“其他废物”的两类废物[31]。

公约的各项条款都围绕以下主要目标：第一，减少危险废物的产生并促进无害环境管理；第二，限制危险废物的越境转移，除非其转移被认为符合无害环境管理的原则；第三，在允许越境转移的情况下，实行管制制度[32]。[33] 公约第1条对“危险废物”的范围进行了界定，总体而言涵盖了有毒性、爆炸性、腐蚀性、易燃性、生态毒性和传染性废物。缔约方负有对危险废物定义的义务，当缔约方国内对危险废物有了明确界定时，自动适用缔约方国内规定，可见公约附件1起到补充作用。同时，各缔约方的危险废物名单须通知公约秘书处，通常而言[34]，在转移前，出口国须获得进口国的书面同意，由此基本形成一致的危险废物名单。以中国为例，2016年实施的《国家危险废物名录》对可能对环境或者人体健康造成有害影响需要按照危险废物进行管理的固体、液态废物中就涉及微塑料。[35] 也就是说，危险废物名单以“自下而上”的方式逐渐涵盖到一部分微塑料。

需要注意的是，公约不能只按字面解释，因为还包括了“其他废物”，并将之与危险废物并列，同样适用危险废物的规定，即需加上特别考虑的附件2的废物，包括从家庭收集的废物和焚化家庭废物产生的残余物。在

31　即家庭废物和焚化炉灰。参见公约第1条和附件2。

32　管制制度被认为是公约的基石。参见“Aims and provisions”，Secretariat of the Basel Convention，http：//www. basel. int/TheConvention/Overview/tabid/1271/Default. aspx，accessed June 24，2021。

33　See“Basel Convention”，Secretariat of the Basel Convention，http：//www. basel. int/portals/4/basel%20convention/docs/text/baselconventiontext-c. pdf，accessed June 24，2021.

34　如果在任何时候一缔约方决定对危险废物或其他废物的过境转移一般地或在特定条件下不要求事先的书面同意，或修改它在这方面的要求，该国应按照第13条立即将此决定通知其他缔约方。

35　包括了在表面处理废物中涉及塑料表面处理工艺产生的废物、废液，在废矿物油与含矿物油废物中涉及塑料的定型和物理机械表面处理过程中产生的废石蜡和润滑油两类。

2003 年，附件 2 废物的类别和范围被认为很难再划分和扩大，[36] 但从立法背景和系统解释来看，附件 9 是为了让附件 1 和 3 更清晰而制定的，当附件 9 中没有充分涵盖公约管理的废物时，缔约方就可以提出修正[37]。2018 年，挪威代表提议将塑料废物从附件 9[38] 移到附件 2 从而接受贸易管制，消除了塑料污染的“无害假设”，迈出了全球塑料贸易透明管控的第一步，并为缔约方提供了一个可以管控塑料垃圾贸易的法律框架。[39] 相关修正案已于 2021 年 1 月 1 日生效，这被认为是保护世界各地的发展中国家免于成为“发达国家垃圾箱”的一个重要进步，也是遏制海洋微塑料的关键一步。

因此总体来看，《巴塞尔公约》不仅存在适用可能性，而且随着对海洋微塑料研究的深入，适用将显著增强。但也存在明显的问题，一方面，多氯联苯（已被列入《斯德哥尔摩公约》）等并未被界定为“有害废弃物”，也就是说在海洋微塑料方面，《巴塞尔公约》的适用存在一定滞后，且与其他公约的协同增效较差；另一方面，尽管缔约方众多，但作为世界最大的固体废弃物出口国和人均塑料消费大国的美国拒绝批准《巴塞尔公约》，为全球塑料垃圾治理进程设置障碍，并向一些经济欠发达的国家转移塑料废物，给当地和全球环境带来了极大危害，[40] 故《巴塞尔公约》适用效果恐难符合预期。

最后是 1972 年《防止倾倒废物和其他物质污染海洋公约》（以下简称《1972 伦敦公约》[41]），有 87 个缔约方。[42] 公约要求控制和管理海洋

---

36 See UNEP/CHW/OEWG/1/16（2003）：“Report Of The Open-Ended Working Group Of The Basel Convention”.

37 通过 COP 决议 VIII/15 的程序。

38 附件 9 所列废物为除非其附件 1 物质的含量使其具有附件 3 特性，否则将不属《巴塞尔公约》第 1 条第 1（A）款范畴者，即不属于危险废物。参见“Basel Convention”，Secretariat of the Basel Convention，http：//www. basel. int/portals/4/basel%20convention/docs/text/baselconventiontext-c. pdf，accessed March 1，2019。

39 司文文：《巴塞尔公约》，载《中国投资》2019 年第 1 期。

40 See A/75/354（2020）：“Letter Dated 23 September 2020 From The Permanent Representative Of China To The United Nations Addressed To The Secretary-General”.

41 在 1992 年第 15 次缔约国会议前，公约简称“伦敦倾废公约”。在这次会议上，绿色和平组织认为原简称不能正确反映公约的内容，提议更改简称。大会接受了该提议，此后公约简称《1972 伦敦公约》（LC 1972）。

42 “Status of IMO treaties”，IMO，https：//wwwcdn. imo. org/localresources/en/About/Conventions/StatusOfConventions/Status%20-%202021. pdf，accessed June 24，2021.

倾废，促进对所有海洋污染源的有效控制，并采取一切切实可行的措施防止由于倾倒废物和其他物质造成的海洋污染。为此，各缔约方有必要针对海洋污染的源头采取最切实可行的预防和防止措施。除附件规定的物质外，公约禁止各缔约方倾倒任何形式和状态的任何废物或其他物质。这些附件的物质以“红绿灯”的形式存在。附件1即黑名单，该名单内的物质被完全禁止倾倒，如持久性塑料和其他持久性合成材料（如同样可能导致海洋微塑料的渔网和绳索）。附件2是灰名单，它要求名单内物质的倾倒需事先获得特别许可证，如砷、铍及其化合物。附件3是白名单，是除附件1、2外的一切其他废物或物质，但需要事先获得国家主管部门一般许可证。1996年通过了同样具有法律拘束力且限制性更强的《伦敦公约议定书》，有53个缔约方。[43] 为针对所有海洋污染源提供有效控制，并采取切实措施防止海上倾倒废物造成的污染，议定书采用了“正面清单”形式：除清单列明物质外，禁止一切倾倒。它回应了《联合国海洋法公约》（UNCLOS）第210条第6款呼吁的关于倾倒的全球性规则和标准。因此，议定书从理论上几乎阻断了海洋倾废产生微塑料的可能性。

为确保履约工作与其他相关协定协调一致，秘书处已开展数项跨部门活动以促进知识分享（knowledge sharing）。2016年，公约和议定书联席会议通过声明，对海洋微塑料问题表示了关切，鼓励采取源头治理并支持进行知识分享，[44] 如帮助各缔约方确保其国内废物管理战略涵盖一切海上环境污染源（包括海上处置废物）、在源头防止废物和有效利用疏浚挖出的海洋沉积物等。然而，清单中的疏浚物近来被认定极有可能含有微塑料。[45]

应当说公约和议定书的治理效果是值得肯定的，如1978年的关于海上焚烧的附件修正案，相关行动在1991年年初就停止，大大早于商定的

43 “Status of IMO treaties”, IMO, https://wwwcdn. imo. org/localresources/en/About/Conventions/StatusOfConventions/Status%20-%202021. pdf, accessed June 24, 2021.

44 See “LC 38/16”, IMO, https://docs. imo. org/#submit, accessed June 24, 2021.

45 Kershaw, Pj, “Marine Plastic Debris And Microplastics - Global Lessons And Research To Inspire Action And Guide Policy Change”, *Surrey Research Insight*, http://epubs. surrey. ac. uk/id/eprint/829158, accessed March 1, 2019.

全球最后期限。[46] 尽管有关海上固体废物倾倒的资料非常不完整，[47] 也未能完全避免向海洋排放塑料垃圾的情况，[48] 但公约和议定书形成的双轨治理对于缔约方更多的公约而言，它给提供了一套基础的操作指南，形成最低要求；议定书则提出了更高的标准，指明了发展方向。换言之，这种"双轨制"存在适用可能性，在海洋微塑料部分源头上甚至适用性较强，如前所述，超出监管范围的源头显然可能成为其关注的污染物，但也只能"恪尽职守"。或许"双轨制"最大的贡献是提供了一种法治思路。

（二）船舶污染领域国际法治适用可能性考察

《1973年国际防止船舶造成污染公约》（MARPOL 73）和《〈1973年国际防止船舶造成污染公约〉的1978年议定书》（MARPOL 78），涉及防止和减轻船舶污染、意外污染和日常作业中发生的污染的相关规定，附件V涉及海洋垃圾污染，并禁止将塑料从船舶向海洋排放。其中，MARPOL 78附则Ⅳ和附则V与海洋微塑料关系最为紧密，并在2004年和2011年分别通过了首次修正案。

首先是关于防止船舶生活污水污染规则的附则Ⅳ。附则明确禁止将生活污水[49]排放入海[50]，因此从这个角度可以认为附则Ⅳ存在适用可能性。但船舶生活污水没有做针对性处理，另外由于附则Ⅳ允许在距离海岸不同

---

46 "The LC/LP and Climate Change", IMO, https://www.imo.org/en/OurWork/Environment/Pages/EmergingIssues-default.aspx, accessed June 24, 2021.

47 "The First Global Integrated Marine Assessment: World Ocean Assessment I", UNEP, https://www.unep.org/resources/report/first-global-integrated-marine-assessment-world-ocean-assessment-i, accessed June 25, 2021.

48 "40th Consultative Meeting Of Contracting Parties To The London Convention And The 13th Meeting Of Contracting Parties To The London Protocol (LC 40/LP 13) 5-9 November 2018", IMO, https://www.imo.org/en/mediacentre/meetingsummaries/pages/lc-lp-40-13.aspx, accessed March 1, 2019.

49 生活污水包括任何型式的厕所和小便池的排出物和其他废弃物；医务室（药房、病房等）的洗手池、洗澡盆和这些处所排水孔的排出物；装有活动物的处所的排出物；或混有上述定义的排出物的其他废水。

50 但在为保障船舶和船上人员安全或救助海上人命的需要，或由于船舶或其设备受损而排放生活污水，后者需要是在发生损坏以前和以后已采取了一切合理的预防措施来防止此种排放或使排放减至最低程度。

距离处排放不同程度的污水，使得微塑料仍可能进入海洋。

其次是关于防止船舶垃圾污染规则的附则Ⅴ，它是整个 MARPOL 体系中与海洋微塑料最密切的。附则Ⅴ的垃圾系指产生于船舶正常营运期间并需要连续或定期处理的各种食品废弃物、生活废弃物、操作废弃物、所有的塑料、货物残留物、焚烧炉灰、食用油、渔具和动物尸体。相比其他附则，在生活废弃物方面是兜底性的，因为它的“生活废弃物系指其他附则未规定的、在船上起居处所产生的所有类型的废弃物”。附则Ⅴ对 149 个缔约方具有拘束力，涵盖了世界 98%的船舶吨位。[51] 它完全禁止在海上处理各种形式的塑料，还包括总吨 400 以上或经证实载运超过 15 人的船舶须提供垃圾记录簿的义务，以及是否有足够的港口接收设施的规定。与此相关，2006 年，国际海事组织（IMO）批准了一项行动计划以解决港口接收设施不足的问题，同时也为了促进 MARPOL 的有效实施和提高行政部门、航运业的环保意识。[52] 2016 年，IMO 海上环境保护委员会第 70 届会议通过了 MEPC. 277（70）号决议，对附则Ⅴ中涉及船舶垃圾的分类、排放和记录进行了再次修正，[53] 以确定其是否为海洋环境有害物质（HME）。修正案还确认了各缔约方有减少其管辖海域内海洋废弃物不利影响的义务。

2018 年，IMO 第 30 届大会通过了第 MEPC. 310（73）号关于《应对船源海洋塑料垃圾行动计划》的决议，这意味着 IMO 将在包括减少渔船和航运塑料垃圾、提高港口接收设施有效性、开展船源塑料垃圾研究及其法律框架完备性分析等八个方面重点开展工作。此外，还将通过海上环境保护委员会探索制定到 2025 年实质性减少船舶造成的海洋塑料垃圾污染的全球性解决方案。

---

51 “Summary Of Status Of Conventions”, IMO, http://www.imo.org/en/about/conventions/statusofcon-ventions/documents/summary, accessed March 1, 2019.

52 Chen, Chung Ling, “Regulation And Management Of Marine Litter”, in Melanie Bergmann, Lars Gutow, Michael Klages eds. *Marine Anthropogenic Litter* pp. 415-417, Springer, 2015.

53 根据修正案要求，船舶应将垃圾分为 A 至 K 类，分别为：A. 塑料，B. 食品废弃物，C. 生活废弃物，D. 食用油，E. 焚烧炉灰渣，F. 操作废弃物，G. 动物尸体，H. 渔具，I. 电子废弃物，J. 货物残余（对海洋环境无害物质），K. 货物残余（对海洋环境有害物质）。其中，A 至 I 类垃圾适用于所有船舶，记录在《垃圾记录簿》第一部分中；J 和 K 类垃圾适用于载运固体散装货物船舶，记录在《垃圾记录簿》第二部分中。

总体来看，MARPOL 存在适用可能性，虽然只在部分附件和附则中包含了海洋微塑料源头的塑料和渔具，在船总吨位及载人方面亦有所局限，但 IMO 有意扩大对塑料的管控，对推动海洋微塑料国际法治有积极意义。

（三）一般领域国际法治适用可能性考察

与前面两个相关特定领域不同，《联合国海洋法公约》（UNCLOS）《生物多样性公约》（CBD）和 1979 年《保护野生动物迁徙物种公约》（CMS）等虽存在适用可能性，但面临着本身强原则、弱规则问题，以致不易形成有效国家实践。

在海洋环境保护方面，UNCLOS 构成了一项管制海洋活动的全球文件，为了加强和扩大对海洋环境的保护，公约没有像《1972 伦敦公约》一样对污染物进行规定，转而仅规定何谓污染和行为，至于行为对应的客体在所不问，体现了高度的抽象性。公约采用的污染源头的划分标准[54]和控制要求[55]、反复强调对持久不变物质的管理，以及衍生而来的《执行 1982 年 12 月 10 日〈联合国海洋法公约〉有关养护和管理跨界鱼类种群和高度洄游鱼类种群的规定的协定》（以下简称《联合国鱼类种群协定》）都与海洋微塑料国际法治对象具有极高的匹配度。

在海洋生物及其栖息地保护方面，CBD 和 CMS 可以与海洋微塑料国际法治形成协同效应。CMS“阻止、减少或控制对某迁徙物种有害的物质进入该物种的栖息地”的要求完全适用于海洋微塑料，正如联合国环境规划署（UNEP）执行主任钱伯斯在第六届世界自然保护大会时所言，“该公约不仅是针对珍稀物种本身的保护，还包括对它们的迁徙路线和栖息地等的保护”[56]。2011 年，公约缔约方通过了一项关于海洋废弃

54 将海洋环境污染分为陆地来源的污染、国家管辖的海底活动造成的污染、倾倒造成的污染、来自船只的污染、来自区域内活动造成的污染和来自大气层或通过大气层的污染。

55 通过法律对陆地来源的污染进行控制，包括河流、河口湾、管道和排水结构（outfall structures）。

56 《钱伯斯：〈保护野生动物迁徙物种公约〉是野生动物的坚定守护者》，环球网，http：//world. huanqiu. com/exclusive/2016 - 09/9417927. html? agt = 260，最后访问日期：2019 年 3 月 1 日。

物的决议。[57] 2015 年，秘书处在公开资料中专门提到主要是由塑料构成的海洋碎片对海洋生物的危害，并呼吁减少塑料垃圾。[58] 2017 年召开的“海洋塑料垃圾和微塑料研讨会”明确需要对监管框架进行改进。[59] 虽然 CBD 和 CMS 能发挥的实际作用非常有限，但鉴于海洋微塑料的危害，它们可以相互配合，形成协同效应，事实上也是如此。

综上所述，在已有国际法治上事实存在着可援引适用的具有法律拘束力的国际法，并逐步发展了与海洋微塑料相匹配的规制。通过修正方式在文件宗旨范围内最大限度地不断填补海洋微塑料漏洞，似乎可以起到部分缓解之效。此外，客观来说，国际文件并不都具有法律拘束力，无法律拘束力不否定其影响力。对于那些组织内部呼吁、政治宣言而言，同样是不可忽视的驱动力量。《巴塞尔公约》《鹿特丹公约》《斯德哥尔摩公约》等也的确起到了一定的协同增效作用，但如果仅仅寄希望于此，那么海洋微塑料将与船舶造成的海洋塑料垃圾[60]一样得不到解决。换句话说，包括塑料在内的已有国际法治只部分与海洋微塑料相适应。因此，有必要在国家实践中探寻可能发展成为国际法治的现象，如同习惯国际法的识别一样不论该行为是行政、立法、司法，还是其他。[61]

三 国家实践对国际法治空白的填补

海洋微塑料是典型的“全球问题，本地解决”，但并不是所有的国家都具有包括知识、工具、公众支持在内的能力，以减缓（mitigation）、清除（remove）和适应（adaptation）。需要借助部分国家“最佳实践”加以

---

57 See UNEP /CMS/COP10/Report（2011）：“Proceedings Of The Tenth Meeting Of The Conference Of The Parties”.

58 “CMS”，CMS，https：//www. cms. int/en/legalinstrument/cms，accessed March 1，2019.

59 “Workshop On Marine Plastic Litter And Microplastics：Identify Gaps And Options To Improve Regulatory Framework”，CMS，https：//www. cms. int/en/eventcalendar/workshop－marine－plastic－litter－and－microplastics－identify－gaps－and－options－improve，accessed March 1，2019.

60 See A/74/204（2019）：“Implementation Of Agenda 21，The Programme For The Further Implementation Of Agenda 21 And The Outcomes Of The World Summit On Sustainable Development And Of The United Nations Conference On Sustainable Development”.

61 A/73/10（2018）：“Report of the International Law Commission”，p. 14，para. 1.

“知识分享”，在初期国际法治不完善情况下作为减缓的核心，推动海洋微塑料国际法治的逐步发展。

综合来看可以分为上游，即禁止和抑制易于变成海洋微塑料的材料和产品的制造和使用，如塑料颗粒[62]、塑料袋[63]、聚苯乙烯泡沫[64]和微珠[65]的生产，以及餐饮相关的一次性塑料产品[66]和聚苯乙烯泡沫[67]的使用。最常见的上游文件是针对塑料袋，包括限塑令、禁塑令、对塑料袋厚度的调节和针对终端用户的税收或其组合，除日本外，在加拿大、澳大利亚和新西兰也有使用扩大塑料生产者责任的法规。下游则针对陆地或海上废物的充分处理问题，多采取强制性回收和分离的方式，关注塑料制品的终期治理。

（一）上游国家实践对国际法治空白的填补

第一种是限塑令及发展而来的禁塑令。就一般塑料，以中国为例，中国作为塑料生产、废物进口和海洋塑料垃圾大国，自 2008 年起实行的限塑令在移动支付、快递行业和外卖行业的冲击下，效果不甚理想，客观上削弱了对海洋微塑料的治理作用。[68] 近来，禁塑日趋明朗，如海南对禁塑对象、阶段目标等都有明确的时间安排。从世界范围看，英国[69]、韩国[70]、加拿大[71]、

---

62 如美国加利福尼亚州。

63 如孟加拉国、南非、中国和卢旺达。

64 如海地和瓦努阿图。

65 如中国、加拿大、美国联邦政府和九个州。

66 如印度、孟加拉国的泰米尔纳德邦。

67 如美国纽约市、加州的几个城市。

68 Jambeck, Jenna, et al., “Plastic Waste Inputs From Land Into The Ocean”, *Science* 347.6223, 2015.

69 2018 年 1 月，英国首相特蕾莎·梅宣布将不遗余力地全面禁塑，除了征收各种塑料制品税费、加大对可替换材料的研发，计划在 2042 年前消除所有可避免的塑料垃圾，包括塑料袋、饮料瓶、吸管和大部分食品包装袋。英国女王伊丽莎白响应号召，承诺要在所有皇室的地盘上全面禁止使用塑料吸管和塑料瓶。

70 2018 年 4 月，韩国政府公布了“垃圾回收利用管理综合对策”，争取到 2022 年使一次性塑料杯和塑料袋使用量减少 35%，到 2030 年塑料垃圾减排一半。8 月，韩国开始试行禁塑令。

71 2018 年 5 月，加拿大温哥华市议会投票通过《2040 年零废物计划》，要求 2019 年 6 月 1 日起，禁止市内商家向顾客发放一次性塑料吸管、塑料杯和打包餐盒。因此成为全球首个正式设立“零废物”目标和相应计划的城市。

印度[72]、澳大利亚[73]、巴黎[74]、智利[75]、新西兰[76]、蒙古国[77]等国家先后颁行禁塑令。

就特定塑料——微珠，一种是直接通过国内法律立法，如 2015 年时任美国总统奥巴马签署的《无微珠水域法案》(*Microbead-Free Waters Act of 2015*)，它禁止制造、引入或交付含有有意添加微珠的冲洗型化妆品 (rinse-off cosmetics)（包括牙膏）的州际贸易。法案要求 2017 年 7 月起禁止生产含有微珠的冲洗型化妆品，一年后禁止零售，两年后全面禁止州际贸易。另一种是通过修正案的方式，如 2018 年，为了应对越来越严重的海岸漂抵垃圾，日本环境省公布了海岸漂抵垃圾对策基本方针的修正案，要求企业减少在洗面奶与牙膏中使用微珠。再一种是通过部门规章的方式，如中国近两年通过《产业结构调整指导目录（2019 年本）》和《关于进一步加强塑料污染治理的意见》实质性规定，到 2020 年年底禁止生产含微珠的日化产品，到 2022 年年底禁止销售。2020 年通过《关于扎实推进塑料污染治理工作的通知》附件明确了现阶段含微珠日化产品的细化标准。

总体来看，禁塑国家越来越多，尽管各国存在国情不同和认知偏差，如中国将一次性塑料袋的厚度界定为小于 0.025 毫米，澳大利亚是 0.035 毫米，法国是 0.050 毫米，但都远低于微塑料定义的 5 毫米。对微珠的禁止更是直接指向源头。这种国家实践在理论上无疑是最佳的，但深度依赖市场选择，特别是对微珠的禁止给企业形成了压力，在科技发展不足以支

---

72 2018 年 6 月 5 日，世界环境日当天，印度总理莫迪宣布，计划 2022 年前消灭所有一次性塑料产品。6 月 23 日，印度第二人口大邦马哈拉施特拉邦开始执行限塑令。

73 2018 年 7 月 1 日，澳大利亚昆士兰州和西澳大利亚州开始禁止零售商向顾客提供一次性超薄塑料袋。根据昆士兰州的规定，不得提供的是厚度小于 0. 035 毫米的塑料袋。自此，澳大利亚八个行政区仅剩新南威尔士州还没有实行禁塑令。

74 2018 年 7 月，巴黎市议会投票通过的一项决议规定，从 9 月开始，各大市政公共机构（如学校、养老院、体育场和博物馆），将逐渐禁止使用塑料吸管。此外，法国还将于 2020 年开始全面禁用纯塑料的一次性餐具，取而代之的是可降解袋和可堆肥袋。但事实上法国 2016 年起就禁用了厚度低于 0. 05 毫米的一次性塑料袋。

75 2018 年 8 月 3 日，智利发布禁塑令，要求从 2020 年 8 月 3 日起全国所有商超禁止向顾客提供塑料袋，由此成为拉美第一个实行禁塑令的国家。

76 2018 年 8 月 10 日，新西兰政府宣布，将在今年起逐渐全面禁用一次性塑料购物袋。

77 2018 年 8 月，蒙古国政府决定从 2019 年 3 月 1 日禁止销售或使用一次性塑料袋。

撑这种负外部性的转移时，将对部分能力不足的国家形成新挑战。[78]

第二种是将塑料纳入国家整体治理体系，如日本。日本长久以来致力于构筑循环型社会[79]，特别是在废弃物和再生利用方面。实际上如果使用得当，塑料不仅不会造成环境污染，反而有利于环境保护。[80] 所以，日本通过 3R[81] 以减少塑料对环境的影响。立法包括 1970 年《有关废弃物处理及清扫的法律》（以下简称《废弃物处理法》）、1995 年《有关促进包装容器分类收集及再商品化等的法律》（以下简称《容器包装循环利用法》）及 2009 年《促进海洋垃圾处置法》。日本的治理特点是：

首先，通过立法间接将部分海洋微塑料源头纳入管理。《废弃物处理法》明确了废弃物是固体或液体形态的污物或抛弃物，包括一般废弃物（如家庭垃圾等）和产业废弃物（伴随企业活动所产生的燃渣、废塑料等）。《容器包装循环利用法》则针对塑料瓶等包装容器废弃物。

其次，通过立法建立起合作治理体系。《废弃物处理法》规定了政府的职责和管理方式（许可证）——以适当分类、保管、收集、搬运、再生等抑制和减少废弃物的排放。为了进一步明确有关废弃物的问题，2004 年对《有关废弃物处理及清扫的法律》进行了修订，加强了国家作用以及强化对废弃物不当处理的处罚等措施。同时，《容器包装循环利用法》中规定了关于消费者分类排放、市町村分类收集和企业再生利用的机制。2006 年，对《容器包装循环利用法》进行了修改，涉及废弃容器包装的抑制、减量；高质量的分类收集，促进再商品化；废弃容器包装的再商品化；政府、批发销售商、企业、国民四者之间的合作等。2007 年，日本政府开展了专项行动，针对零售业者的排放制订了指导方针，针对大量利用容器包装的企业，要求必须提交配合报告，若配合业绩

78 See also "The First Global Integrated Marine Assessment: World Ocean Assessment I", supra n. 47, p. 42.

79 基本原则是减量化，再使用，循环利用和恰当地处理。

80 如聚苯乙烯泡沫塑料（EPS），用作住宅、建筑的隔热材料使用可以大大减少热能的消耗，有效地减少二氧化碳的排放量。参见李沛生《借鉴日本经验实施循环经济理念 促进我国塑料包装工业的发展》，载《中国包装工业》2008 年第 11 期。

81 Reduce（减少）、Reuse（再利用）、Recycle（再循环）。

不显著时，将对其执行劝告和公布命令等制裁措施。[82] 根据《促进海洋垃圾处置法》的授权，2010 年颁布了《全面和有效促进应对海洋垃圾措施的基本方针》，明确了各方在海洋垃圾处置中的责任，成立了促进应对海洋垃圾对策的协调委员会和专家委员会，同时也强调个人、公众的责任和国际合作。[83]

最后，加强科学监测，逐步将海洋微塑料纳入针对治理。从 2016 年开始，日本启动了海洋微塑料统一监测方法项目。2018 年 8 月，日本环境省发布了《海洋微塑料统一监测方法项目大纲》，认为包括微塑料在内的海洋垃圾是非常紧迫的事情，需要考虑和采取防止海洋垃圾和微塑料的措施。11 月，日本环境省公布了海岸漂抵垃圾对策基本方针的修正案，要求企业减少在洗面奶与牙膏中使用微珠、餐饮店与零售店主动停止使用塑料袋、吸管等一次性塑料制品，并敦促渔业人员彻底防止渔具流入海洋。

（二）下游国家实践对国际法治空白的填补

下游国家实践的代表是 1972 年美国《清洁水法》（CWA），它是美国管理水污染的主要联邦法律，它要求各州必须依据 CWA 许可框架建立水质标准。CWA 将“污染物”定义为固体废物和垃圾，并禁止在美国水域释放任何点源[84]污染物，除非污染者获得国家污染物排放消除系统（NPDES）许可证，并遵守 NPDES 许可中关于废水和技术的限制，其中被视为海洋微塑料点源的废水处理厂的排放必须获得排放许可证。加利福尼亚州的水质标准可以从旧金山湾的流域计划（basin plans）中找到，该计划禁止“浮动物质，包括固体……浓度会导致损害（nuisance）或对有益用途产生不利影响的……垃圾……或其他固体废物排放到地表水”。再

82 如聚苯乙烯泡沫塑料（EPS），用作住宅、建筑的隔热材料使用可以大大减少热能的消耗，有效地减少二氧化碳的排放量。参见李沛生《借鉴日本经验实施循环经济理念 促进我国塑料包装工业的发展》，载《中国包装工业》2008 年第 11 期。

83 UNEP，“Marine Litter Legislation：A Toolkit For Policymakers”，*United Nations Publications*，2016，pp. 13-14.

84 点源即污染物排放的任何单一可识别污染源，如管道，沟渠，船舶或工厂烟囱。参见“Pointsource”，NOAA，https：//oceanservice. noaa. gov/education/kits/pollution/03pointsource.html，最后访问日期：2019 年 3 月 1 日。

如马里兰州的标准中，同样包括禁止任何数量足以造成损害的浮动物质。为了指导各州采用和定期审查水质标准，环境保护局（EPA）制定了国家水质标准。总的来说，CWA 的水质标准中没有微塑料指标，但固体废物和垃圾对水体的污染最终极大概率会导致海洋微塑料。

按照字面解释，美国实际上已经有了治理的法理基础。CWA 第 303 条要求各州确定“受损水域”（impaired waters）[85] 并对造成污染的污染物进行限制。如果水质未达到标准，将被要求制定污染物最大日负荷（TMDLs）。TMDLs 必须考虑造成水质不达标的所有污染源，包括点源和非点源。加利福尼亚州、夏威夷州、康涅狄格州、阿拉斯加州和马里兰州共计 68 个水域已被确定受到垃圾污染的影响。[86] 因此，加利福尼亚州洛杉矶河和马里兰州阿纳科斯蒂亚河制订了 TMDLs。如加利福尼亚州洛杉矶的 TMDLs 就需要关注直径 5 毫米及以上的塑料。故而只需要扩大 TMDLs 的适用条件即可正式将微塑料纳入管理，而这个条件完全是基于微塑料在美国国内的严重情况。事实上，加利福尼亚州洛杉矶的 TMDLs 可以被认为是直接规制到微塑料的，因为其已经包含了微塑料，且涉及其次生来源。

但 CWA 存在两个关键问题，一个问题是 CWA 目前还没有明确微塑料的地位，并且也还没有打算提高对它的警惕。生物多样性中心（Center for Biological Diversity）请求 EPA 发布一项新的规则，其中包含专门针对塑料和微塑料污染的国家水质标准，但遭到拒绝。[87] 如果请求被采用，那么更多的水域将因塑料污染而被认定为“受损水域”，TMDLs 将不得不处理微塑料。另一个问题是，如何使用通常的 CWA 措施来解决微塑料污染问题。

综上所述，这些国家或地区的立法实践是根据具体的环境和社会经济特征或法规所涵盖的地理区域量身定制的，因此行动的多样性会急剧增加。日本、韩国、新加坡和荷兰等一些国家制定了解决海洋垃圾问题的总体国家立法和政策，但这种立法在全球范围内仍然不常见。到目前为止，

---

85 即未达到水质标准的要求。

86 “Impaied Waters, Cause Of Impairment: Trash”, EPA, http://iaspub. epa. gov/tmdlwatersl0/attainsjnation-cy. causedetail_303d? p. cause-groupid=1092, accessed March 1, 2019.

87 “EPA Launches Initiative To Reduce Plastic Pollution Oceans”, Biological Diversity, http://www. biologicaldiversity. org/news/press-releases/2013/ocean-plastics-pollution-11-06-2013. html, accessed March 1, 2019.

更常见的做法是在国际或区域合作框架下采用达成的一致性国际法文件，作为协调和规划机制，帮助整合现有工具并设计优先行动。虽然当前中国、日本等几个国家开展了对海洋微塑料的监测，但所使用的工具和标准往往非常不同，妨碍了数据的比较和统一。[88] 其中禁塑令可能是海洋微塑料国际法治留白时期的最佳实践，亦将是知识分享的“常客”。也就是说，现阶段国际法治仍可适用于海洋微塑料，但更优做法是通过国家最佳实践在国际或区域进行知识分享以补框架不足。当已有国际法治再难修正时，知识分享形成的一般实践转而推动国际共识的达成，成为驱动因素代之建构起海洋微塑料的国际法治。

四 海洋微塑料国际法治补缺路径演变

“人类环境的保护成为人类关注事项，为了保护人类环境不受污染和破坏，需要适当的国际法原则、规则和制度加以预防、控制和处理。”[89] 在这里改用2002年美国《建立国土安全部的提案》中的表述似乎同样适用，“今天，没有一个政府机构将‘海洋微塑料’作为其首要使命。事实上，‘海洋微塑料’的责任分散在100多个不同的政府组织中。‘我们’需要一个单一的、统一的‘海洋微塑料’机构，该机构将改善对当今威胁的保护，并有足够的灵活性来帮助应对未来的未知威胁。”海洋微塑料本质上是跨境的，它需要协调一致的国际法治。[90] 作为与塑料之间存在千丝万缕关系的新环境问题，它虽然没有新到具有完全独立性而跳脱已有国际法治，但它的“新”又足以与之区别。为此，海洋微塑料国际法治遵循逐步发展的演变路径。

海洋微塑料国际法治在问题初期完全依靠已有国际法治，既无成体系的国家实践，也没有成熟的知识分享。海洋微塑料的知识和信息存在较大差距（knowledge gaps），危害亦有待进一步论证，因此遵循已有国际法

88 See also “The First Global Integrated Marine Assessment: World Ocean Assessment I”, supra n. 47, pp. 45-46.

89 王铁崖：《国际法导论》，北京大学出版社1998年版，第303—304页。

90 See “Convention on Plastic Pollution toward a New Global Agreement to Address Plastic Pollution”, Environmental Investigation Agency, https://www.ciel.org/wp-content/uploads/2020/06/Convention-on-Plastic-Pollution-June-2020-Single-Pages.pdf, accessed June 24, 2021.

治，鼓励尚未加入这些已有国际、区域文件的国家尽快加入并加强执行，重点扩大海洋环境保护公约、生物多样性公约和废物管理公约的成员数量，特别鼓励尚未交存批准书、接受书、核准书或加入书的《1972 伦敦公约》缔约方酌情尽快交存，并鼓励加入《〈1972 伦敦公约〉议定书》。由此可以低成本地对海洋微塑料最主要来源之一的一般塑料进行管控，从而达到治理的效果。实际上，该阶段诸多规范性文件的缔约方数量并不少，关键在于通过加强和协助执行以实现这些文件的目的。

随后进入修正现有国际法治阶段，即当前所处阶段，主要通过继续审查、修订、扩大已有解决海洋塑料垃圾和微塑料的国际公约、区域框架，同时借助知识分享推广最佳实践。由于这些规范性文件的宗旨或条文已经留有对海洋微塑料的余地或修正可能性，如《1972 伦敦公约》白名单中的部分物质需要获得特别许可证，即当对人类健康造成不能容许的危险，并且没有其他可行的解决办法的紧急情况下，一缔约方可以作为黑名单的例外而颁发特别许可证。因此该阶段通过审查、修订已有文件，重点是《巴塞尔公约》《鹿特丹公约》《斯德哥尔摩公约》等公约，最大限度地将海洋微塑料纳入其范围，鼓励非缔约方自愿加入和缔约方根据自身情况将其转化为国内立法以加强效果，并增加对此的新规范性文件。敦促缔约方将海洋废弃物问题纳入国家废物管理战略，特别是在沿海地区、港口和海运业加强对海洋废弃物的回收和再利用；[91] 加强与塑料行业的合作，从工业上游开始对塑料生命周期进行管理。扩大现有国际组织的任务范围，协调和促进最佳实践适应海洋微塑料的发展。最终从源头入手，在通过知识分享逐步完善的基础上发展成一个综合性、全球性伞状国际法治。

此阶段不得不面对的问题：一是缺少一个统一的管理平台（秘书处）管理碎片化的文件，防止工作出现重复和混乱，并澄清这些文件之间及与其他文件间的关系以避免冲突，同时形成事实上的知识分享中心，增强协同效应。如经合组织在塑料废物贸易方面的协议涵盖了《巴塞尔公约》的缔约方，因此它必须包含与公约等同或更强的废物无害环境管理条款，以便经合组织成员国在不违反其义务的情况下继续从事贸易。现实是经合组织未能达成共识，将公约下被视为“其他废物”的塑料废物从经合组织废物贸易决定的范围中删除。因此，身为公约缔约方且未反对

91 See A/Res/72/73 (2018): “Resolution Adopted By The General Assembly On 5 December 2017”.

修正案的经合组织成员国必须应用公约控制和禁止机制与公约缔约方和非缔约方进行相关废物贸易。而游离于公约外的美国与加拿大以及欧盟成员国之间签订了双边协议，这些协议不能确保与公约同等的控制水平，因此可能违反公约第 11 条。[92] 二是部分海洋微塑料的源头可能超出任何有效的国际监管控制范围，[93] 已经表现出或潜在这种国际法治间隙，这正是该问题的“新”，也是该阶段必须正面回应的，如修正《巴塞尔公约》或把塑料分类为危险废物所面临的挑战。[94] 三是当前所处阶段对海洋微塑料的治理显然不足，一方面部分显性源头（如塑料）的现有国际法治仍在增长和完善，[95] 即国际法治尚未解决部分源头；另一方面随着研究的深入，越来越多的隐性源头（如疏浚物）被发现，相应治理更待厘清。此外从现实发展来看，海洋微塑料情况不但没有缓解，反而加重了。

最后，现有国际法治几近极限，将由在知识分享中逐步发展的国际法治取代，重点完善和逐步形成一套有针对性的完整体系。海洋微塑料国际法治不仅要针对已经存在于环境的废物，还必须考虑生产、预测、制定全球行业设计标准以降低塑料成为海洋微塑料的风险，为终端市场提供安全可行的方案，并倡导在 3R 基础上增加重新设计（redesign）、拒绝（refuse）、恢复（recover）的 6R。通过全球知识网络，建立获得环境信息和数据的途径，明确环境问题与人的责任关系及教育和公众参与对于采取有效行动的重要性，从而促进善治。相比当前阶段，将增加建立逐步发展的具有法律拘束力的国际法治框架，包括一个主动积极引导、推动问题解决

---

92 “Legal Analysis of the Consequences of the OECD Non-Consensus Determination on the Basel Plastic Amendment”, Environmental Investigation Agency, https://www.ciel.org/wp-content/uploads/2021/02/OECD_Basel_Legal-Analysis_FINAL.pdf, accessed June 24, 2021.

93 “Marine disposal of tailings and associated wastes from mining operations”, IMO, https://www.imo.org/en/OurWork/Environment/Pages/newandemergingissues-default.aspx, accessed June 24, 2021.

94 See A/71/204 (2016): “Report on the work of the United Nations Open-ended Informal Consultative Process on Oceans and the Law of the Sea at its seventeenth meeting”.

95 See Susan Freinkel, “A Brief History Of Plastic's Conquest Of The World: Cheap Plastic Has Unleashed A Flood Of Consumer Goods”, Scientific American, https://www.scientificamerican.com/article/a-brief-history-of-plastic-world-conquest/, accessed March 1, 2019; Fowler, Charles W., “Marine Debris And Northern Fur Seals: A Case Study”, *Marine Pollution Bulletin*, 1987, pp. 326-335.; See also Whitehouse, Sheldon, and Lisa Murkowski, supra n. 3.

的管理平台（而非被动角色），有拘束力的规则和自愿性措施形成的“双轨”，全球监测与技术标准，审查与评估程序，争端解决程序和时间表。具体包括国家自愿减排计划、改进标准、与微塑料有关的重点化学品指南和附件、立法指导、最佳可用技术和推荐做法等。

承认人类世（anthropocene）就意味着人类对环境作用的不可避免，从国际法治来看，重点是将海洋微塑料控制在可接受范围，即对可持续发展不造成严重或不可逆转的（serious or irreversible）损害，因此国际环境法可以与现实在一定程度上分离，也就是基于预防（precaution）和防止（prevention）原则对海洋微塑料的逐步国际法治化。正如联合国前秘书长科菲·安南所言：“全球化和相互依赖促使我们去重新思考我们该如何管理我们的共同活动和共享利益，因为我们今天面对的许多挑战超越了任何一个国家可以独自解决的地步。在国家的层面，我们必须更好地治理；在国际的层面，我们必须学会一起更好地治理。有效的国家对两种任务而言都是必不可少的。”[96] 在颇有自然法意味的“共进”（co-progressiveness）国际法的当下，海洋微塑料这样的国际环境问题不应被边缘化，它是以和平秩序、人本秩序以及全人类共同利益构成的国际法价值核心为追求的习近平国际法治观[97]的应有之义。在知识分享形成的共识下，可以期待通过规范性文件妥善治理海洋微塑料。

（责任编辑　连佑敏）

96　See A/54/2000（2000）：“We The Peoples：The Role Of The United Nations In The 21st Century”，p. 4，para. 15.

97　参见中国国际私法学会课题组、黄进《习近平法治思想中的国际法治观》，载《武大国际法评论》2021年第5期。

生态环境修复中行政规制与司法救济的定位及协调*

梁树森**

内容摘要：生态环境损害救济必须着眼于修复受损害的生态环境，在我国司法资源较为紧缺、环境司法专门化仍在不断推进的过程中，运用专业、高效的行政规制手段对生态环境损害进行救济应受到更多的关注。在生态环境修复的过程中，行政规制与司法救济皆有其重要作用，协调二者的关系，构建一种以行政机制主导、司法机制为辅的类型化生态环境修复模式，实现行政与司法两大机制良性互动，能够对受损害的环境公共利益施以最及时的保护。

关键词：生态环境损害；生态环境修复；行政规制；司法救济

目前，我国生态环境损害的救济途径主要有二，一是行政规制；二是司法救济。前者主要通过行政手段实现对生态环境损害的救济，如行政命令、行政处罚、行政强制和行政协商等；后者主要依靠诉讼机制来实现，如环境私益诉讼、环境公益诉讼（包括环境民事公益诉讼和环境行政公益诉讼）、生态环境损害赔偿诉讼和环境刑事诉讼。当下，司法救济相较于行政规制获得了更多的关注，但是生态环境法治中行政权和司法权的关

---

* 基金项目：国家社会科学基金重点项目“环境修复司法制度研究”（项目编号：16AFX020）、国家社科基金重大研究专项项目“陆海统筹背景下我国海洋生态环境协同治理研究”（项目编号：18VHQ014）阶段性成果。

** 中山大学法学院环境与资源保护法学硕士研究生，南方海洋科学与工程广东省实验室（珠海）研究人员。

系亟待理顺，司法权的强化和扩张问题值得认真审视。[1] 在生态环境修复的问题上，《生态环境损害赔偿制度改革方案》（以下简称《改革方案》）明确了生态环境损害的定义，参照《环境损害鉴定评估推荐方法》（第Ⅱ版），生态环境修复指生态环境损害发生后，为防止污染物扩散迁移、降低环境中污染物浓度，将环境污染导致的人体健康风险或生态风险降至可接受风险水平而开展的必要的、合理的行动或措施。[2] 基于及时消减人体健康风险和生态风险的考虑，只要存在修复的可能性，生态环境修复责任应当作为责任人担责的当然选择。[3]

但在当前，生态环境修复的司法实践出现了以赔偿为主导的发展趋势，天价赔偿案件时有发生，忽视了生态环境本身应得到的有效修复，在一定程度上偏离了恢复性司法理念[4]。对于生态环境损害，若仅注重货币赔偿可能会衍生出诸多问题，如法院判决支持的赔偿数额比较有限；赔偿金有被挪用之可能性而未用于修复[5]。概言之，生态环境修复责任并非止步于赔偿，也不能为赔偿损失所替代，而是需要达到修复目标，维护生态环境具非排他性的生态功能。[6] 同时，就修复受损害的生态环境而言，司法救济必须遵循严格的程序要求，因此对于生态环境损害救济的及时性略显不足，行政规制则具有专业性、有效性和高效性，理应正视其积极作用。

1　参见王明远《论我国环境公益诉讼的发展方向：基于行政权和司法权关系理论的分析》，载《中国法学》2016 年第 1 期。

2　详见《环境损害鉴定评估推荐方法》（第Ⅱ版）（2014 年 10 月）第四部分“术语和定义”。

3　参见徐以祥《〈民法典〉中生态环境损害责任的规范解释》，载《法学评论》2021 年第 2 期。

4　恢复性司法是在对传统刑事司法检讨与反思的基础上衍生出来的一种替代性刑事案件解决机制，是对刑事犯罪通过在犯罪方和被害方之间建立一种对话关系，以犯罪人主动承担责任消除双方冲突，修复受损社会关系的一种替代性司法活动。参见张婉婷、饶学兵《公益诉讼中恢复性司法理念的运用》，载《人民检察》2019 年第 21 期。在环境资源类民事公益诉讼或刑事附带民事公益诉讼中，恢复性司法理念亦有其生态化内涵，其落脚点是生态环境的修复和环境生态功能的恢复。

5　参见王利明《〈民法典〉中环境污染和生态破坏责任的亮点》，载《广东社会科学》2021 年第 1 期。

6　参见胡静《土壤修复责任的公法属性——目的和工具面向的论证》，载《湖南师范大学社会科学学报》2020 年第 5 期。

一　生态环境修复现有机制之考察

（一）行政机制

当发生生态环境损害或具有发生生态环境损害的现实威胁时，行政机关通过行政命令、行政处罚、行政强制等规制手段，能有效控制风险，修复受损害的生态环境，减小生态环境损害的不利影响。在此，首先梳理生态环境修复行政机制当中的相关手段。

1. 基础措施——行政命令

生态环境的损害是对公共利益的损害，行政机关负有救济该公共利益损害的职责，可以运用行政命令救济生态环境损害。行政命令作为一种基础措施，指行政机关作出要求违法行政相对人补救其违法行为的行政命令，对行政相对人违反其公法的作为义务进行补救。[7] 一方若实施违法行为或消极不履行法律规定的义务，即负有环境行政法律责任。在我国《环境保护法》和多部环境资源保护单行法的“法律责任”一章中，皆明确规定了行政主管部门通过行政命令来救济生态环境损害的条款，以使行政相对人所破坏的社会秩序恢复至合法状态，履行其应当履行的法定义务。其中，行政命令多体现为“责令改正”，大致包括四项内容：停止实施违法行为、履行法定义务、消除违法行为所造成的不良后果和恢复违法行为实施前的状态。[8] 此外，纵观法律和相关法规、规章的条文，“责令改正”还可以具体化为责令限期采取治理措施、责令限期拆除、责令消除污染、责令恢复原状等表现形式。[9]

保护环境公共利益和管控生态环境风险是行政机关的职责所在，得益于专业的技术支撑和丰富的环境监测信息来源，处于生态环境执法前线的行政机关可以首先通过行政命令这一手段及时地救济生态环境损害。行政

7　参见胡晓军《行政命令研究——从行政行为形态的视角》，法律出版社 2017 年版，第 114 页。

8　参见徐以祥《论生态环境损害的行政命令救济》，载《政治与法律》2019 年第 9 期。

9　上述用语暂未得到有效的统一，散见于《环境保护法》《水污染防治法》《固体废物污染环境防治法》《大气污染防治法》《土壤污染防治法》《土地管理法》《环境行政处罚办法》等法律、法规及规章中。

命令要求行政相对人承担补救性环境行政法律责任，能够最直接、迅速地对生态环境损害进行救济。

同时，应注意到行政命令的规范表达在生态环境修复中的反映——从文义上考察，诸如“责令改正”“恢复原状”“限期拆除”等行政命令型概念对受损生态环境的观照仍有不足，可能不具有“修复”的内涵。以“责令改正”为例，行政机关作出此种决定可能存在两种情形：（1）只指向违法行为本身；（2）既指向违法行为本身，也指向损害后果。[10] 因此，当行政命令是同时针违法行为和生态环境损害作出时，才是具有生态环境修复的内涵的“责令改正”。

生态环境修复是环境行政法律关系主体应当针对不同环境要素普遍承担的补救性义务与责任，在《民法典》颁布以前仅规定于部分环境资源保护单行法中，并未成为一种独立且普遍适用的环境义务制度及法律责任类型。[11] 我国 2018 年颁布的《土壤污染防治法》第四章方才专章规定“风险管控和修复”，对土壤污染状况调查和土壤污染风险评估、风险管控、修复、风险管控效果评估、修复效果评估、后期管理等活动作出了细致规定，但该法的适用范围仅限于土壤污染防治及相关活动，无法实现“普遍适用”之目标。概言之，当发生包括但不限于土壤污染的环境污染、生态破坏事件之时，基于法律授予的生态环境监管职权，行政机关首先应通过行政命令要求造成生态环境损害的行政相对人修复受损害的生态环境。

2. 保障措施——行政处罚和行政强制措施

在行政相对人违反法律规定或违反行政命令所设定的责任、义务的前提下，行政处罚和行政强制措施作为保障措施，以责难、惩戒、威慑、强制等方式保障上述责任、义务的实现。[12] 在前述行政命令补救性的基础上，行政处罚和行政强制措施能够为其及时、有效地救济生态环境损害提供保障。

行政处罚具有威慑作用，其重要的功能定位是惩罚，而当行政处罚体

---

10 参见李挚萍《行政命令型生态环境修复机制研究》，载《法学评论》2020 年第 3 期。

11 参见刘超《环境修复审视下我国环境法律责任形式之利弊检讨——基于条文解析与判例研读》，载《中国地质大学学报》（社会科学版）2016 年第 2 期。

12 参见曹实《行政命令的地位和功能之再认识》，载《学术交流》2014 年第 12 期。

现为罚款时，行政相对人缴纳的罚款在一定程度上能够满足生态环境损害所涉的公益诉求，此时的行政处罚也具有补偿性功能。[13] 行政处罚有别于行政命令，前者对违法行政相对人所处以的处罚超过其本应承担的法律后果，要求相对人承担新的义务，对相对人构成原有权益的损害；后者则非制裁，而是指行政机关根据法律规定，在实施行政处罚的过程中对违法行为人发出作为命令，要求违法行政相对人改正其违法行为、履行其法律义务。但是，行政处罚具有局限性，其惩罚功能在生态环境损害救济中实效不足，因为对于违法行政相对人的行为罚（或资格罚），虽然可以有效避免生态环境损害的扩大，但其难以实现生态环境损害的修复，类似于责令停产停业、限制开展生产经营活动的处罚形式是在不暂扣相关许可证、执照的情况下，命令违法主体暂时停止生产经营活动，同时纠正违法行为、履行法定义务，其惩罚性在于停产停业，暂时限制其营业的权利，而这与行政命令有所重叠；财产罚又难以根治违法行政相对人的违法行为，其较低的处罚数额也难以涵盖修复生态环境所需的费用，直至我国 2014 年修订的《环境保护法》施行，“按日连续处罚”制度使这一情况得以改善，但是金钱转化为生态环境的修复需要一个冗长的过程，行政罚款的最终归宿亦未必是生态环境损害的切实修复，以财产罚的途径救济生态环境损害未必能够实现真正的修复目的；而人身罚和声誉罚之于生态环境修复的作用更为间接。各环境资源保护单行法所规定的行政处罚在大多数情况下与行政命令同时出现，其二者均被设置于“法律责任”一章，行政处罚旨在保障行政命令的实施，《行政处罚法》（2021）规定的“首违不罚”原则的重心在于相对人对违法行为的改正[14]，彰显了行政处罚的保障属性。在生态环境保护领域，行政处罚得以保障生态环境修复行政命令的实施。

在救济生态环境损害中，行政强制措施是指行政机关为制止违法行为、减小生态环境损害、控制生态环境风险，依法对违法行政相对人的人身自由实施暂时性限制或者对其财物实施暂时性控制的行为，如查封、扣押造成污染物排放的设施、设备。诚然，行政强制措施对于救济生态环境

---

13 参见陈太清、徐泽萍《行政处罚功能定位之检讨》，载《中南大学学报》（社会科学版）2015 年第 4 期。

14 《行政处罚法》（2021 修订）第 33 条第 1 款规定：“违法行为轻微并及时改正，没有造成危害后果的，不予行政处罚。初次违法且危害后果轻微并及时改正的，可以不予行政处罚。”

损害有积极作用，在客观上能够停止行为人对生态环境的侵害行为，但是其并不具有修复生态环境的功能。与行政处罚同理，行政强制措施为行政命令的实施提供条件，以实现行政命令救济生态环境损害、修复生态环境的目标。

3. 补充措施——行政强制执行和行政协商

强制执行金钱给付义务和代履行是较为典型的行政强制执行方式，金钱给付义务的强制执行与行政罚款相关，对此不再赘述。在生态环境修复中，代履行充当着更重要的角色，《行政强制法》第 50 条规定："行政机关依法作出要求当事人履行排除妨碍、恢复原状等义务的行政决定，当事人逾期不履行，经催告仍不履行，其后果已经或者将要造成环境污染或者破坏自然资源的，行政机关可以代履行，或者委托没有利害关系的第三人代履行。"以水污染防治为例，我国《水污染防治法》在"法律责任"一章作出了大量关于代履行的细致规定，在行政机关发出行政命令后，如果违法行政相对人不执行行政命令，行政机关可通过代履行来治理水污染，即指定有治理能力的单位代为治理，所需费用由违法者承担，以此来完成本应由违法行政相对人实施的行为内容，实现受损害生态环境的修复。[15] 对此，可以认为行政强制执行是对行政命令失效的补充性措施。

至于行政协商，地方政府开展行政协商的本意是通过平等对话的形式公开讨论政策，从而使政府的决策更加符合公共利益。[16] 除基础措施和保障措施之外，行政协商应为一种补充措施，以弥补、调和上述措施所存在的不足。生态环境损害磋商制度在性质上属于行政协商，蕴含公共性，弥补了传统"命令—控制"型行政手段在责任追究范围上的缺陷。[17] 赔偿权利人根据生态环境损害鉴定评估报告，就损害事实和程度、修复启动时间和期限、赔偿的责任承担方式和期限等问题与赔偿义务人进行

---

15 《水污染防治法》第 85 条、第 88 条、第 94 条对此进行了相关的规定。此外，代履行或代为治理的规定也散见于《固体废物污染环境防治法》《土壤污染防治法》《森林法》《草原法》《水土保持法》等法律中。

16 参见张翔《地方政府的"行政协商"：定位、内涵与建设》，载《云南社会科学》2015 年第 1 期。

17 参见陈海嵩《生态环境损害赔偿制度的反思与重构——宪法解释的视角》，载《东方法学》2018 年第 6 期。

磋商，统筹考虑修复方案技术可行性、成本效益优化、赔偿义务人赔偿能力、第三方治理可行性等情况，达成磋商协议，同时可以向人民法院申请司法确认，并可申请执行，人民法院亦可移送政府及其指定的相关部门、机构组织实施修复。作为行政命令的补充措施，在行政机关作出行政命令后，定期与违法行政相对人进行生态环境修复工作的协商可以大幅提高修复工作的效率。可见，行政协商具有双方意志性，可以在一定程度上修正行政机关作出的单方性行政行为的不周全之处，统筹兼顾各种利益和诉求，得到较为合理的结果，但是磋商过程漫长，而且行政协商对造成生态环境损害的单位或个人的强制力不足，需要通过司法确认方能发挥实效或者通过行政命令的形式将其赋予强制性的外观，又造成了其自身的局限性。

（二）司法机制

在各司法救济途径中，公益诉讼制度是救济公共利益的重要机能，环境私益诉讼尽管有可能间接实现生态环境修复的目标，但其内核仍是对私权利的救济，因此其在救济生态环境损害方面的功能暂不予以考虑。在生态环境遭受损害之时，法律赋予了非利害关系人为保护环境公共利益而提起环境公益诉讼的权利。在行政机关未能通过行政手段救济生态环境损害之时，环境公益诉讼制度能够发挥重要的监督、补位作用；此外，在环境私益诉讼或环境刑事诉讼缺少对生态环境修复的考量时，环境公益诉讼制度也能起到补充作用。可以说，公益诉讼制度是生态环境修复司法机制的重要基石。

1. 环境民事公益诉讼

目前，我国所选择的公益诉讼模式是环境民事公益诉讼和环境行政公益诉讼二元区分且并存的模式。[18] 环境民事公益诉讼可以直接救济生态环境损害，符合条件的社会组织可以对损害生态环境的主体提起环境民事公益诉讼，提出承担预防性、赔偿性或修复性责任的诉讼请求。诉讼请求的多样化可以较好地解决行政规制无法解决“纯赔偿问题”的弊端，其能够对生态环境修复期间服务功能的损失和生态环境功能永久

---

[18] 参见徐以祥《我国环境公益诉讼的模式选择——兼评环境行政公益诉讼为主模式论》，载《西南民族大学学报》（社会科学版）2017 年第 10 期。

性损害造成的损失进行救济，严格的司法程序也能够给予当事人双方一个协商的过程；环境民事公益诉讼的另一优点在于其能够弥补公民个人仅注重私益救济的局限性，社会组织因其自身的公益属性，能够将环境民事私益诉讼原告遗漏的修复生态环境的诉讼请求予以补全，切实关照到环境公共利益。同时，检察机关也可在发布公告后仍然无社会组织提起诉讼的情况下提起环境民事公益诉讼，有效地避免了原告主体缺位的情况。

2. 环境刑事司法及刑事附带民事公益诉讼

在环境刑事司法方面，检视我国环境资源犯罪的刑事责任形式，主刑基本上为判处管制、拘役或有期徒刑，附加刑又以罚金的适用最为频繁，还包括依法没收、销毁作案工具和违法所得上缴国库等，这些刑事责任形式旨在惩罚被告人严重的环境违法行为和剥夺、限制其继续实施环境违法行为的能力，更多体现预防性，暂未直接作用于生态环境修复。对于造成生态环境损害的被告人，环境资源刑事司法在量刑和刑罚执行上应以恢复性司法理念为导向，将恢复生态、赔偿的实际履行情况作为量刑的重要因素，或在执行刑罚过程中引入替代性的生态环境恢复责任方式，创新生态环境修复责任，恢复生态环境。[19] 附带修复生态环境的刑事裁判增速明显，修复措施灵活多样，修复生态环境成为刑罚轻缓化的重要依据。[20] 其中，刑事附带民事公益诉讼在修复生态环境、保护环境公共利益当中有着重要意义，《最高人民法院、最高人民检察院关于检察公益诉讼案件适用法律若干问题的解释》第 20 条确定了刑事附带民事公益诉讼的案件类型。[21] 司法机关在办理破坏环境资源刑事案件时，与行政机关共同推动生态环境的修复工作，被告人承担自身造成环境公益受损的恢复责任，不仅可以实现诸如恢复植被、耕地、草原的生态效果，以减轻刑事犯罪行为带来的危害，还能让被告人更为清醒地认识到自身犯罪行为的危害程度，更

---

19 参见胡卫《我国环境修复司法适用的特色分析》，载《环境保护》2015 年第 19 期。

20 参见梁云宝《民法典绿色原则视域下“修复生态环境”的刑法定位》，载《中国刑事法杂志》2020 年第 6 期。

21 《最高人民法院、最高人民检察院关于检察公益诉讼案件适用法律若干问题的解释》（法释［2018］6 号）第 20 条第 1 款规定：“人民检察院对破坏生态环境和资源保护、食品药品安全领域侵害众多消费者合法权益等损害社会公共利益的犯罪行为提起刑事公诉时，可以向人民法院一并提起附带民事公益诉讼，由人民法院同一审判组织审理。”

利于刑事案件的公正处理。追究刑事责任时一并科以非刑罚责任（如科以民事责任）将提升刑事诉讼保护法益和民事公益诉讼保护公益的客观效果。[22] 在环境公益诉讼制度的框架下，针对环境资源犯罪的刑事附带民事公益诉讼案件既能够使被告人直接修复生态环境，或承担修复费用，又能够提升环境刑事制裁的威慑力，有力打击违法行为。

3. 环境行政公益诉讼

环境行政公益诉讼与环境民事公益诉讼不同，就救济生态环境损害而言，其本质是行政规制的一种辅助形式；就促使行政机关履职而言，其本质是行政规制的一种监督形式。由于法律明确规定了行政执法在生态环境损害救济中的主导地位，行政机关因此不得随意放弃其职权之行使，否则将面临被检察机关起诉的风险。[23] 检察机关可根据具体的情形，向行政机关提出检察建议，并在发出检察建议后行政机关仍不履职的情况下提起环境行政公益诉讼，起诉承担生态环境保护职责的行政机关。因此，环境行政公益诉讼并不是直接救济生态环境损害，而是通过监督行政机关，确保其依法履行职责，实现对生态环境损害的间接救济。

（三）行政机制及司法机制的已有融合

在功能上，生态环境修复的行政机制和司法机制并非对立存在，在实践中，二者已有融合的体现之一便是生态环境损害赔偿制度。生态环境损害赔偿制度不同于环境民事公益诉讼制度，其以民事侵权制度为支撑，是一种由政府发起的生态环境损害的救济方式，既有行政机关主导的磋商程序，又包括协议确认、诉讼程序等涉及司法机关的制度安排。

在生态环境损害赔偿制度的实际运行中，当生态环境遭受损害后，作为索赔权利人的政府首先与赔偿义务人就生态环境的修复和赔偿问题进行磋商，磋商达成协议则向人民法院申请司法确认，磋商未达成一致则转至民事诉讼程序，由赔偿权利人及其指定的部门或机构通过提起生态环境损害赔偿民事诉讼的方式来救济生态环境损害。但是，无论权利人、义务人

---

[22] 参见刘艺《刑事附带民事公益诉讼的协同问题研究》，载《中国刑事法杂志》2019 年第 5 期。

[23] 参见吕梦醒《生态环境损害多元救济机制之衔接研究》，载《比较法研究》2021 年第 1 期。

双方是否能够达成协议，磋商程序和诉讼程序可能会使生态环境损害救济的时效性不足。由于该制度的启动主体是政府，当经济发展与环境保护发生激烈冲突、各部门利益的藩篱难以打破时，选择性执法现象则不可避免地出现。在此意义上，生态环境损害赔偿制度实行的有效性在一定程度上取决于政府的执法意愿和政策选择。

事实上，鉴于省级、市地级政府可指定相关部门或机构负责生态环境损害赔偿具体工作，生态环境损害赔偿制度能够发挥生态环境行政主管部门的技术优势，这有益于生态环境的修复；磋商程序能够对各方实际情况予以考虑，相比单方强制性的行政规制手段更加周全；行政手段由于法律规范授权的不足而具有其局限性，例如修复工作以外的前期清污费用、采取应急处置措施所产生的费用，行政机关对此并未获得授权，生态环境损害赔偿制度将此类费用纳入赔偿范围，行政机关启动磋商、付诸司法，能够弥补该局限性。

（四）新法视阈下的生态环境修复和生态环境损害赔偿

考察新法的规定，全面分析现有救济体系及生态环境修复模式，可以为构建系统科学的生态环境修复模式指明方向。

在《固体废物污染环境防治法》（2020 年修订）中，生态环境损害赔偿制度在固体废物污染防治领域得到了确认。值得关注的是，新法规定的赔偿责任不以违法性为成立要件，彰显了立法日趋严厉之势——赔偿义务人的行为只要在客观上造成生态环境损害、给国家造成了重大损失，不论其是否触犯法律法规，即有承担赔偿义务之可能性。[24] 生态环境损害赔偿制度“入法”无疑是一个良好的开端，以法律的形式固定下来既有利于生成根植于特定生态环境保护领域的生态环境损害赔偿制度，也能够扭转制度在实践中存在的合法性困境。当然，生态环境损害赔偿制度的完善还有待其他环境资源保护单行法的回应。

在《民法典》侵权责任编中，第 1234 条和第 1235 条新增了承担生态环境损害责任的两种方式，即修复和赔偿损失。新规定的责任形式为司法

---

24 《固体废物污染环境防治法》（2020 年修订）第 122 条第 1 款在《生态环境损害赔偿制度改革方案》的基础上，正式确立了固体废物生态环境损害赔偿磋商制度，明确了生态环境损害赔偿责任所涉主体及成立要件。

实践中的生态环境修复提供了法定的请求权基础，为环境民事公益诉讼和生态环境损害赔偿提供了明确的实体法依据，改变了“借道”恢复原状的窘况，使法律真正具有了“修复”的内涵。在此前，虽然我国《环境保护法》第58条和《民事诉讼法》第55条从赋予诉讼主体资格的角度，为环境民事公益诉讼、生态环境损害赔偿诉讼提供了一定的程序依据，但其实体法依据相对缺乏，法律责任承担方式也未明确，空有司法解释，有司法实践而无法律依据。[25] 另外，从第1235条生态环境损害赔偿的范围可知，《民法典》的规定是对生态环境损害赔偿制度的继承。[26]

但是，《民法典》虽然有着相当数量的具有公法性质的行政法律规范，其本质上仍然是私法范畴的民事法律规范，第1234条的修复责任与行政命令所直接设定的生态环境修复行政责任性质并不相同：《民法典》中修复责任的实现建立在诉讼的基础上，系民事责任；同理，本条对于代为履行修复责任的规定亦非行政法意义上的“代履行”，而是一种请求权基础，可作为裁判依据。因此，《民法典》新增的是经司法权介入的修复责任，将生态环境修复责任以私法的形式呈现，为以私法手段实现公法目标提供了可能。[27]

总体上，《民法典》关于环境污染和生态破坏责任的规定体现了国家对生态环境违法行为日渐严厉的立法态势和对生态环境修复的认可。《民法典》利用民法手段规制具有公法性质的生态环境损害行为，实现了与环境民事公益诉讼、生态环境损害赔偿制度的联动。在民事立法层面，《民法典》设立了新的生态环境损害责任形式，这是良好的开端，而其他行政法律规范也需要在行政责任方面将修复责任予以明确并将其具体化，为行政机关的执法、责任人的担责提供行政法上的依据。

---

25 《吕忠梅委员：“绿色印迹”彰显民法典中国特色》，《法制日报》2020年5月25日第5版。

26 《生态环境损害赔偿制度改革方案》中规定的生态环境损害赔偿范围包括清除污染费用、生态环境修复费用、生态环境修复期间服务功能的损失、生态环境功能永久性损害造成的损失以及生态环境损害赔偿调查、鉴定评估等合理费用。

27 参见张式军、田亦尧《后民法典时代民法与环境法的协调与发展》，载《山东大学学报》（哲学社会科学版）2021年第1期。

二 行政机制及司法机制的比较分析

（一）生态环境修复行政机制及司法机制的规范对比

现今，两大机制衔接的侧重点在于行政机关、公安机关和司法机关之间的案件线索通报、案件移送、管辖、调查取证，旨在健全环境保护行政执法与刑事司法的衔接工作机制。[28] 但是，二者欠缺在生态环境修复领域的协同，因此，准确把握司法权并推动建立不同部门间的生态环境修复协调联动机制有重要意义。行政规制、司法救济在救济生态环境损害、修复生态环境方面皆有不同的侧重点。从不同的维度对其进行分析，有助于厘清二者之关系并明确其应然定位，创新并完善生态环境修复中行政与司法的协调、衔接机制，及时推进生态环境修复工作的开展。

1. 修复启动的时效性

目前，在我国的环境公益诉讼中，社会组织往往由于诸如原告主体资格不满足、举证能力较弱等客观、现实原因或自身的主动性、自发性不足等主观因素而难以担当主要角色，检察机关仍是公益诉讼中的重要角色。但与此同时，检察机关并非第一顺位的起诉主体，提起诉讼作为生态环境修复司法机制的开端，公告期制度的设置虽然保证了公众参与的可能，但也可能造成修复的不及时。[29] 同时，生态环境损害赔偿制度的办案数较低也是值得关注的问题。究其原因，其一是地方领导干部不担当、不作为、慢作为；其二是案例底数不清，案件线索筛选、启动索赔的抓手不明。[30] 以往，生态环境损害赔偿制度实施的一大痛点是磋商过程较为漫长，九部

---

28 详见《环境保护部、公安部、最高人民检察院关于印发〈环境保护行政执法与刑事司法衔接工作办法〉的通知》（环环监［2017］17号）。

29 《最高人民法院、最高人民检察院关于检察公益诉讼案件适用法律若干问题的解释》（法释［2018］6号）第13条第1、2款规定："人民检察院在履行职责中发现破坏生态环境和资源保护、食品药品安全领域侵害众多消费者合法权益等损害社会公共利益的行为，拟提起公益诉讼的，应当依法公告，公告期间为三十日。公告期满，法律规定的机关和有关组织不提起诉讼的，人民检察院可以向人民法院提起诉讼。"

30 参见郄建荣《11部门推动生态环境损害赔偿制度全面落地》，《法治日报》2020年10月16日第7版。

委《关于推进生态环境损害赔偿制度改革若干具体问题的意见》（以下简称《具体问题的意见》）则初步规定了磋商期限的上限：磋商期限原则上不超过90日，自赔偿权利人及其指定的部门或机构向义务人送达生态环境损害赔偿磋商书面通知之日起算，而磋商会议原则上不超过3次，[31]但这仅是原则性的规定，并无强制力。另外，赔偿权利人与义务人磋商一致后，司法解释对于当事人向人民法院申请司法确认的生态环境损害赔偿协议，也设置了30日的公告期。[32] 遵循生态环境损害赔偿制度较为冗长的程序规则需要花费时间成本，这同样影响了生态环境修复的时效。

在生态环境修复的行政机制中，以责令改正、责令限期采取治理措施为代表的行政命令可以及时地责令违法行为人修复受损害的生态环境，督促其改正自身的行为。而且，行政规制手段的稳定性是司法程序所不可比拟的：第一，对于生态环境修复的行政命令，行政相对人有可能通过司法寻求行政救济，但事实上，行政命令一般不具有可诉性。作为具体表现形式的行政责令改正通知书对行政相对人看似产生权利义务上的影响，实则不然，因违法行为人需对自身的违法行为承担责任，其并未涉及实质的权利减损及义务增加，也不具有惩戒性。《行政处罚法》（2021）第28条规定："行政机关实施行政处罚时，应当责令当事人改正或者限期改正违法行为。"责令改正通知书应视为行政机关作出行政处罚行为的一个前置的阶段行为，即生态环境修复的行政命令应是过程性行为，不具有终局性。第二，对于作为基础措施的行政命令，其性质属于具体行政行为，依《行政复议法》第21条，行政复议期间具体行政行为不停止执行；而对于作为保障措施的行政处罚，则根据《行政处罚法》（2021）第73条规定："当事人对行政处罚决定不服，申请行政复议或者提起行政诉讼的，行政处罚不停止执行，法律另有规定的除外。"第三，在公益诉讼案件中，若行政机关对突发的生态环境损害采取应对措施、使诉讼活动不能正

---

31 详见《生态环境部、司法部、财政部等关于印发〈关于推进生态环境损害赔偿制度改革若干具体问题的意见〉的通知》（环法规［2020］44号）。

32 《最高人民法院关于审理生态环境损害赔偿案件的若干规定（试行）》（法释［2019］8号）第20条第2款规定："人民法院受理申请后，应当公告协议内容，公告期间不少于三十日。公告期满后，人民法院经审查认为协议的内容不违反法律法规强制性规定且不损害国家利益、社会公共利益的，裁定确认协议有效。裁定书应当写明案件的基本事实和协议内容，并向社会公开。"

常进行的，人民法院可以依照《突发事件应对法》的规定裁定中止诉讼；[33] 而且，鉴定评估时长并不纳入审限范围，实践中可将该部分时间予以扣除。可见，通过司法救济程序实现生态环境修复，容易导致案件审理期限难以控制，出现长期未结案件。因此，行政命令、行政处罚等具体行政行为良好的延续性得以保障其服务于生态环境修复，生态环境修复的行政机制较之司法机制的时效性更优。

2. 修复实施的专业性

根据《人民陪审员法》第16条规定，人民法院审判根据《民事诉讼法》《行政诉讼法》提起的第一审公益诉讼案件，由人民陪审员和法官组成七人合议庭进行。在实际的案件审理中，人民陪审员对法律适用问题不参加表决，但是其全程参加合议庭评议，对于事实认定问题，由人民陪审员和法官在共同评议的基础上进行表决。此时，便凸显出司法救济的专业性问题，尽管专业机构及专家辅助人才能够为案件审理提供便利，但是事实认定仍属合议庭的职责范围，环境污染和生态破坏案件在损害范围、损害后果、因果关系、责任比例的认定上具有极强的专业性。与此同时，虽然在案件审理的过程中，受损害的生态环境便有可能处于修复的阶段，但是考察生态环境修复的司法机制更应关注具有既判力的判决修复。因此，对案件事实的正确认定、对生态环境价值的充分关注、对生态环境修复的合理判决仰赖于法官与人民陪审员的专业水准。反观行政机关，在作出具体行政行为前，其下属的事业单位可从专业技术方面提供必要的辅助和咨询。以生态环境主管部门为例，其下属有环境监测站、环境科学研究院（所）、环境工程评估中心等。在信息收集方面的优势和行政系统配备的专业技术队伍的基础上，行政机关得以建立起自身的专业性，其掌握生态环境信息的完整性高于司法机关。[34] 因此，生态环境修复行政机制的运行有着扎实的数据基础及事实依据作为支撑。

事实上，我国的环境司法专门化仍任重而道远，目前，环境资源专门审判机构专门化还未能代表审判团队的专门化。法官受到的是法律适用方面的

---

33 《最高人民法院关于审理环境公益诉讼案件的工作规范（试行）》第16条规定："因相关政府部门采取突发事件应对措施、使诉讼活动不能正常进行的，人民法院可以依照《中华人民共和国突发事件应对法》第十三条的规定，裁定中止诉讼。"

34 同前注6，胡静文。

训练，因此在面对具有较强专业性高、技术性强的案件时，其判断、审查会倾向于尊重行政机关的首次判断权。[35] 生态环境行政主管部门在生态环境损害调查、鉴定评估、制定和组织实施生态环境修复方案等方面具有司法机关所不具备专业优势，体现在人才、技术、设备、信息、执法手段等方面。

3. 修复理念的贯彻

环境污染、生态破坏具有累积性、不可逆转性，贯彻修复理念、实现修复目标是美好生态环境的内在要求，也是生态环境治理的应有之义。在生态环境损害赔偿诉讼中，《上海市高级人民法院关于审理政府提起生态环境损害赔偿民事案件的若干意见（试行）》（以下简称《上海法院若干意见（试行）》）指出，若原告不提出修复生态环境的请求，而要求被告赔偿生态环境修复费用的，人民法院可以直接判决被告承担生态环境修复费用。[36] 这背离了生态环境损害救济的本质，即修复生态环境。事实上，原告方确有可能遗漏停止侵害、恢复原状等诉请，仅主张损害赔偿，或在诉讼中为了诉讼的便利和追求新闻的效应，针对生态环境修复的诉讼请求直接要求被告承担金钱赔偿责任，即生态环境修复费用，[37] 此时由法官进行释明可以引导其增加恢复原状等诉讼请求，但是基于辩论原则，原告方仍具有自主选择的权利。以结果导向考虑，即便判决被告方承担生态环境修复费用，而后续的修复工作由有关部门负责执行或实施替代性修复，这仅是理想的裁判执行结果，而实践中未必能执行到位，此时，司法救济的被动性在“不告不理”中展现，若最终以赔偿结案，被损害的环境公益没有得到修复，则公益诉讼的价值会大打折扣。[38]《最高人民法院关于审理生态环境损害赔偿案件的若干规定（试行）》（以下简称《若干规定》）则无类似径行判决承担修复费用的规定，而是作了开放性的制度设置，即人民法院应根据原告的诉讼请求以及具体案情，合理判决被告

---

35 参见黄先雄《行政首次判断权理论及其适用》，载《行政法学研究》2017 年第 5 期。

36 《上海市高级人民法院关于审理政府提起生态环境损害赔偿民事案件的若干意见（试行）》（2019 年 2 月 21 日）第 18 条第 3 款规定：“原告不提出修复生态环境的请求，要求被告赔偿生态环境修复费用的，人民法院可以直接判决被告承担生态环境修复费用。”

37 参见杨红梅、涂永前《环境恢复性司法：模式借鉴与本土改造》，载《国外社会科学》2021 年第 3 期。

38 参见秦天宝、黄成《类型化视野下环境公益诉讼案件范围之纵深拓展》，载《中国应用法学》2020 年第 4 期。

承担各类民事责任。[39] 这显然是更为合理、也更符合司法救济特点的做法。总而言之，赔偿责任的扩张适用缺乏对生态环境修复目标的考虑，这是司法救济自身的缺陷，是生态环境修复司法机制的局限所在。

行政机关履职则可以发挥自身能动性，基于修复理念实行有关决策，达成修复生态环境的目标，这是司法机关所不及的。在具体的环境污染、生态破坏事件当中，生态环境主管部门、区域生态环境保护监察专员办公室等机构可以积极调动各机关以及专家加强技术指导，开展案件线索筛查组织实施修复及索赔实践。其中，行政规制手段优势在于线索的核查及筛查：第一，地方行政机关对生态环境部移送的案件线索进行核查，对国家重点生态功能区发生的环境行政处罚案件进行筛查；第二，通过信息共享、案件通报和定期会商机制，生态环境主管部门协调、调动公安机关、检察机关、人民法院等职能部门共同参与完成案件筛查工作，制定案件线索清单。行政机关基于科学的线索核查及筛查，可以主动、及时责令责任人启动修复工作，有别于生态环境修复司法机制的“被动性”。

（二）行政与司法的应然定位及适用逻辑

要明确生态环境损害救济的本质是落实以生态环境修复为中心的损害救济制度，最大限度修复生态环境。[40] 《宪法》第 26 条创设了环境质量改善的国家义务；《环境保护法》第 6 条第 2 款明确规定：“地方各级人民政府应当对本行政区域的环境质量负责。”行政机关作为公共利益的代表，国家财政与预算、行政机关的专业程度、行政机关依法具备的执行力与强制力都为其提供了支持。[41] 地方政府作为行政区域内环境质量的责任主体，当发生生态环境损害时，行政机关对环境违法行为进行监管执法，是行政权行使的核心内容，也是实现其环境质量改善国家义务的

39 《最高人民法院关于审理生态环境损害赔偿案件的若干规定（试行）》（法释［2019］8号）第 11 条规定：“被告违反法律法规污染环境、破坏生态的，人民法院应当根据原告的诉讼请求以及具体案情，合理判决被告承担修复生态环境、赔偿损失、停止侵害、排除妨碍、消除危险、赔礼道歉等民事责任。”

40 详见《最高人民法院办公厅关于印发江必新副院长在全国法院环境公益诉讼、生态环境损害赔偿诉讼审判工作推进会上讲话的通知》（法办［2019］347 号）。

41 参见胡静《环保组织提起的公益诉讼之功能定位：兼评我国环境公益诉讼的司法解释》，载《法学评论》2016 年第 4 期。

主要手段，[42] 因此应当充分发挥行政机关对公共利益保护职责的积极作用[43]。生态环境主管部门运用行政权力进行执法，通过适用限期治理、限期恢复等责任形式，对相关违法行为人科以行政处罚、行政强制等行政法律责任，[44] 有效预防和控制可能的环境污染和生态破坏，实现对生态环境的及时修复，这也是政府对环境质量负责的体现。

《上海法院若干意见（试行）》要求赔偿权利人提起生态环境损害赔偿诉讼，须满足一定的前置条件，即起诉前可以充分履行行政职权对生态环境损害予以救济以及时保护生态环境。[45] 同理，在行政处罚程序以外，赔偿权利人须先经过磋商，确实无法达成协议方可提起诉讼。[46] 由此看出，在生态环境损害赔偿制度中，案件进入诉讼之前须经过行政规制手段的实体处理。此外，若环境污染、生态破坏事件未达到生态环境损害赔偿制度的适用情形，救济生态环境损害的任务则通过行政命令、行政处罚等行政规制手段完成，无须进入司法程序。而《若干规定（试行）》第 21 条关于裁判和协议执行的规定亦指出，在需要修复生态环境之时，具体组织实施的仍然是行政机关。[47]

---

42 参见陈海嵩《实现环境质量改善目标的国家义务构造》，载《法治研究》2018 年第 6 期。

43 参见王耀伟、刘蔡宽《〈民法典〉中生态环境修复责任条款之法律辨析》，载《湖南社会科学》2021 年第 2 期。

44 同前注 17，陈海嵩文。

45 《上海市高级人民法院关于审理政府提起生态环境损害赔偿民事案件的若干意见（试行）》（2019 年 2 月 21 日）第 5 条第 1 款规定："生态环境损害赔偿权利人或者其指定的部门、机构启动生态环境损害赔偿民事诉讼之前，环境保护监督管理部门可以通过积极履行行政处罚职权，督促义务人主动停止侵害、消除危险、修复环境，促进生态环境得到及时保护。如果义务人对行政处罚不服，提出行政复议或行政诉讼的，可以在行政复议或行政诉讼结束后，生态环境损害赔偿权利人或者其指定的部门、机构再启动生态环境损害赔偿民事诉讼。司法机关已经对义务人予以刑事处罚的，可以不经行政处罚程序，直接启动生态环境损害赔偿民事诉讼。"

46 《上海市高级人民法院关于审理政府提起生态环境损害赔偿民事案件的若干意见（试行）》（2019 年 2 月 21 日）第 5 条第 2 款规定："生态环境损害赔偿权利人或者其指定的部门、机构在提起生态环境损害赔偿民事诉讼前，应当先与义务人磋商，确实无法达成赔偿协议的，才可以提出相应的民事诉讼。"

47 《最高人民法院关于审理生态环境损害赔偿案件的若干规定（试行）》（法释［2019］8 号）第 21 条规定："一方当事人拒绝履行、未全部履行发生法律效力的生态环境损害赔偿诉讼案件裁判或者经司法确认的生态环境损害赔偿协议的，对方当事人可以向人民法院申请强制执行。需要修复生态环境的，依法由省级、市地级人民政府及其指定的相关部门、机构组织实施。"

目前，生态环境损害赔偿制度与环境民事公益诉讼制度形成了互补之形态，《若干规定（试行）》就两种诉讼制度的竞合问题作出了程序性的规定，即“先赔偿诉讼，后公益诉讼”。[48] 生态环境损害赔偿诉讼的优先地位与生态环境损害赔偿制度内含的行政规制手段不无关系，因为通过赔偿磋商这一行政协商机制，赔偿权利人与义务人可达成一定的共识，这可为公益诉讼案件中事实的认定提供依据，从而节约了司法资源。

同时，行政机关履职应受到一定的约束并受到司法权的监督。[49] 检察公益诉讼的本质是一种基于司法权的督促手段。行政机关对生态环境损害承担行政管理、监督等方面的责任，其疏于监管、不履行法定职责、不作为的，由检察机关在履行督促程序后依法向人民法院提起行政公益诉讼，由人民法院确认被告怠于履行监管职责违法，并判令被告于一定期限内继续履行行政监管职责，对生态环境进行综合治理。因此，在救济生态环境损害、修复生态环境方面，依靠行政规制手段才是保护公益、救济损害的重心，而这种权力的配置及运行也符合检察机关自身“法律监督机关”的定性。

概言之，行政规制手段应当成为生态环境修复的首要力量。行政机关负有改善环境质量的职责，而在环境污染、生态破坏司法案件中，起诉前的案件实体处理、裁判后修复的组织实施，其主体皆为行政机关，若环境公益诉讼置于行政机关进行监管执法之前，易导致司法权超越行政权，有损行政执法公信力，[50] 而司法机关则应当在行政规制未能发挥实效时起到补位的作用。

三　行政规制与司法救济的协调

（一）依违法行为人责任类型构建类型化的生态环境修复模式

生态环境损害的救济绝非依靠单一的途径便能实现的。我国正转向以

48　《最高人民法院关于审理生态环境损害赔偿案件的若干规定（试行）》（法释［2019］8号）第17条规定：“人民法院受理因同一损害生态环境行为提起的生态环境损害赔偿诉讼案件和民事公益诉讼案件，应先中止民事公益诉讼案件的审理，待生态环境损害赔偿诉讼案件审理完毕后，就民事公益诉讼案件未被涵盖的诉讼请求依法作出裁判。”

49　参见陈海嵩《环境风险预防的国家任务及其司法控制》，载《暨南学报》（哲学社会科学版）2018年第3期。

50　参见王耀伟、刘蔡宽《〈民法典〉中生态环境修复责任条款之法律辨析》，载《湖南社会科学》2021年第2期。

环境质量改善为核心的环境管理模式，政府是对本行政区域环境质量负责的主体，理应成为新模式下的首要责任主体，政府的责任目标是采取各种措施使管辖区域的环境质量达到相应的环境质量标准。[51] 从监管职责的角度去分析，行政机关无疑对生态环境负有监管职责，其本职工作是通过日常的执法工作发现违法行为，同时运用各行政规制手段纠正违法行为。在此背景下，构建一种以行政机制主导、司法机制为辅的生态环境修复模式势在必行，行政机关在救济生态环境损害时应发挥先导作用，行政执法在救济生态环境损害时则应优先适用。

为此，须对如今以赔偿为重点的救济导向予以纠偏，"修复"才是救济生态环境损害的核心。因此，违法行为人应优先承担修复生态环境损害的行为责任，而经济责任次之。因此可以根据生态环境可完全修复、无法完全修复和完全无法修复等不同情况，同时充分考虑生态环境的特点、当事人履行的实际可行性等因素，以多样化的责任承担方式来救济生态环境损害。从责任类型的角度进行探讨，造成生态环境损害的行为人的责任类型有单一行为责任、行为与经济责任和单一经济责任三种，与此相对应的是一种类型化的生态环境修复模式，其具体构成有单一行政机制、行政与司法结合机制以及单一司法机制三种：

（1）当生态环境损害事件发生以后，生态环境可以修复的，行政机关迅速通过行政命令责令违法行为人消除危险、停止违法行为、修复生态环境最为直接，此时违法行为人应自行或委托修复生态环境。行政机关亦可发挥其执法能动性，通过行政命令要求违法行为人制定修复方案，经审核同意后跟进监督其实施生态修复方案。同时，行政机关结合行政处罚等保障性措施对行为人进行惩罚，条件具备时行政机关还可通过代履行的方式实施修复方案。而生态环境损害赔偿制度中的赔偿磋商耗时较长，调查、鉴定、评估需时不确定，基于时效性的考虑，不宜优先适用生态环境损害赔偿制度。同时，在作出行政命令以后，若环境污染、生态破坏事件出现生态环境损害赔偿制度的适用情形，行政机关可开始修复事宜的磋商，并运用专业技术动态调查、评估生态环境损害情况，同时将违法行为人的修复情况纳入磋商议程的考量范围。

51　参见李挚萍《论以环境质量改善为核心的环境法制转型》，载《重庆大学学报》（社会科学版）2017 年第 2 期。

（2）如果违法行为人已着手实施修复工作，但是在行政机关前期的清污费用、生态环境修复期间服务功能的损失等费用仍须追偿，或生态环境只能实现部分修复的情况下，统筹适用行政规制与司法救济可以解决生态环境损害的救济问题，即行政协商与民事诉讼相结合的生态环境损害赔偿制度是最优的解决方法，其规范依据是生态环境损害赔偿制度已明确的“环境有价”工作原则，赔偿义务人因同一生态环境损害行为需承担行政责任或刑事责任的，不影响其依法承担生态环境损害赔偿责任。[52] 此时，生态环境损害赔偿制度中的赔偿磋商制度、协议确认制度、赔偿诉讼制度均要适用，因赔偿权利人与义务人双方达成的协议很可能需要进行司法确认，而协议的执行则会关涉诉讼环节。赔偿权利人可将赔偿义务人参与生态环境损害赔偿磋商的积极性，履行赔偿协议的及时性、生态环境修复的开展情况提交至司法机关，供司法裁判所参考。

（3）对于生态环境损害存在不具有修复可能性的情形（如大气污染、流动水污染等情形），可以通过经济性的替代性方式实现对公共利益的修复，而行政规制难以全面衡量各主体间的利益，行政手段施行结果缺乏广泛性，其对该类型损害的救济所能发挥的作用不如司法救济，因而此时生态环境损害救济需转换为司法救济主导的模式，虽生态环境已修复不能，但是在诉讼中运用虚拟治理成本法计算生态环境损害数额也不失为一种救济手段，赔偿的损失可用于原地他样、异地原样、异地他样修复、区域环境治理，这对生态价值给予了最大尊重。例如，在德州大气污染公益诉讼案中，法院判决被告德州晶华集团振华有限公司赔偿因超标排放污染物造成的损失，支付至德州市专项基金账户，用于德州市大气环境质量修复。[53] 在具体制度的选择上，依据《具体问题的意见》，人民法院受理环境民事公益诉讼案件后，应当在十日内告知对被告行为负有环境资源监督管理职责的部门，有关部门接到告知后，应当及时与人民法院沟通对接相关工作。[54] 因此，公益诉讼以及生态环境损害赔偿诉讼的择一适用或互补

52 详见《生态环境损害赔偿制度改革方案》（2017 年 12 月）第二部分“工作原则”。

53 （2015）德中环公民初字第 1 号民事判决书。

54 详见《生态环境部、司法部、财政部等关于印发〈关于推进生态环境损害赔偿制度改革若干具体问题的意见〉的通知》（环法规［2020］44 号）。

适用有赖于部门间针对现实情况的研判及沟通。[55]

（二）依行政机关的履职情况确定司法救济的介入条件

在实践中，司法救济何时介入是一个重要的议题，从生态环境修复的实际效果角度分析，当行政规制失灵时，不足以满足特定情况下生态环境修复之需时，应当引入司法救济，通过司法手段，以个案裁量的方式予以补充。[56] 所谓“失灵”，是以行政机关作为出发点进行分析的，在生态环境能够修复的前提下，“失灵”与否的判断标准是行政机关是否能够履行职能修复生态环境，生态环境损害无法修复的情形并不属于“行政规制失灵”。

行政规制的失灵大体上有两类情况，即救济不能和不作为，前者因客观原因导致——行政机关的人力资源和财力资源较为有限，纵然其专业性较强，也无法对辖区内所有的生态环境损害予以兼顾，且行政行为自身的局限性决定了其不足以对生态环境损害进行充分的救济，往往会出现在程序上已作为，但是实际的生态环境损害问题未能解决的情况，这与生态环境的复杂性、综合性有关；后者则由于行政机关的怠职，基于地方保护主义或短期的经济利益而选择性执法，或是基于环境治理的高压态势被动执法、运动式执法，对辖区污染企业“一刀切”，忽视生态环境的修复。行政规制失灵，生态环境得不到有效的修复，此时司法救济的重要性得以展现，司法救济能够避免救济的“断层”，在主体复杂、难以确定责任人的案件中，司法权的有力介入有利于查清案件基本事实；同时，在环境污染、生态破坏影响面广甚至是跨行政区域、受影响公众众多的案件中，各方利益的协调亦有赖于司法权的行使。

若行政机关已经履行部分职责仍未能全面地救济生态环境损害，以生态损害赔偿制度为例，磋商双方如果对某些赔偿范围产生了分歧，行政机关可适用生态环境损害赔偿诉讼来追偿费用；若行政机关不积极履行其救济生态环境损害的职责，合规的社会组织或检察机关即可通过环境民事公益诉讼直接对生态环境损害进行救济，检察机关也可通过检察建议辅以行政公益诉讼的方式督促行政机关履行相应的职责。

---

55 互补适用针对的情形有损害事实未发现或者诉讼请求未覆盖等。

56 同前注 17，陈海嵩文。

在此，公益诉讼与行政执法的有效衔接也日益成为司法机关工作的重点，最高人民检察院《2018—2022年检察改革工作规划》针对检察公益诉讼的改进提出了具体举措：一是发挥诉前程序作用；二是健全两院与行政执法机关的工作协调机制；三是探索“外援”辅助办案机制。[57] 根据这一规划，检察机关在收到生态环境损害案件线索后，依具体情况及时与生态环境行政主管部门进行沟通，需要进入诉前程序的，依法发出检察建议并督促落实或做好提起民事公益诉讼的准备；同时，应建立行政执法与公益诉讼的衔接机制，发挥行政机关与司法机关联席会议的作用，还可从相关行政机关聘请专家人才与检察人员共同办案，真正做到联防联控，共同保护环境公共利益。

（三）类型化生态环境修复模式的保障体系

以行政机制主导、司法机制为辅的生态环境修复模式对各公权力机关提出了更高的要求，需要在以下几个方面建立相关配套机制并构建相应的保障体系：

1. 信息共享及公开

行政机关应定期组织筛查环境污染、生态破坏案件线索，形成案例数据库，建立案件办理台账，实行跟踪管理。行政机关和司法机关要加强沟通联系，重视信息共享和线索移送，搭建信息共享平台，其中，行政机关可提供有关行政处罚信息和监测数据，以及环保督察等专项行动中发现的问题和线索信息，司法机关则可定期向行政机关提供已办刑事犯罪、公益诉讼、生态环境损害赔偿诉讼等案件信息和数据信息。基于生态环境案件信息的共享、公开，行政机关及司法机关在具体的案件中得以综合确定生态环境需要达到的修复程度，责令或判决责任人将生态环境修复到相应的状态和功能。此外，为及时处置突发性环境问题，各方需要建立重大案件、事件和舆情的通报制度，以服务于生态环境的应急救济。

2. 行政与司法的专业合作

行政机关和司法机关应建立交流和研判机制，完善联席会议的召开机制，共同研究并解决生态环境保护工作中的突出问题。司法机关，尤其是检察机关，对生态环境修复实施过程中易发、高发的系统性、领域性问

57 详见最高人民检察院《2018—2022年检察改革工作规划》（高检发〔2018〕14号）。

题，可以集中提出意见建议；行政机关对司法机关办案中突出存在的确定管辖难、调查取证难、司法鉴定难、法规标准适用难、从严惩治难等问题也可提出有益的建议。对于双方达成的共识，可以通过会议纪要、会签文件、共同出台指导意见等形式予以明确。[58] 通过专业合作，行政机关及司法机关可以立足生态要素的修复需求，实现生态环境修复目标及标准、生态环境修复实施及监督主体的统一。

3. 执法能力夯实

首先，行政机关需要在改进环境监测技术的基础上，完善生态环境监测体系，优化调整空气、地表水、海洋生态环境监测网络，监测体系的进步有利于行政机关基于真实可靠的数据作出有关修复生态环境的行政命令，节约执法成本；其次，行政机关在条件允许的情况下，可尝试预防性规制的实施，得益于生态环境监测能力的提升，行政机关有能力提前干预违法行为人的相关活动，在出现生态环境损害的现实威胁前，通过行政规制手段将危害降至最低，防止威胁的扩大，同时对受损害程度较低的生态环境予以及时的修复，实现了事前预防为主、事后救济为辅的执法目标；最后，在修复的监督、验收方面，违法行为人或第三方机构若发出关于生态环境损害修复完成的通报，行政机关应组织对受损生态环境修复的效果进行评估，确保生态环境得到及时有效的修复，修复效果未达到修复方案确定的修复目标的，违法行为人应当根据有关行政决定、赔偿协议或法院判决要求继续开展修复。

4. 立法技术优化

在规范层面上考察生态环境领域中的行政规制手段，生态环境部《生态环境保护综合行政执法事项指导目录》（2020 年版）（以下简称《指导目录》）主要梳理了生态环境保护领域依据国家法律、行政法规设定的行政处罚和行政强制事项，以及部门规章设定的警告、罚款的行政处罚事项。《指导目录》共列举了 248 项行政执法事项，其中指向“修复”的事项仅有 3 项，分别适用于大气及土壤污染防治领域。因此，在《民法典》将“生态环境修复”规定为一种法定责任形式的大背景下，其他领域的环境资源保护法律、法规及规章亦理应进行公法上的跟进与回应；

---

58 详见《最高人民检察院、生态环境部及国家发展和改革委员会等关于印发〈关于在检察公益诉讼中加强协作配合依法打好污染防治攻坚战的意见的通知〉》（2019 年 1 月 2 日）。

另外，行政执法还应包括行政命令这一职权类型，《指导目录》作为指导生态环境主管部门规范执法、高效履职的规章文件，不应局限于行政处罚及行政强制。

5. 资金及经费管理

第一，以生态环境损害赔偿制度为例，首先，同级财政须落实改革工作所需的经费；其次，对于赔偿诉讼案件，按照《改革方案》，根据生态环境损害是否可以修复区分资金管理模式——生态环境损害无法修复的，其赔偿资金作为政府非税收入，全额上缴同级国库，纳入预算管理；生态环境损害可以修复的，赔偿义务人负责组织开展生态环境损害的修复或委托具备修复能力的社会第三方机构进行修复，修复资金由赔偿义务人向委托的社会第三方机构支付；[59] 最后，司法机关须加强与财政部门等相关职能部门的沟通，探索设立以省为单位的统一的生态环境损害赔偿基金，条件成熟时可以设立跨省乃至全国的生态环境损害赔偿基金，而在基金设立存在困难的情况下，则可以采取设立专项资金账户等办法，以便专项资金能更有针对性地用于生态环境修复。第二，对于环境公益诉讼案件，需要建立统一规范的资金管理制度，明确法院判决后修复费用转入资金账户的执行、资金转出用于修复方案的审核等管理使用程序；[60] 另外，可探索将鉴定评估费用列入财政保障的机制。

四　结语

生态环境损害不同于人身、财产损害，生态环境损害救济的目标是对受损害生态环境的修复，落脚点在于“修复”二字上。在生态环境保护领域，针对生态环境损害，进行以“修复”为核心的立法活动的时机未必成熟，也未必是生态环境修复规范化的出路。回顾新法的规定，其在一定程度上对已有的法律制度和机制进行了统合。在现有的法律体系下，构建一种科学的模式，让现有的制度实现良性的运转或许才是更加行之有效的进路。行政规制与司法救济在救济生态环境损害中都充当着重要的角

59　详见《生态环境损害赔偿制度改革方案》（2017 年 12 月）第四部分“工作内容”。

60　详见《最高人民法院办公厅关于印发江必新副院长在全国法院环境公益诉讼、生态环境损害赔偿诉讼审判工作推进会上讲话的通知》（法办［2019］347 号）。

色，行政规制专业、及时、高效，司法救济对于前者具有重要的补充作用。两种救济途径的协调至关重要，理顺其相互之关系，构建一种以行政机制主导、司法机制为辅的类型化生态环境修复模式，能够较好地实现对生态环境损害的救济。该模式明确了行政规制手段的主导地位，但仍要继续完善有关立法、落实配套制度并明确司法介入的条件。下一步，应继续规范行政规制手段有关立法之用语体系，将修复方案制定、修复目标确立、费用确定及有关程序具体化，同时继续健全公众参与、执行与代履行、修复效果监督评估、信息共享等领域的新机制，建立健全生态环境修复全方位、多角度的保障体系，以实现该生态环境修复模式的价值。

（责任编辑　胡攀）

理论前沿

环境权研究四十年：一个学术史的考察*

刘 莉** 陈 星***

内容摘要：我国环境权研究已走过40年的历程，20世纪90年代到21世纪为草创期，这一时期学者们对环境权研究做出了初步探索，诸多成果具有启蒙意义；21世纪以来为我国环境权研究的发展期，围绕环境权肯定论与否定论的争论成为研究主流，在争鸣中不断推陈出新；2008年之后，环境权研究进入沉淀阶段，这一阶段在进一步反思环境权研究的同时，加强了与宪法、民法学者等的交流。未来我国环境权研究的发展，应继续强化环境权作为环境法基础理论的研究力度，并不断加强与其他部门法学的交流和融合。

关键词：环境权研究；草创期；发展期；沉淀期

伊始于20世纪80年代，我国的环境权研究已有40年，一代又一代的环境法学者先后投身其中，宪法、法理学、民法学等学者也都各有涉足，大量的学术成果面世可谓百家争鸣。从1981年凌相权先生发表我国第一篇环境权论文《公民应当享有环境权——关于环境、法律、公民权问题探究》，环境权研究在我国已有40年，值此之际，系统全面地回顾与分析我国环境权研究40年的成果及其学术贡献非常必要。本文从学术史的角度进行总结和分析，将我国环境权研究的40年历程分为草创期、

---

* 基金项目：陕西省软科学项目“新时代生态文明思想下秦岭自然保护地制度建设的选择”（2020KPM173）；陕西省社科基金项目“山水林田湖草系统治理的秦岭生态环境保护法治模式探索”（2019F019）阶段性成果。

** 西安建筑科技大学法学系教授。

*** 中国铁建房地产集团华东区域公司法律合规部法务。

发展期、沉淀期三个阶段，以系统回顾4年来的学术成果，以期辩证地审视环境权研究的发展。

一 初探与启蒙：环境权研究的草创期

我国环境权研究的发轫与“八二宪法”的诞生息息相关。1980年，第五届全国人民代表大会第三次会议做出《关于修改宪法和成立宪法修改委员会的决议》后，1981年凌相权发表我国第一篇环境权论文《公民应当享有环境权——关于环境、法律、公民权问题探究》，提出要在“八二宪法”中专立条款规定公民享有环境权。[1] 1982年，蔡守秋在《中国社会科学》发表《环境权初探》一文，其核心观点便是主张环境权应当入宪[2]，该文也被学界视为我国环境权研究的起点。但遗憾的是，在此后的近10年里，环境权研究成果并未出现井喷式增长，仅有个别学者发文，部分年份甚至无论文产出。1990—2000年，环境权研究出现“回暖”，从论文数量上看虽然起起伏伏未保持上升趋势，但几乎每年都有学者涉足其中并产出一定的学术成果。总的来说，1981—2000年是我国环境权研究的草创期，学者们开始对环境权进行摸索与引入，反映在学术论文上即为“初探”一词的广泛使用。[3] 这一时期关于环境权的研究实际具备着一定的启蒙意义，一些重要的研究成果或也可称为奠基之作。

《环境权初探》对环境权的始源和内容进行了系统考究，理论要点有三：第一，环境权的提出是人类环境问题发展的必然产物，把环境权规定为国家和公民的一项基本权利，是各国宪法、环境法及其他有关法律的一种发展趋势。第二，环境权是环境法的核心问题，是环境诉讼的基础。第三，环境权的组成包括国家环境权、法人环境权和公民环境权三个部分。此外，该文建议我国法学工作者应当为建立环境权的科学理论作出贡献。[4] 在蔡守秋的“抛玉引玉”之下，邓建煦结合案例对环境权及环境立

---

1 参见凌相权《公民应当享有环境权——关于环境、法律、公民权问题探讨》，载《湖北环境保护》1981年第1期。

2 参见蔡守秋《环境权初探》，载《中国社会科学》1982年第3期。

3 如罗典荣、陈茂云《环境权初探》，载《法学研究》1988年第3期。此间表述还多见于“浅论”“略伦”“探析”等。

4 同前注2，蔡守秋文。

法与环境司法进行反思，提出环境权是正确处理污染案件的先决条件，居民应享有免于受到严重污染侵害的权利（环境权），并应列入公民基本人身权利，响应了蔡守秋的观点。[5] 这一时期，对环境权的研究也出现了反对的声音，如张常惺首次将日本法学界对环境权的质疑态度引入，为后期研究中对环境权的反思路径提供了基础。[6]

《环境保护法》于1989年12月26日正式公布并实施，新法的颁行在一定程度上也推动了环境权的研究，其中，关于环境权是什么的本体论研究逐渐增多[7]，研究广度也在拓宽。王曦首次对美国环境权进行专题考察，更是敏锐地指出环境权的公权面向与私权面向，前者作为政府环境管理权在州宪法层面得到了有限确认，而后者仅给予了政策性的宣告。[8] 郑少华认为，国家环境权是国家根据宪法的授权而拥有的，保障公民环境权的一种特定权限。[9] 李晓阳、刘一粟首提国际环境权是国际环境法基本理论的核心，国际环境权利义务关系是整个国际环境法的体系赖以运转的轴心。[10] 陈泉生发表的《公民环境权刍议》深化了环境权的研究深度，开始思考环境权保护的救济与传统部门法如何对接的问题。[11] 在现代人权思想的影响下，吕忠梅肯定环境权的同时限缩其主体范围为公民、现代人、后代人，并认为环境权作为整个环境法产生的基础和发展的基础性权利而存在。[12]

总体而言，20世纪90年代至21世纪是我国环境权的发轫期，主要的研究处在环境权的本体论层面，学者们普遍对环境权持肯定态度，但也出现了对环境权研究反思的声音。这一时期，得益于前辈们的努力，环境权研究逐步进入环境法研究领域的主流舞台，为新一批的环境权研究者垫石筑基，为后期我国环境权的研究热潮奠定了坚实的基础。

---

5 参见邓建煦《正确处理公民环境权的纠纷——从分析一起重大的污染案件谈起》，载《法学》1986年第4期。

6 参见张常惺《环境权》，载《政治与法律》1984年第4期。

7 参见侯明光《论公民环境权》，载《法律科学（西北政法学院学报）》1991年第3期；查立新《试论公民环境权》，载《环境保护》1991年第2期等。

8 参见王曦《试论美国联邦和州宪法在环境权问题上的发展》，载《武汉大学学报》（社会科学版）1992年第3期。

9 参见郑少华《略论国家环境权》，载《上海环境科学》1992年第3期。

10 参见李晓阳、刘一粟《论国际环境权》，载《法学评论》1992年第6期。

11 参见陈泉生《公民环境权刍议》，载《福建学刊》1992年第1期。

12 参见吕忠梅《论公民环境权》，载《法学研究》1995年第6期。

二 立论与争鸣：环境权研究的发展期

2000年后我国环境权研究进入发展期，环境权研究得到了空前的发展，一时成为环境法领域的“显学”，多部主流环境法教材亦把环境权列为专章[13]，否定和质疑环境权的学说也在这一阶段逐渐形成规模。2007年党的十七大首次提出生态文明，进一步推动了宪法学等其他部门法学者对环境权的研究，至2008年环境权研究热潮攀至顶峰。[14] 可以看出，2000—2008年这一时期是我国环境权研究的发展期。由于这一时期的成果产出较多，本文主要以收录在中文社会科学引文索引（CSSCI）的论文为参考对象，并以是否肯定环境权为标准，将其分为环境权肯定论与环境权否定论，以更好地展示这一时期学术争鸣的现状。

（一）环境权肯定论

根据法学家霍菲尔德的权利分析理论，权利的成分主要包括五个部分：权利的主体；权利的正当性；权利的实施；相关义务的承担者；权利的客体。为证成环境权的存在与权利身份，肯定论学者围绕以上五个方面付出了大量努力。

1. 环境权的主体认知

蔡守秋在发展期阶段仍推动着环境权的进步，他指出环境权的主体呈扩大之势，包括国家、单位（法人）、公民（自然人）、人类，并指出自然体不是环境权的主体，[15] 陈泉生则进一步扩宽了环境权的主体范围，将当代人与后代人也列入其中[16]。吕忠梅也认为，环境权的主体为公民，包

13 譬如蔡守秋主编《环境资源法学教程》，武汉大学出版社2000年版；黄锡生、李希昆主编《环境与资源保护法学》，重庆大学出版社2002年版；吕忠梅、高利红、余耀军编著《环境资源法学》，中国法制出版社2001年版；吕忠梅《环境法学》，法律出版社2004年版；吕忠梅《环境法原理》，复旦大学出版社2007年版。

14 参见吴卫星《我国环境权理论研究三十年之回顾、反思与前瞻》，载《法学评论》2014年第5期。

15 同前注2，蔡守秋文。

16 参见陈泉生《环境时代与宪法环境权的创设》，载《福州大学学报》（哲学社会科学版）2001年第4期。

括当代人与后代人。[17] 邹雄同样认为，环境权的主体包括国际法上的人类和国内法上的公民以及当代人与后代人。[18] 赵红梅将环境权划分为公民环境权和组织环境权，而不包括"国家环境权"。[19] 吴卫星则认为，环境权的主体仅限于自然人，国家、法人或其他组织、自然体、后代人都不是法律意义上的主体。[20] 显然，在这一时期关于环境权主体范围的研究具有较大的分歧，学者们仅就公民环境权一项大致达成共识，可被称作狭义的环境权。

2. 环境权的正当性

一般而言，正当性的衡量包含四个方面，分别是价值是否合理、是否符合人民的基本信仰、是否符合社会历史发展阶段和需求、是否推动社会进步和增进人民福祉。为证成环境权的正当性，学者们通常采用伦理解释、价值判断、历史规律论、法律实证主义、社会学方法解释等进路。[21]

第一，价值是否合理。杨朝霞认为环境权的价值体现在它是环境法学的核心或基石范畴，权利是法律的核心和基石范畴，环境权理所当然地应当成为环境法的基石范畴；[22] 环境权的价值还体现在弥补传统侵权的不足，是环境诉讼的基础。陈泉生认为，环境侵权行为作为一种新型的侵权行为，传统法律已无法适应环境时代的需要，对其改造又将破坏原有体系的严谨，于是环境权便作为环境时代全面协调人类与环境关系的产物而得以形成和发展。[23] 环境权作为环境法的基石范畴抑或环境侵权的实体权益基础，都体现了其在弥补传统法学理论应对环境问题时的理论缺陷的重要价值。

第二，是否符合社会历史发展阶段和需求。是否符合社会历史发展阶

---

17 参见吕忠梅《再论公民环境权》，载《法学研究》2000 年第 6 期。

18 参见邹雄《环境权新论》，载《东南学术》2005 年第 3 期。

19 参见赵红梅、于文轩《环境权的法理念解析与法技术构造——一种社会法的解读》，载《法商研究》2004 年第 3 期。

20 参见吴卫星《环境权内容之辨析》，载《法学评论》2005 年第 2 期。

21 参见吴贤静《环境权的理论证成与实践探讨》，载《江汉大学学报》（社会科学版）2017 年第 5 期。

22 参见杨朝霞《论环境权研究的困境与出路——兼谈中国环境法学向何处去》，载《研究生法学》2009 年第 3 期。

23 参见陈泉生《环境时代与宪法环境权的创设》，载《福州大学学报》（哲学社会科学版）2001 年第 4 期。

段常采用历史规律论的方法，并结合法律实证主义进行论证，肯定论学者考察国际文件和他国入宪情况以此证明环境权入宪乃历史大势所趋。1960年日本的《京都公害防止条例》中明确规定公民环境权，《欧洲自然资源人权草案》将环境权作为新人权予以肯定。1972年联合国人类环境会议通过的《人类环境宣言》第1条指出，“人类有权在一种能够通过尊严和福利的生活环境中，享有自由、平等和充足的生活条件的基本权利，并且负有保护和改善这一代和将来世世代代的环境的庄严责任”。我国应该借鉴欧美国家的经验积极探索，尽快将环境权明确写进宪法，使之作为宪法性的权利而有力保障资源环境的保护及有效利用。[24]

第三，是否符合环境危机时代公民权益保障的需求。20世纪六七十年代是环境危机时代，工农业的突飞猛进形成了大区域的甚至全球性的污染，严重地威胁人类生态系统平衡、人类自身的安全及社会经济发展，造成了许多环境污染纠纷。在这个阶段，人们要求防治污染，保护环境的呼声比历史上任何时期都高，结果导致了环境法这个新兴的独立的法律部门的形成，环境权的主张也是在这个阶段提出的。[25] 可以看出，为环境危机时代背景下的公民权益保障提供实体基础，成为环境权正当性论证的核心。

3. 权利的实施

权利的实施是主体对客体的串联，体现在环境权上包括公民对环境的利用、国家对环境的保护等。肯定论学者通常把公民环境权视为一个权利束，它包括环境使用权和环境参与权以及环境知情权、环境请求权。[26] 其中，清洁空气权、清洁水权、合适的日照权、环境审美权、安宁权、通风权、户外休闲权等是环境使用权的子权利，强调权利主体对环境的生态功能和生态价值的享受，体现了公民对环境的利用。[27] 国家对环境的保护方面，肯定论学者多引用美国萨克斯教授的“公共信托理论”，即环境资源是全体国民的共享资源，是全体国民的公共财产。为了合理支配和保护共

---

24 参见陈德敏、董正爱《环境权理念：从“人与自然和谐发展”的视角审视》，载《中国人口·资源与环境》第2008年第1期。

25 同前注2，蔡守秋文。

26 参见吕忠梅《环境法新视野》，中国政法大学出版社2000年版，第124—131页。

27 参见李挚萍《公民环境权的实质及地位再思考》，载《中山大学学报》（社会科学版）2004年第1期。

有财产，共有人委托国家来管理，因此出现国家环境权。[28]

4. 相关义务的承担者

在与环境权相对应的义务方面，肯定论学者在主张环境权的同时并未有力论证义务的承担。保护环境是每个公民的权利，同时也是每个公民的义务，在享有环境权利的同时承担保护环境的义务是现代权利观的基本要求，[29] 只是默认化地与主体相对应，即公民有保护环境的义务、国家有保护环境的义务等。否定论阵营所主张“义务先定论”是该阶段对义务最翔实的论述，将在后文全面归纳和总结。

5. 环境权的客体

作为环境权主体的权利义务指向，围绕环境权的客体的研究出现了较多的争议。金瑞林认为环境权的客体包括物和行为。[30] 蔡守秋则认为环境权的客体包括物、行为、精神财富和其他权益。[31] 而邹雄认为环境权的唯一客体就是“环境生态功能”，此外别无他物。[32] 吴卫星则主张环境权的客体包括各种环境要素。[33]

（二）环境权否定论

吕忠梅曾在书中序言谈及，“环境法学界没有争论的局面太久了，我渴望争鸣与思想的碰撞”[34]。环境权之争无疑乃环境法学界空前的“百家争鸣”。2004 年第十届全国人大第二次会议通过了宪法修正案，“国家尊重和保障人权”被写入了宪法，开启了以宪法保障人权的新时代。在肯定论学者看来环境权作为新型人权入宪似乎势在必行，但与此同时，这一时期否定论学者的争鸣也在推进着环境权研究走向新的阶段。

第一，人权否定说，即否定环境权为一项人权。如果环境权是人权的一部分，在全世界范围内，法律界几乎找不到一条可以共同遵守的环境法

28 参见闫鲁宁、戚道孟《浅论国家环境权》，载《中国人口·资源与环境》2006 年第 3 期。

29 同前注 17，吕忠梅文。

30 参见金瑞林主编《环境法学》，北京大学出版社 2002 年版，第 30 页。

31 参见蔡守秋主编《环境资源法学教程》，武汉大学出版社 2000 年版，第 74 页。

32 参见邹雄《论环境权的概念》，载《现代法学杂志》2008 年第 5 期。

33 同前注 20，吴卫星文。

34 同前注 2，蔡守秋文。

原则。人权概念在世界范围内，根据不同社会条件和文化背景分歧很大，因此运用人权方法来发展环境权理论并不可行。其次，如果国际法层面上将环境权当作人权，那么所有国际环境宣言和公约也都要被当作国际人权宣言和公约，法律部门间的界限将不复存在。随着环境权入宪成为一种世界趋势，环境权具体化和公民权化的道路将会越来越宽，因此，环境权的人权研究方法将会随着时间的推移而变得过时。[35]

第二，国家环境管理论。早在21世纪初，朱谦所著的第一篇环境权论文《论环境权的法律属性》便已对环境权展开了质疑，他认为公众环境权从属于国家环境行政权。[36] 世界上宪法或组织法所包括的保护环境的特定条款并非学者们理所应当地视为的环境权的确立，而是对环境保护政策的宣扬、理念的揭示。环境权是为其政策设置的形式上的权利。在司法上，法院对环境权适用的拒绝也进一步证明环境权条款并非对一实体性权利内容的设置。除此之外，环境权也不是一项独立的人权，只有环境才是人们享有其他人权的前提和基础，只不过一切人权的享有与环境问题紧密相连。[37]

第三，环境义务本位论。环境权的权利与义务不对称，环境权利指向的环境是整体的、综合的，而义务指向的环境是局部的。因此每一个义务主体对整体环境的影响都是枝节的，对整体环境不具有承担责任的能力。环境权主体也只能是集合意义上的人类，不能是公民、国家、法人等，这也表明了环境权不能通过诉讼或救济活动来实现。对影响环境的所有主体普遍设定义务并要求他们履行义务是实现环境权，同时也是实现对环境的有效保护的唯一出路。[38]

在环境权的内容上，肯定论学者所提出的环境使用权诸如阳光使用权，通风功能使用权，声音、振动等的传蚀功能使用权，景观使用权，海滨、湖滨等的使用权，清洁空气使用权，清洁水使用权都未指向整体的环

---

35 人权否定说的代表人物为周训芳教授。参见周训芳《环境权论》，法律出版社2003年版，第85—93页。

36 参见朱谦《论环境权的法律属性》，载《中国法学》2001年第3期。

37 国家环境管理论的代表人物为朱谦教授。参见朱谦《环境权问题：一种新的探讨路径》，载《法律科学》2004年第5期。

38 环境义务本位论的代表人物为徐祥民教授。参见徐祥民《环境权论——人权发展历史分期的视角》，载《中国社会科学》2004年第4期。

境，而只指环境要素，其本质是传统的财产权或人身权等，并非环境权。环境参与权的本质是参与权，而不是环境权。资源使用权不是环境权，资源权首先是对物的占有，环境破坏很大程度上就是因为对资源的过度开发，因此资源权应是环境权抵制的对象。[39] 就环境权的功能而言，人们普遍更关心与自身相关的利益胜过共同利益，因此公民环境权难以把广大公民调动起来进行环境保护。再者，由于公民环境权所对抗的是对环境损害的经济收益权，显然后者更被人们在乎，驱动力对照之下高下立判。是故，环境权没有足够的力量对其形成制约。[40] 简言之，环境权是人类的第三代人权，不可分化为公民环境权，肯定论学者所谓的公民环境权实则为传统权利。

综上所述，2000—2008 年为我国环境权研究的飞速发展期，草创期前一阶段的研究成果在这一时期得到升华，不断有新的研究领域被扩展，如农民环境权、土著民环境权。新的视角被应用，如公共政策视野、产权视角、环境公益诉讼视角等，高校的博士研究生和硕士研究生，也开始选择环境权为学位论文研究对象。在立法层面，越来越多的地方性环境立法尝试接纳公民环境权。[41] 环境权研究热潮终于在这一时期攀至顶峰。[42]

三 反思与交互：环境权研究的沉淀期

2008 年过后，环境权研究的导向与国家所发生的三件大事息息相关：

---

39 参见徐祥民、张锋《质疑公民环境权》，载《法学》2004 年第 2 期。

40 参见徐祥民《对“公民环境权论”的几点疑问》，载《中国法学》2004 年第 2 期。

41 据笔者不完全统计，这一时期的省市包括：福建、珠海、包头等。如《福建省环境保护条例》（2002 年修订）第 8 条第 2 款规定，“公民有享受良好环境的权利和保护环境的义务”；《包头市环境保护条例》（2003 年）第 8 条第 1 款规定，“一切单位和个人都有享受良好环境的权利和保护环境的义务”；《珠海市环境保护条例》（2008 年）第 9 条第 1 款规定，“一切单位和个人都有享受良好环境、参与环境保护、知悉环境信息、监督环境保护工作、检举和控告破坏环境行为的权利”。

42 这一时期出版的环境权著作也不在少数，参见周训芳《环境权论》，法律出版社 2003 年版；徐翔民、田其云《环境权：环境法学的基础研究》，北京大学出版社 2004 年版；吕忠梅《沟通与协调之途——论公民环境权的民法保护》，中国人民大学出版社 2005 年版；顾呈坤《公民环境权的基本人权性质及其法律回应》，中国法制出版社 2006 年版；吴卫星《环境权研究——公法学的视角》，法律出版社 2007 年版。

第一，《国家人权行动计划（2009—2010年）》发布。[43] 2009年，国务院制定的《国家人权行动计划（2009—2010年）》出台，明确规定了关于环境权利及其保护行动，为环境权是否为一项独立的基本人权提供了官方答复。但除了环境权的人权属性被认可外，前一阶段环境权研究"百家争鸣"的局面并未使得一些核心的问题取得预期的共识。在这一阶段，学者们放慢了对环境权广度的探究，更多地对既往的传统观点进行了检视，在反思中提升了环境权研究的深度。

第二，"生态文明"入宪。2018年，"生态文明"作为五大文明被写入宪法，引发了越来越多的宪法学者对"环境宪法"的思考，回应环境法学界所极力推进的环境权入宪的诉求，宪法学的研究者加入提供了更为丰富视角和理论，随着与环境法学研究者的交流与互动不断加深，环境权研究在这一阶段也被推向了新的高度。

第三，《民法典》"绿色原则"的确立。2017年，"节约资源，保护生态环境"作为"绿色原则"的核心内容被纳入《中华人民共和国民法总则》的基本原则序列，后被2020年5月正式出台的《民法典》所延续。在此背景下，不少学者认为私法意义上的环境权得到了认可，大量论著也围绕着环境权的民法表达得以展开。[44]

（一）环境权主流传统观点的反思

此类文章多以"困境""出路"等相关词汇命名，这一阶段对环境权传统主流观点的反思主要着眼于环境权的概念、主体、性质等方面。既有不同以往观点的推陈出新，又有针对以往观点的佐证与批判。在这之中，尤以环境权的主体争论为甚。有观点认为环境权的主体应为社会，社会作为环境权的主体符合人类可持续发展的要求，又具备独立意志的能力维护和提升环境品质，这也是环境品质这一特殊物的客观要求。而以往将环境权主体界定为公民、国家、法人等的传统观点混淆了环境权权利主体、行

43 《国家人权行动计划（2009—2010年）》，中国政府网，http：//www. gov. cn/jrzg/2009-04/13/content_1283983. htm，最后访问时间：2021年3月20日。

44 相关著作如下：侯怀霞：《私法上的环境权及其救济问题研究》，复旦大学出版社2011年版；付淑娥：《环境权私法保护研究》，黑龙江教育出版社2014年版；付淑娥：《论环境人格权》，吉林大学出版社2017年版；付淑娥：《环境人格权保护研究》，哈尔滨工程大学出版社2019年版。

使主体和受益主体。[45] 亦有观点认为，环境权的主体只能是自然人和法人，国家和后代人都不能作为环境权的主体。国家享有环境管理权，拥有对环境保护、开发利用等一系列权力，这种环境权是权力而不是权利。但是，在国际环境法中，国家是享有环境权利和承担相应义务的，因而是环境权的主体。由于人类繁衍在时间上是连续的而非间歇的，当代人与后代人是无法截然分开的。所以后代人的范围无法划定。即便可以划定，后代人环境利益的维护可以通过保护当代人的环境权而实现。有效地保护当代人的环境权，也就有效地保护了环境，自然也就等于保护了后代人的环境利益。[46] 刘卫先系统地批判了后代人环境权。首先，人们无法确定哪些环境资源应当属于当代人享用，又有哪些环境资源当代人不能享用而应当属于后代人的份额。其次，现实生活中人们无须也没必要从“后代人”那里“借用”环境资源。在后代人权利理论所构建的权利义务关系中，处于核心地位的是义务主体的义务，即当代人的环境保护义务，而不是后代人的权利。后代人环境权只是为导出当代人应当负有保护地球环境的义务而虚构的。[47] 还有学者通过吸收民法上胎儿成为有限权利主体的理论，在肯定后代人环境权的同时，对后代人环境权进行修正，认为只有在后代人很可能遭受不利环境影响，且运用当代人环境权得不到法律救济的场合，才有赋予后代人环境权主体资格的必要。[48]

同时，这一阶段也出现了较为激烈地反对环境权的观点。如有学者认为环境法学应摒弃环境权论，以权利调整思路取代权利设定思路。[49] 直言环境权是有着良好动机的伪命题，一是环境权的含义、内容等界定不清，对于需要具备确定性的权利而言无疑是致命缺陷。二是环境权不具备正当性，环境利益存在诸多非法律手段以及对社会程度干预更小的法律手段，且这些手段足以保护人们享有合理的环境利益，无须设立环境权。三是依传统部门法的思维模式，支撑环境法的独立部门法地位的基础必须是环境权。但环境法学与传统部门法存在重大差异，价值基础的逻辑进路也不

45 参见王蓉《论环境权主体和客体》，载《中国政法大学学报》2009 年第 3 期。

46 参见姜素红《环境权构成要素研究》，载《求索》2011 年第 1 期。

47 参见刘卫先《后代人权利理论批判》，载《法学研究》2010 年第 6 期。

48 参见杨朝霞《论环境权的主体——对主流学说的检视和修正》，载《吉首大学学报》（社会科学版）2020 年第 4 期。

49 参见彭运朋《环境权辨伪》，载《中国地质大学学报》（社会科学版）2011 年第 3 期。

同，环境权并不能支撑环境法理论体系。也有学者指出，学者们所论述的环境权实则为其他基本法所派生。联合国《人类环境宣言》所提出的环境权，抑或宪法及基本法所明确规定的环境权，其实际含义和所诉求的内容均是指公民的平等权，环境权并不存在，环境权是从其他基本法中派生出来的。[50]

（二）环境权入宪研究

随着2012年党的十八大将生态文明建设列为五位一体总体布局的重要组成部分，作为生态文明的代表性权利，越来越多的学者呼吁生态文明与环境权一同入宪。2013年“两会”期间，王如松院士联名超过30位人大代表提交了《关于将生态文明建设和环境权入宪的议案》，建议在宪法中增加生态文明建设和环境权等内容。[51] 宪法环境权研究得到了空前的热度。这一阶段实证分析的方法得到了应用，有学者考察了联合国192个会员国以及梵蒂冈、巴勒斯坦两个联合国观察员国的宪法，对其宪法环境权条款进行系统性研究。[52] 通过采用规范实证和社会实证两种实证分析方法进行审视，有学者提出应从“客观秩序”而非“主观权利”的角度来理解宪法环境权。[53] 在我国环境权入宪进路方面，有学者比较了“明确的基本权利模式”“国家义务条款的解释模式”以及“其他宪法基本权利的‘绿化’模式”，提出“明确的基本权利模式”契合了对环境价值进行追求的社会理念，也有利于发挥基本权利、宪法，乃至整个法律的系统性功能，助益于公民环境权益的保障，同时帮助环境法律本身实现体系化。[54] 吕忠梅在宪法修正案出台前，提出进一步细化环境权的入宪理路，建议修改《宪法》第二章“公民权利”并在第47条后增加一条，规定“中华人

50　参见苑银和《作为平等权的环境权析》，载《首都师范大学学报》（社会科学版）2010年第6期。

51　参见吴逸《“公民环境权”乃基本人权》，载《检察日报》2018年3月8日第1版。

52　参见吴卫星《宪法环境权条款的实证考察》，载《南京工业大学学报》（社会科学版）2017年第4期。

53　参见陈海嵩《环境权实证效力之考察：以宪法环境权为中心》，载《中国地质大学学报》（社会科学版）2016年第4期。

54　参见赖虹宇《环境权入宪的规范模式：选择及其实现》，载《北京行政学院学报》2018年第6期。

民共和国公民有在良好环境中生活的权利和保护环境的义务。环境权的内容和行使由法律规定”。[55] 遗憾的是，2018 年 3 月十三届全国人大一次会议第三次全体会议表决通过了《中华人民共和国宪法修正案》，生态文明正式入宪，但呼声甚高的环境权并未入宪。

在这一时期，“生态文明入宪”也推动了环境法学与宪法学研究的交流与互动。2019 年 6 月，首届宪法与环境资源法对话暨环境宪法的理论与实践学术研讨会在北京航空航天大学召开，宪法学者同环境法学者就相关议题进行了对话，其中，环境权是本次对话会的核心议题。会上一些学者对环境权的问题从各自研究的角度提出了看法，如王锴认为，环境权可以通过解释我国《宪法》第 33 条第 3 款的概括性人权保障条款而得出，它属于社会权，入宪的现实意义在于弥补环境公益诉讼的不足。[56] 杨朝霞认为：“基于宪法的立场，环境权属于继生存权和发展权之后的新型人权——幸福权（舒适权），兼有自由权和社会权的双重属性。”[57] 张翔认为：“即使不以‘环境基本权’的方式规定环境保护，‘国家目标’条款也可以达到很高的规范强度，从而实现环保价值。”吴卫星认为，环境权具备可诉性，它可以通过行政诉讼制度获得一定程度的司法救济。环境权有必要继“生态文明入宪”之后在下次修宪时增加一个独立的环境权条款。[58] 通过宪法学与环境法学界的对话，推进了环境权的进一步研究。

（三）《民法典》时代的环境权研究

环境权自草创期以来，便呈现公法面向和私法面向的双轨制研究进路，私法面向的环境权则主要通过民法所体现。2014 年 10 月，党的十八届四中全会提出完善社会主义市场经济法律体系，编纂民法典。作为“社会生活的百科全书”，《民法典》承担着回应社会现实需求和体现时代发展特色的任务。在“我们要建设的现代化是人与自然和谐共生的现代化，既要创造更多物质财富和精神财富以满足人民日益增长的美好生活需

---

55 参见吕忠梅《环境权入宪的理路与设想》，载《法学杂志》2018 年第 1 期。

56 参见王锴《环境权在基本权利体系中的展开》，载《政治与法律》2019 年第 10 期。

57 参见杨朝霞《论环境权的性质》，载《中国法学》2020 年第 2 期。

58 参见吴卫星《宪法环境权的可诉性研究——基于宪法文本与司法裁判的实证分析》，载《华东政法大学学报》2019 年第 6 期。

要，也要提供更多优质生态产品以满足人民日益增长的优美生态环境需要”的时代背景下，[59] 2017年《民法总则》正式将“节约资源，保护生态环境”作为绿色原则的核心内容列入民法的基本原则，这推动了民法学和环境法学的研究者从绿色原则入手探讨环境权作为民事权利的规范内涵及实现路径。

吕忠梅课题组认为，绿色原则的本质是在民法典中为个人经济利益与生态公共利益的协调建立沟通机制，一方面通过确立生态环境保护理念，为民事法律行为设定环境保护义务；另一方面，也要将可以体现为个人权利的相关内容纳入民法典，保护个人环境权益。[60] 侯国跃认为，在民法典中将环境权予以确认，能够充分唤醒个人对环境保护的维权意识，从而加大环境保护力度。为实现法典的形式逻辑体系性，为环境污染赔偿责任与生态损害赔偿责任提供原权，环境权宜纳入侵权责任编。[61] 刘长兴认为，良好环境权是环境权的核心内容，我国民法典人格权编应确认公民的良好环境权，在健康权后增加“良好环境权”，即表述为：“自然人享有生命权、身体权、健康权、良好环境权、姓名权、肖像权、名誉权、荣誉权、隐私权、婚姻自主权等权利。”[62] 王宏建议，在民法典侵权责任编中增加“环境权”的内容，令环境权上升为法定权利，即“民事主体享有在安全和舒适的环境中生存和发展的权利，受法律保护”。[63] 黄锡生认为，环境权民法表达的实质是以“权利”话语构造环境利益的民法保护模式，虽然环境权民法表达的愿景无法通过创设独立环境权的“设权式”路径实现，但民法典已经满足了环境权概念的核心诉求：借助“环境权”的观念构建，一个从理念性价值宣誓向可操作的具体法规范转化的媒介，将为

59 《建设人与自然和谐共生的现代化》，中国共产党新闻网，http：//cpc. people. com. cn/19th/n1/2017/1022/c414305-29601495. html，最后访问时间：2021年3月20日。

60 参见吕忠梅课题组《“绿色原则”在民法典中的贯彻论纲》，载《中国法学》2018年第1期。

61 参见侯国跃、刘玖林《民法典绿色原则：何以可能以及如何展开》，载《求是学刊》2019年第1期。

62 参见刘长兴《环境权保护的人格权法进路——兼论绿色原则在民法典人格权编的体现》，载《法学评论》2019年第3期。

63 参见王宏《论民法总则制定后环境权在民法典中的建构——从作为请求权的新型基础权利出发》，载《法学论坛》2017年第6期。

传统民法所忽视的生态利益转换为切实得以行使和主张的民事权利内容。[64]

这一时期，环境权研究逐渐从纯粹的理论争鸣转向环境权的实证考察与规范分析，并跟随党和国家推进中国特色社会主义法治建设的进程，围绕其中的重要议程提炼问题、开展学术研讨。当然，这一时期的环境权研究在前两个阶段研究的基础上，更进一步进行了反思与沉淀。同时，随着宪法学、民法学等其他科学研究者的加入，研究内容及视角更加丰富，环境权研究也在多个部门法学理论及方法的交互影响中开创了新的局面。

四 总结

据王利明教授的考证，我国法学真正独立发展是在改革开放后，“法学因此有了重新和振兴的契机……法学从根本上摆脱了对政治学的依附，成为一门名副其实的独立学科，并形成了较完整的学科布局”[65]。20世纪70年代末80年代初是我国法律体系构建和法学研究独立发展的起点，我国的环境权研究几乎与这一进程是同步的。同时，环境权的研究也是高起点的。一般认为，在《中国社会科学》刊发的法学类论文历来是中国法学领域话语权和影响力的风向标，蔡守秋教授于1982年在《中国社会科学》发表的《环境权初探》给予了环境权高起点的学术研究价值，有学者更以此为据认为这一早期的研究成果至少说明在起步阶段“中国的环境法学能够与其他传统法学领域的发展齐头并进”。[66] 在随后的阶段，环境权研究不断推进，其研究的广度与深度不断得到拓展，大量的论著成果不断面世。

但是，环境权研究作为一种基础性理论的研究，在不断开创新的研究局面的同时，如何过滤冗余性的研究，培育孵化真正带有问题导向的研究内容实为必要。朱谦教授很早便直言道，尽管国内环境权理论著述颇丰，

64 参见黄锡生《民法典时代环境权的解释路径——兼论绿色原则的民法功能》，载《现代法学》2020年第4期。

65 参见王利明、常鹏翱《从学科分立到知识融合：我国法学学科30年之回顾与展望》，载《法学》2008年第12期。

66 参见张璐《环境法学的法学消减与增进》，载《法学评论》2019年第1期。

许多学者不同时期在不同媒体上发表了多篇论文，但其学术价值并没有得到多大提升。[67] 在生态文明建设不断推进，民法典生态环境保护条款得以创新性确立的背景下，如何将环境权作为核心范畴植入中国环境法研究的理论体系，成为解释诸多环境法领域问题的视角和方法应是未来环境权研究的重要任务。事实上，环境权研究发展至今已绝非环境法学界之专有论域，宪法学界和民法学界的理论成果及其解释方法也是推进环境权研究不断深入的重要因素，[68] 正是在不同部门法的交互影响下，环境权的诸向研究才能不断沉淀，去伪存真。

（责任编辑　胡攀）

67 同前注 37，朱谦文。

68 例如宪法学者童之伟先生的法权理论，也被学者应用于环境权研究当中，例如史玉成：《环境法学核心范畴之重构：环境法的法权结构论》，载《中国法学》2016 年第 5 期；郭延军：《环境权在我国实在法中的展开方式》，载《清华法学》2021 年第 1 期。

环境法学核心范畴之转换：从环境权利到环境法益*

焦　琰**

内容摘要：环境法学易被“符码”错位和“方法论的杂糅主义”两个枷锁束缚而偏离法学“轨道”，关注核心范畴建构是环境法学“回归”法学的必由之路。在传统“权利本位范式”的影响下，环境权利虽一直扮演着环境法学核心范畴的角色，但总会遭到自身理论分歧较大、“环境”的公共性与“权利”的个体性之间内在逻辑不一致、与我国环境宪法国家目标的建构方向相悖等观点的质疑，这就需要回到对法律起源及任务的认识上重新探寻环境法学核心范畴。利益是法律规范的基础，环境利益是环境法律规范的核心关怀，而环境法律规范只调整和保护那些具有法律意义的环境利益，该部分环境利益被称作环境法益。同时，利益法律保护方法的一般选择原则决定了环境利益进入环境法律规范后只能以环境法益的形态存在，不会上升到环境权利。因此，环境法是一部环境法益保护法，环境法的保护客体是环境法益。环境法学核心范畴应从环境权利转换到环境法益。

关键词：环境法学；核心范畴；环境权利；环境法益

一　环境法学的法学“回归”路：聚焦核心范畴研究

毋庸讳言，环境法学从一开始就以“革命者”的形象示人，[1] 兼有

* 基金项目：国家社会科学基金重大项目“社会主义核心价值观融入生态文明法治建设的基本路径和法律样态研究”（项目编号：19VHJ016）阶段性成果。

** 西北大学法学院讲师、西北大学环境资源治理研究中心研究员。

1　参见吕忠梅《中国环境法的革命》，载韩德培主编《环境资源法论丛》（第1卷），法律出版社2000年版，第1页；江山《法律革命：从传统到超现代——兼谈环境资源法的法理问题》，载《比较法研究》2000年第1期；侯佳儒《反思“环境法革命”》，载《中国地质大学学报》2009年第6期。

“边缘”和“前沿”的双重地位特征，它不仅对传统部门法学进行着革故与鼎新，而且与其他生态/环境学科群进行着交叉与互鉴。[2] 在此背景下，环境法学研究朝着两种方向走去：一是法学，特别是大陆法系中规范法学路径下的环境法学研究；二是生态/环境学科视角、思维模式和方法下的“目的—手段型”“环境问题—法律对策型”环境法学研究，尤其后者已成为目前环境法学研究的主阵地。

部分环境法学者对此进行了反思。侯佳儒教授对环境法作出了三个隐喻，即“流浪者”“革命者”和“守望者”，形象地描述出环境法“无家可归”“突破家规”及“建设新家”的法学革命。[3] 王明远教授持有“环境法学的危机与出路：从浅层环境法学到深层环境法学”的观点，他认为环境法学者应“转换”其角色，实现“拨乱反正”，从“作为环境科学家的环境法学者”转变为“作为法学家的环境法学者”，从“环境科学大厦”走向“法学大厦”。[4] 吕忠梅教授提出“环境法前行，路在何方？”的质问，并尝试回答“环境法姓‘法’吗？”“环境法的‘家’在哪里？”“环境法为什么要‘突破家规’？”“环境法的‘新家’如何建立？”“环境法如何与‘家族成员’相处？”等一系列问题，且对环境法与传统部门法间的关系进行了深入思考，最终得出要用法律思维、法学方法来研究环境法的结论。

由是观之，尽管在环境问题暴露初期更需要采取应急法制逻辑，即目的论逻辑，只要目的正当，方式和手段在所不问，但这必将导致法律虚无，这种思维是不能常态化的，环境法学亟须“回归”到法学中去。

（一）环境法学的两个枷锁：“符码”错位和“方法论的杂糅主义”

实践表明，近来在环境法学研究中逐渐形成了一种学术自觉，大多数学者都在关注环境法学“回归”法学的问题。但即便有此种认识，也并

---

2 参见侯佳儒、王明远《边缘与前沿：当代法学背景中的环境法学》，载《政治与法律》2016年第10期。

3 侯佳儒：《环境法兴起及其法学意义》，载《江海学刊》2009年第5期。

4 王明远：《“环境法学的危机与出路：从浅层环境法学到深层环境法学”研讨会纪要》，载高鸿均、王明远主编《清华法治论衡：生态·法治·文明》（第22辑），清华大学出版社2014年版，第64页。

不能完全排斥其他学科的知识供给，这样就形成了环境法学的知识包容格局（如图1所示）。正因如此，环境法学易走向两种误区：一是“符码”错位；二是“方法论的杂糅主义”。

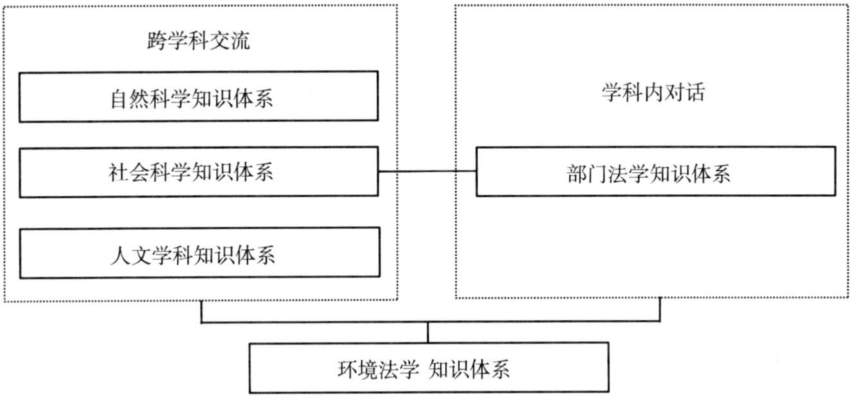

图1　环境法学的知识来源

1.“符码”错位

“符码”是在德国社会学家卢曼的社会系统理论中被提出来，该理论认为社会系统是功能分化的，社会各子系统实现了运行上的闭合，独立承担不同的功能，具有自身运行的“符码”，是“自创生”的系统。[5] 同时，各子系统之间又相互并行，通过相互之间的“结构耦合”实现整个社会的共生演化，[6] 主要通过变异、选择、稳定化三重要素实现。[7] 这就表明，在功能分化的社会系统中，一方面各子系统都在相对独立和封闭地运行，都有属于自己的“符码”，且因社会系统不断进行分化，并不存在处于中心系统的子系统；另一方面，社会各子系统之间处于一种相互影响的状态，但在彼此吸收时需进行“符码”的转化。据此，从社会系统功能分化的角度来分析法律系统与其他系统间的关系可知，法律系统的运行是相对独立封闭的，它的认知却是开放的，不断在吸收其他系统的知识，

5　参见陆宇峰《“自创生”系统论法学：一种理解现代法律的新思路》，载《政法论坛》2014年第4期。

6　李忠夏：《法治国的宪法内涵——迈向功能分化社会的宪法观》，载《法学研究》2017年第2期。

7　N. Luhmann, Die Gesellschaft der Gesellschaft, Suhrkamp, Frankfurt am Main 1997, S. 425.

但在这一过程中必须要进行“符码”转化。

而作为运行于法律系统中的环境法学，一方面是在法律系统中相对独立和封闭地运行着；另一方面要从其他系统中获得知识，同时，较之于其他部门，对法学而言，后者环节尤为关键，且必然会涉及“符码”转化，但这一点极易被忽视。如《生态环境损害赔偿制度改革方案》中对“生态损害赔偿”的界定，直接援引《生态环境损害鉴定评估技术指南（总纲）》中的“生态损害赔偿”定义，未有进行从科学系统到法律系统的“符码”转化，即未从法律角度对其予以界定。[8] 这种现象可被称为“符码”错位，它的存在是环境法学与传统部门法学难以对话、与其他学科界分不清的重要原因之一。

2. “方法论的杂糅主义”

同一客体，观察视角不同，对客体的认识也就不同。然而，用一个认识领域的方法去研究另一个完全不同的认识领域，是严重的方法论错误，[9] 其可被称作“方法论的杂糅主义”，这是德国公法学者耶利内克在论述主观公法权利体系中所批判的方法论立场。法学既不必也不能认识自然存在，它的任务不是证明具有无上权威的自然法，而是去理解那些有前提的、不以必然而以应然为内容的、支配着行为人实践性生活的规范。因此，它的对象不是具体事物，而是抽象的观念、概念和规则。[10] 而法律的观念世界和自然事件的客观世界是根本不同的，如果将对自然界的认识方法运用于对法律的认识，就会导致荒谬的判断。[11] 这对当下环境法学毋宁更具启发意义。

环境法学的知识供给多元，加之本身具有交叉学科的性质，极易借用哲学、经济学、伦理学、政治学、生态学、环境科学等的方法进行研究，很多解释也具有新意。[12] 由此，环境法学者也不断在方法论上尝试新的探

---

8 吕忠梅：《为生态损害赔偿制度提供法治化方案》，载《光明日报》2017 年 12 月 22 日第 2 版。

9 ［德］格奥格·耶利内克：《主观公法权利体系》，曾韬、赵天书译，中国政法大学出版社 2012 年版，第 15 页。

10 ［德］格奥格·耶利内克：《主观公法权利体系》，曾韬、赵天书译，中国政法大学出版社 2012 年版，第 17 页。

11 张翔：《走出“方法论的杂糅主义”——读耶利内克〈主观公法权利体系〉》，载《中国法律评论》2014 年第 1 期。

12 汪劲：《中国环境法学研究的现状与问题——1998—2003 年中国环境法学研究状况调查报告》，载《法律科学》2005 年第 4 期。

索。蔡守秋教授认为，生态学方法是环境资源法学特有的研究方法，要用生态学、环境科学的方法来研究环境资源法律现象和环境资源法学问题。[13] 陈泉生教授认为，基于环境法学是跨越自然科学和社会科学的交叉学科这一独特性，仅用传统的法学方法不足以建立完善的解决环境问题的法律机制，应引入自然科学领域的方法，如生态学的方法论、系统论、控制论、博弈论、耗散结构论、协同论、突变论等，建立一个有别于传统的法学方法体系，成为环境法学方法变革之中心。[14] 这些方法都对环境法学研究大有裨益。诚然，环境问题从来就不只是法学的问题域，甚至不主要是法学的问题域。然而，当出现了需要用法律解决环境问题的时候，作为一种法律专门叙事的环境法学就应展现出一定的独立性。而当法学知识不敷使用、刚愎甚至颟顸之时，其他学科对于法学的“祛魅”就是题中应有之义，但这种“祛魅”毕竟不会消解作为法学的环境法学的意义。正因如此，尽管“方法论的杂糅主义”可能会有助于深刻准确地把握环境问题的现状，但对环境法学本身来讲，并不利于夯实它的法学根基，使其很难建立起能够表明自己独立存在和理论优势的法学“家底”。

（二）环境法学“回归”法学的必由之路：关注核心范畴建构

究竟如何真正实现环境法学的法学“回归”？部门法理研究应是其首要任务。张文显教授认为，如果部门法学仅停留于注释和实证分析，将会枯竭其思想体系而退化为单纯的知识体系，同时，对它的完善和进步产生负面制约，这是倡导部门法学开展法理研究的动因所在。[15] 因此，他在呼吁中国法学界应重点研究的 18 个问题中，明确提出各部门法学应与法理学协同关注自己的基本法理。[16] 吕忠梅教授认为，新时代环境法学的研究

13　蔡守秋：《调整论——对主流法理学的反思与补充》，高等教育出版社 2003 年版，第 869 页。

14　陈泉生、郑艺群：《论科学发展观与法学方法论的生态化》，载《现代法学》2008 年第 2 期。

15　张文显：《法理：法理学的中心主题和法学的共同关注》，载《清华法学》2017 年第 4 期。

16　《张文显教授倡议：中国法学界应重点研究的 18 个问题》，载法学学术前沿公众号：http：//mp. weixin. qq. com/s/VCXJo0vGJhwXFkTHioTOhg，2021 年 1 月 15 日访问。

任务应从事理分析转换到法理分析，并应将环境法学的“新法理”作为它的研究起点。由此可见，环境法学“回归”法学的首要任务是部门法理研究的观点已基本上得到了学界认可。

而在环境法学部门法理研究的诸多对象中，关注核心范畴建构应是其当务之急。范畴及其体系是一定历史阶段人类思维发展水平的重要标识，它是各学科的成熟标志，也是各学科内部各部门的独立依据。各学科之间、各学科内部各部门之间的沟通、对话和合作在很大程度上是借助于范畴进行的，如果没有自己的范畴或范畴的内容模糊不清，也就无法正常、有效地进行沟通、对话和合作。[17] 因此，关注核心范畴建构是回答环境法学学科独立存在和发展问题的主要依据，也是环境法学进行跨学科交流和学科内对话的关键前提，同时，它还有助于环境法学研究范式的形成，这对年轻的环境法学学科而言是十分重要的。

二 “权利本位范式”下的环境权利

（一）“权利本位范式”的形成背景

1.“权利本位范式”的提出

“范式”是美国学者托马斯·库恩最早提出来的概念。他认为科学成就必须：（1）“空前地吸引一批坚定的拥护者”，使他们脱离科学活动的其他竞争模式；（2）它们必须是开放性的，具有许多的问题，以留待“重新组成的一批实践者去解决”。他总结说：“凡是共有这两点特征的成就，我此后便称之为‘范式’。”常规科学以范式为特征，范式规定了共同体所研究的谜题和问题。[18] 常规科学开始于一项以之为范式的科学成就。“一种范式”或“一组范式”共同决定了共同体内部专业交流不成问题、专业见解一致的特点。[19] 从上述范式的诸多诠释中我们可归纳出其具有以下学术功能：一是科学的常规化，标志着科学活动是自觉的，而不是

17 参见张文显《法哲学范畴研究》（修订版），中国政法大学出版社 2001 年版，第 1 页。

18 ［美］托马斯·库恩：《科学革命的结构》（第四版），伊安·哈金导读，金吾伦、胡新和译，北京大学出版社 2012 年版，第 15 页以下。

19 同前注 18，库恩书，第 18 页。

盲目的；科学研究和学术评判遵循一定的学术规范，而不是杂乱无章、混乱无序；科学研究有自己的基点，即范式先定，而不是到处游荡、六神无主、随波逐流。二是科学的革命化，实质上是新范式代替旧范式的过程，或者说是科学共同体重新概念化的过程，科学理论的变革通过范式的替换最终实现。三是科学的群体化，即科学共同体的形成，范式把一批研究者吸引过来，这使得科学研究不再是孤立的、私人性质的、单干的。[20]

从学术发展史来看，我国法学研究就是一个“范式”不断形成与转换的过程。实际上，我们现有法学研究范式的初步形成是在20世纪20、30年代的旧法体系中。自中华人民共和国成立到20世纪70年代末，受苏联的影响，维辛斯基法学研究范式（或称阶级斗争法学研究范式）一度成为我国法学研究的基本范式。从80年代中期开始，我国法学界集中开展了法学基本范畴研究，1988年在吉林大学召开的全国首次法学基本范畴研讨会基本形成了一个共识：权利和义务是法的核心和实质，是法学的基本范畴。同时，与会者主张以权利和义务为基本范畴重构我国新时期的法学理论，[21] 并以此为基点确定了“权利义务法学研究范式”。另外，在法律本位问题上相继出现了“权利本位范式”“义务本位范式”“权利义务一致范式”（或称“无本位范式”）等主张，但经过80年代末90年代初的这场讨论之后，“权利本位范式”被我国法学界普遍认同并最终得到确立。

2.“权利本位范式”的释义

一般认为，法学范畴体系是单个法学范畴的有机集合，是对法律现象的总体反映，也是对法律认识成果的总结和总计。[22] 同时，它根据单个法学范畴所反映的法律现象深度、广度及抽象度的不同，即单个法学范畴所包容的知识量和结构量的不同，可分为普通范畴、基本范畴、中心范畴和核心范畴四个层次。[23] 在法学范畴体系的这四个层次中，对核心范畴的选择问题讨论最多、争议最大，主要理由是：任何一个成熟的理论体系，都

---

20 同前注17，张文显书，第372页以下。

21 同前注17，张文显书，第378页以下。

22 参见张文显《论法学的范畴意识、范畴体系与基石范畴》，载《法学研究》1991年第3期。

23 同前注17，张文显书，第11页以下。

必须有自己的理论基石，而理论基石的主要表现形态则为核心范畴。核心范畴是一定立场、观点和方法的集中体现，也是一种理论体系区别于其他理论体系的标记，同时，它属于范畴体系中的最高范畴，离开核心范畴，其他范畴就变成了一个个孤立的、内涵无法确定和辨识的概念。[24] 因此，也正是基于对法学范畴体系中谁为核心范畴问题的回答，引起了法学研究范式中的范畴本位之争。

"权利本位范式"就是指将"权利"作为法学范畴体系中的核心范畴而形成的法学研究范式，其主要原因可归纳为：一是权利更准确地反映了法的主体性；二是权利更真实地反映了法的价值属性。[25] 当然，还有一些哲学、伦理学、经济学等方面的原因，在此不作赘述。

(二) 因应"权利本位范式"的环境权利

环境法学者也一直在通过建构环境法学的范畴体系来推动环境法学研究范式的形成。蔡守秋教授很早就谈到了环境资源法学的研究范式，他指出应以"环境""资源""人与自然关系"等概念为中心，形成概念体系，并以此来建构"人与自然关系和人与人关系相结合"的环境资源法学研究范式。同时，他还指出环境行为应是环境资源法学研究的逻辑起点。[26] 吕忠梅教授指出，环境法学研究范式的形成是环境法学学科独立存在和发展的依据，这其中有赖于澄清几个问题，包括环境法学的范畴体系是什么？即哪些内容属于环境法学的基础理论？环境法学的逻辑起点是什么，是环境权利，还是环境义务，抑或环境法权？[27] 因此，建构环境法学的范畴体系已成为环境法学的研究范式，当然，这是最符合法学研究规律的。

而在环境法学范畴体系的建构中，当然避免不了对环境法学本位问题的讨论，即回答环境法学的核心范畴是什么的问题。环境法学的核心范畴应是居于环境法学理论体系核心地位的，反映环境法学学科基本性质和思

---

[24] 同前注 17，张文显书，第 334 页以下。

[25] 同前注 17，张文显书，第 342 页以下。

[26] 同前注 13，蔡守秋书，第 860 页以下。

[27] 该观点摘自 2017 年 12 月吕忠梅教授在武汉大学环境法研究所召开的第六十四回珞珈环境法讲坛暨第二十回珞珈环境法茶座上的发言整理稿。

维特点的，具有普遍意义和高度概括性且结构稳定的基本概念。同时，它涉及对环境法学叙事逻辑起点的确定，也关涉对环境法学价值目标和精神内核的提炼，是完成环境法学向现代法学转身任务中的关键一环。

围绕环境法学的本位问题，即环境法学的核心范畴问题，近来环境法学者不断在进行探索，并沿着一般法学核心范畴的理论发展轨迹“按图索骥”式地探寻环境法学核心范畴。[28] 在这一过程中，“权利本位范式”对其影响最大，得出的相应结论是：我们的时代是一个迈向权利的时代，是一个权利备受关注和尊重的时代，是一个权利话语越来越受彰显和张扬的时代。[29] 环境权利正是权利时代背景下的产物，环境法学是以环境权利为本位的，环境权利是环境法学的核心范畴。该观点一直在环境法学核心范畴的讨论中占据主流地位。

环境权利议题也极大地激发了我国几代环境法学者的研究热情。其中，以凌相权教授、蔡守秋教授等为代表的老一辈环境法学者为环境权的研究开启先河。[30] 到 1995 年左右，以吕忠梅教授、陈泉生教授等为代表的环境法学者把环境权的研究引向深入，奠定了环境权在环境法学研究中的重要地位。再到 2000 年左右，以朱谦教授、周训芳教授、徐祥民教授等为代表的环境法学者开始对传统的环境权理论进行反思和批判，引发了一些学术争鸣。及至 2004 年左右，以吴卫星教授、王小钢教授、谷德近教授等为代表的环境法学者开始加盟环境权的研究队伍，为我国环境权的研究进一步开疆拓土。再至 2009 年左右，以王社坤教授、巩固教授、刘卫先教授等为代表的青年环境法学者开始涉足环境权的研究领域。[31] 由是观之，我国环境权研究的接力棒不断在几代环境法学者之间进行交接，当然，对环境权的态度有赞同，也有质疑，但无论如何，对环境权的讨论已成为我国环境法学研究上的一种范式。

---

28 目前，在环境法学的核心范畴问题上逐渐形成了以“环境权利说”“环境义务说”“环境权利、环境义务融合说”“环境法权说”“环境利益说”等代表性理论学说。

29 张文显、姚建宗：《权利时代的理论景象》，载《法制与社会发展》2005 年第 2 期。

30 相关研究成果参见凌相权《公民应享有环境权——关于环境、法律、公民权问题探讨》，载《湖北环境保护》1981 年第 1 期；蔡守秋《环境权初探》，载《中国社会科学》1982 年第 3 期。

31 吴卫星：《我国环境权利理论研究三十年之回顾、反思与前瞻》，载《法学评论》2014 年第 5 期。

同时，其他部门法学者近来也开始从不同学科角度对环境权展开讨论，这与上述环境法学者的研究之间形成了良好的“对话”关系。如在宪法学界，以张翔教授、范进学教授、张震教授、王建学教授等为代表的宪法学者开始关注对环境宪法相关问题的研究，这其中肯定避不开对环境权的讨论。[32] 又如在民法学界，以徐国栋教授、张素华教授等为代表的民法学者开始关注对环境权是否应融入《民法典》，应怎样融入《民法典》等问题的研究。[33] 除此之外，宪法学界、民法学界分别和环境法学界就此议题还开展了几次学术对话活动。如 2019 年 6 月在北京航空航天大学举办的“首届宪法与环境法对话会”上，宪法学界和环境法学界就环境权入宪相关问题进行了对话。又如 2015 年 11 月在武汉大学举办的“环境权益与民法典的制定”学术研讨会上，民法学界和环境法学界就环境权在民法典制定中可能会涉及的相关问题进行了对话。

三 对环境权利的质疑

（一）表象问题：自身理论分歧较大

从环境权利自身的角度来看，在权利构造方面，它的主体、客体和内容不明晰；在权利属性方面，它是属于一项纯粹的人权，还是属于一项宪法基本权利，抑或属于一项普通法律权利？尚有争议；在权利关系方面，它与民事权利易发生重叠。这些问题的存在使得环境权利很难承担起环境法学核心范畴的角色。

1. 主体、客体和内容不明晰

关于环境权利主体的讨论，从主体范围上看，广义上包括个人（自

---

32 相关研究成果参见张翔《环境宪法的新发展及其规范解释》，载《法学家》2018 年第 3 期；范进学《宪法上的环境权：基于各国宪法文本的考察与分析》，载《人权》2017 年第 5 期；张震《民法典中环境权的规范构造——以宪法、民法以及环境法的协同为视角》，载《暨南学报》（哲学社会科学版）2018 年第 3 期；王建学《论生态文明入宪后环境条款的整体性诠释》，载《政治与法律》2018 年第 9 期等。

33 相关研究成果参见徐国栋《绿色民法典草案》，社会科学文献出版社 2004 年版，第 84 页；张素华《〈民法总则〉建议稿》，武汉大学出版社 2017 年版，第 169 页以下等。

然人、公民）、单位（法人）、国家和人类，[34] 狭义上仅指公民，[35] 对此未有形成统一的认识。同时，还有代际性问题的质疑，即后代人能否拥有和当代人同样的环境权利？另外，在由省级、市地级政府及其指定的部门或机构提起的生态环境损害赔偿诉讼中，或在由符合法定条件的社会组织、检察机关提起的环境公益诉讼中，这些主体能否成为环境权利的主体？上述问题都有待于进一步考究。

有关环境权利客体的认识，很难判断是仅包括天然环境和人为环境中相互独立的自然要素？还是也包括在这些相互独立的自然要素之间形成的生态系统？抑或同时包括自然要素和生态系统自身所具有的生态系统服务功能？

对于环境权利内容的把握，程序性的环境权利能否纳入？开发、利用环境资源的经济性权利能否纳入？在实体性的环境权利中，如何理解"清洁、健康的环境"？这些问题都很难回答。

2. 是纯粹的人权，还是宪法基本权利，抑或普通法律权利

环境权从一开始是作为一项人权被提出的。人权是指抽象意义上的人所应享有的权利，也是道德与应然层面上的权利，它不考虑各国的具体制度和现有物质条件，仅以人性为依据，主张人所应享有的权利。简言之，"人权是人依其自然属性和社会本质所享有和应享有的权利"[36]。但环境权作为一项人权，并不能直接推导出环境权属于宪法基本权利的结论。宪法基本权利是个人在宪法上针对国家提出的消极或积极主张，[37] 是获得宪法承认的，具有宪法效力的权利。某种权利既可以是人权，也可以是宪法基本权利。但拥有某种人权在宪法基本权利的意义上未必成立，而拥有某种宪法基本权利也未必能以人权的形式被认可。[38] 同时，宪法基本权利又区别于普通法律权利，前者只能是个人在宪法上针对国家提出要求，而非公民之间相互的权利主张，后者对国家和公民个人都能提出要求。另外，普通法律权利一般规定在部门法中，是对宪法基本权利具体化的一种方式。

---

34 参见蔡守秋《环境权初探》，载《中国社会科学》1982 年第 3 期；蔡守秋《论环境权》，载《金陵法律评论》2002 年春季卷。

35 参见吕忠梅《环境法原理》（第二版），复旦大学出版社 2017 年版，第 42 页。

36 李步云：《论人权》，社会科学文献出版社 2010 年版，第 3 页。

37 参见郑贤君《基本权利原理》，法律出版社 2010 年版，第 2 页。

38 参见余涌《道德权利研究》，中央编译出版社 2001 年版，第 22—24 页。

因此，对于环境权利而言，它是纯粹的人权？还是宪法基本权利？抑或普通法律权利？尚无定论。

3. 与民事权利易发生重叠

由于环境权利与民事权利易发生重叠，故澄清环境权利与民事权利的关系成为证成环境权利的前提和基础。二者易发生重叠的部分包括：财产权、人格权、清洁权、日照权、通风权、采光权等实体性权利，及参与权、知情权、司法救济权等程序性权利。环境权否定者据此发出了质疑的声音，[39] 其中，最核心的观点是："认为保护环境的确需要法律依据，目前法律在这方面存在缺陷，但只要扩大传统的人格权和财产权的保护，以及更新侵权理论，就足以弥补传统法律的缺陷，不必要再确立公民环境权作为独立的权利形态。"[40] 必须要警惕权利泛化情况的产生。因此，这些争论给环境权利的证成带来了极大的阻碍。

（二）实质问题："环境"的公共性与"权利"的个体性之间内在逻辑不一致

1."环境"的公共性

对"环境"特性的把握主要应从以下三点来考虑：一是"环境"的公共性，它既属于一种公共资源，又属于一种公共利益；二是"环境"的公共性决定了环境污染是一种公害；三是"环境"的公共性决定了环境保护是全社会的共同责任。[41] 由此可得出"环境"是作为一个整体而存在的结论，公共性是它最显著的特性。

而有部分环境法学者并不完全赞同这种观点，他们不否认"环境"的公共性，但同时也承认"环境"的个体性，具体表现在他们对环境利

39 相关研究成果参见徐祥民《对"公民环境权论"的几点疑问》，载《中国法学》2004年第2期；徐祥民等《环境权：环境法学的基础研究》，北京大学出版社2004年版；朱谦《环境权问题：一种新的探讨路径》，载《法律科学》2004年第5期；朱谦《反思环境法的权利基础——对环境权主流观点的一种担忧》，载《江苏社会科学》2007年第2期；巩固《环境权热的冷思考——对环境权重要性的疑问》，载《华东政法大学学报》2009年第4期；胡光志、顾鲁晓《对环境权困境的反思与重新考量》，载《湖南社会科学》2013年第5期等。

40 同前注35，吕忠梅书，第43页。

41 该观点摘自2016年11月26日李启家教授在武汉大学环境法研究所召开的"中国环境法的发展：理论与实践的对话"论坛上的发言整理稿。

益的本质认识上。如巩固教授认为："承认公众环境利益的存在并不抹杀个体性、群体性环境利益的存在，二者不是同一层面上的问题。公众环境利益体现的是公众对环境的共同需求，其只在涉及公共安全、生存发展、环境公平和基本环境伦理的基本层面存在。至于个体的环境偏好，各种个人环境利益、区域环境利益、群体环境利益，只要其不与公众环境利益相抵触，在法律许可范围内尽可以实现。"[42] 史玉成教授认为："作为环境法应然法益的环境利益本身可以界分为资源利益和生态利益两大类，两类利益既具有共同的载体，又具备不同的属性；既具整体性，又具区分性；既具私益性，又具公益性。"[43]

笔者认为，环境法角度上的"环境"是作为一种整体形态而存在的，是一种公共资源，也是一种公共利益。尽管事实上也存在私人对"环境"的利益，但该利益处于一种"你有，我有，大家都有"的状态，任何人都不能"独占"式地享受和利用，这和传统上所讲的私人利益有着本质上的区别。因此，"环境私益""私人环境利益""个体环境利益"等称谓严格来讲是不够准确的。这种私人利益实际上早已被公共利益所吸收，在公法理论中一般将其称为"反射利益"，相应地，把上述称谓用"反射环境私益""私人反射环境利益""个体反射环境利益"等来替代或许更恰当。当然，这也和"环境"的公共性特点相呼应。

2. "权利"的个体性

恩格斯曾指出："权利是在有组织的社会中出现的、由相对弱者的个体对该组织提出的、被认定为属于该社会所有成员共同所有的对其若干基本利益显在或潜在的要求。"[44] 他认为"权利"的主体是"有组织的社会中出现的、相对弱者的个体"，其落脚点是在"个体"上。由此可归纳出"权利"的个体性特点，而该特点还可从"权利"的历史发展脉络中来把握。

"权利"概念的产生与个人主义的兴起相关。古希腊、古罗马社会是

42 巩固：《公众环境利益：环境保护法的核心范畴与完善重点》，载《环境法治与建设和谐社会——2007年全国环境资源法学研讨会（年会）论文集》（第一册）。

43 史玉成：《环境利益、环境权利与环境权力的分层建构——基于法益分析方法的思考》，载《法商研究》2013年第5期。

44 ［德］恩格斯：《反杜林论》，载《马克思恩格斯选集》第三卷，人民出版社1995年版，第423页。

一个整体主义社会，[45] 真正意义上的个体主义诉求在该社会中是不存在的，因此，在该社会中并不存在“权利”概念。而基督教的诞生使这一现象得到根本扭转，它从一开始就将个人价值放在了突出地位，[46] 但遗憾的是，这种个体主义是出世的。直到12世纪，由于西欧农业生产力的大幅度提高，大量的农产品出现剩余，贸易活动开始频繁，故产生的最直接结果是城市的形成和市民阶级的壮大，世俗的个体主义逐渐觉醒，个人对获得利益的自由需求愈加强烈，在此基础上，“权利”概念虽开始萌芽，但仍未被真正地抽象出来。再到14世纪，基督教世界爆发了一场关于“使徒贫困”的讨论，[47] 在这场讨论中，个体出于对这种极端化主张的反抗，正式提到了“权利”概念，在该阶段对“权利”概念的论述上贡献较大的人物是马西利乌斯和奥卡姆。而现代意义上的“权利”概念首先是经历了自然法的世俗化这一过程，其中，贡献较大的人物有格劳秀斯，他在对自然法的定义循规蹈矩式地陈述后，爆炸式地提出试图让自然法的效力摆脱上帝控制，这被认为是自然法世俗化的开端，相应地，他所谈到的“权利”概念也是世俗化的。同时，霍布斯主张“自然权利”是每一个人根据自己的意愿运用自己的力量保全自己的天性或生命的自由，[48] 但他又指出单个的人只能将“自然权利”转让给主权者，自己只是承担义务[49]。最终，康德先将自由意志看作是实践理性的三项公设之一，后把自然权利视为一种自由意志，[50] 这样就真正实现了“权利”概念与自由意志的结合，标志着现代意义上的“权利”概念正式诞生[51]。接下来的权利理论研究则重点转向对权利本质的关注，其主要沿着两条主线在演进，一条

---

45 参见［古希腊］亚里士多德《政治学》，颜一等译，中国人民大学出版社2013年版，第267页以下。

46 参见［美］施密特《基督教对文明的影响》，汪晓丹等译，北京大学出版社2004年版，第240页。

47 参见［美］马克·加利《圣法兰西斯和他的世界》，周明译，北京大学出版社2005年版，第67页以下；［美］布鲁斯·雪莱《基督教会史》，刘平译，北京大学出版社2004年版，第227页以下。

48 Thomas Hobbes，*Leviathan*，Cambridge University Press，1991，p. 91.

49 参见［英］霍布斯《论公民》，应星等译，贵州人民出版社2003年版，第19页。

50 参见［德］康德《法的形而上学原理——权利的科学》，沈叔平译，商务印书馆1991年版，第48页以下。

51 参见方新军《权利概念的历史》，载《法学研究》2007年第4期。

是“意志理论”，另一条是“利益理论”。前者认为权利的本质在于授予一个人对某物拥有权力和选择，[52] 该观点的支持者有萨维尼、哈特、斯坦纳等。后者主张权利的本质在于一个人拥有可普遍对抗他人或世人之利益的法律保护或提升，该观点的拥护者有边沁、耶林、麦考密克等。[53] 这些对权利的理论阐释多集中在私法领域，而公法领域同样也有权利的存在，即公法权利，一般是指“人民基于公法的规定，享有一定法律上之力，得以向国家请求一定作为、不作为或容忍，以实现个人的利益”，主要包括“公法防御权、公法受益权和公法形成权”。[54] 当然，对公法权利的研究要比私法权利更晚，其大约是从 19 世纪中期才开始的，[55] 代表性的研究者有格尔伯、耶利内克等。

因此，从上述“权利”的历史发展脉络同样可以看出，“权利”并不是以客观实体为对象，而是在法律观念世界中拟造的一个概念，它的设计初衷是为描述通过法律授予个体享有某种利益，且个体可以根据自己意志对抗特定人或一般性对世。[56] 其中，权利对利益的隐含要求包括：首先，利益必须是能够明确具化给个体的。个体不能对不可分割的整体利益根据自己意志进行主张。其次，利益必须是正当的。权利一方面是对正当利益的固定，另一方面又是追求正当利益的行为自由。[57] 最后，利益必须是恒定的。这与法律自身能够给人带来安全感和稳定化预期的功能是吻合的。同时，权利还将主体只限定为“个体”，“个体”的最初含义是个人，但当“社会”的概念延展得更广泛时，也包括人的群体（如妇女、儿童、残疾人等）以至民族、国家的权利。[58] 必须注意的是，尽管作为权利主体的群体、民族、国家是超个人的，但他们仍旧是一种个体，只不过在不同

---

52 参见［美］霍菲尔德《基本法律概念》，张书友编译，中国法制出版社 2009 年版，第 53 页以下。

53 参见彭诚信《现代权利理论研究》，法律出版社 2017 年版，第 13 页以下。

54 李建良：《公法上权利的概念、理论与运用》，载《月旦法学教室》2011 年总第 99 期。

55 ［德］格奥格·耶利内克：《主观公法权利体系》，曾韬、赵天书译，中国政法大学出版社 2012 年版，第 5 页以下；张翔：《走出“方法论的杂糅主义”——读耶利内克〈主观公法权利体系〉》，载《中国法律评论》2014 年第 1 期。

56 于柏华：《权利认定的利益判准》，载《法学家》2017 年第 6 期。

57 同前注 53，彭诚信书，第 315 页。

58 何志鹏：《权利基本理论：反思与重构》，北京大学出版社 2012 年版，第 25 页以下。

情境中发生着角色的转换。如国家相对于公民而言，就是一个整体，但其相对于国际社会而言，则为一种个体。

3.“环境”与“权利”本质上的不兼容

“环境”是公共性的，它作为一个整体而存在，既是一种公共资源，也是一种公共利益。而“权利”是个体性的，它是法律授权给个体享有的、能够明确具化的、正当的、恒定的利益，个体可根据自己的意志对抗特定人或一般性对世，即法律授予个体对符合上述特征的利益拥有权力和选择。由于“环境”的公共性和“权利”的个体性内在逻辑不一致，故“环境”与“权利”在本质上是不兼容的，环境权利在理论上很难得到证成。

那么，既有的“环境权”表述是一处错误的法律用语吗？答案是否定的。我们可从以下三点对其合理性进行解释。

首先，既有的“环境权”表达应从人权的角度来理解。法国法学家卡雷尔·瓦萨克曾谈到人权的代际性问题，他指出环境权作为连带权的一种，与发展权、和平权、人类共同遗产的财产权和人道主义援助的权利共同构成第三代人权，第三代人权与前两代人权不同的是，它的实现需要采取连带负责行为，即需要共同体的共同行为才能实现。[59] 尽管环境权被划入到人权之列，但这并不意味着它就是一项法律权利。实际上，人权是一种道德权利，其原意为某种价值观念或道德观念，[60] 它更多代表着人之所以为人应具有的一种资格权，而法律权利倾向于在表达个体获取特定利益的一种期待权。[61] 人权与法律权利之间并不存在必然的对应关系，某项权利是一项人权，但它并不必然是一项法律权利；某项权利是一项法律权利，但它也并不必然是一项人权。

其次，尽管世界上有些国家将环境权写入了宪法，但这也并不意味着它就变成了一项法律权利[62]，而其仍只能被认定为一项人权。如英国学者蒂姆·海沃德认为：“每个宪法民主制国家都应在其宪法中保障一种要求充分

---

59 参见［法］卡雷尔·瓦萨克《人权的不同类型》，张丽萍、程春明译，载郑永流主编《法哲学与法社会学论丛》（四），中国政法大学出版社 2001 年版，第 468 页。

60 参见沈宗灵《人权是什么意义上的权利》，载《中国法学》1991 年第 5 期。

61 参见范进学《论人权的两面性》，载《学习与探索》2004 年第 6 期。

62 这里的法律权利是和道德权利相对的概念，其主要包括宪法基本权利和具体法律权利两大类。

环境的基本权利，这么做的依据在于它是一项人权。”[63] 实际上，不是所有的写入宪法的人权都能成为宪法基本权利，而部分写入宪法的人权只能继续以人权的形式存在，环境权就是其中的典例，理由在于“个人性是宪法基本权利的重要特征，这与‘权利’一词具有密切关联”“任何时候，集体属性的权利都有可能削弱权利的价值和分量，成为某一社会政治团体行不义之举的借口”，[64] 环境权就归属于集体权，即只能是区域内所有人共同享有清洁、健康的环境，或区域内的环境污染、生态破坏会涉及区域内所有人的利益，这与宪法基本权利的个人性要求是完全相悖的。因此，从宪法环境权现象的角度来推导出环境权利理论具有自洽性的观点是根本行不通的。

最后，还有学者指出环境权在宪法中是以一种作为宪法基本权利的社会权形式存在，而社会权又侧重于发挥其客观法功能，较少释放它的主观权利空间，据此来解释尽管在环境权入宪的国家，环境宪法争讼也并不多见的现象。该观点虽未专门针对环境权的属性问题展开全面讨论，但又将环境权是一项宪法基本权利中的社会权作为其他结论的论据，单从这点来讲是有待商榷的。这里的环境权应以一种作为人权的社会权形式存在，原因是传统上人权一般分为自由权和社会权两大类，[65] 环境权就属于其中的一项社会权，而这种社会权与其他宪法基本权利意义上的社会权之间存在较大差异，如受教育权、劳动权等，环境权更需要共同体的共同行为才能得以实现，具有连带性的特征，也正是考虑到该因素，环境权才被纳入人权之列。因此，即使环境权被认定为一项社会权，它也是一种作为人权的社会权，而并非是一种作为宪法基本权利的社会权。这也进一步否认了从宪法环境权现象的角度来推导出环境权利理论具有自洽性的观点。

（三）宪法依据问题：与我国环境宪法国家目标的建构方向相悖

目前，我国环境宪法主要是由《宪法》序言第七自然段部分，第一章总纲中的第 9 条第 2 款、第 10 条第 5 款、第 26 条，第三章国家机构中

---

63 ［英］蒂姆·海沃德：《宪法环境权》，周尚君、杨天江译，法律出版社 2014 年版，第 11 页。

64 参见郑贤君《基本权利原理》，法律出版社 2010 年版，第 6 页。

65 参见吴卫星《环境权入宪的比较研究》，载《法商研究》2017 年第 4 期。

的第89条第6项等组成，具体规定如表1所示。由是观之，我国环境宪法的建构方向是设定国家目标，即在宪法上通过客观法规范对国家各类权力科以不同层次和方面的义务，而不是设定环境权，即未以经典的权利义务范式来强化环境保护的规范约束力。[66] 因此，环境权利的提出背离了我国环境宪法国家目标的建构方向，缺乏宪法依据。

表1　　我国环境宪法的具体规定

序言	第7自然段中	推动物质文明、政治文明、精神文明、社会文明、生态文明协调发展
第一章 总纲	第9条第2款	国家保障自然资源的合理利用，保护珍贵的动物和植物。禁止任何组织或个人用任何手段侵占或破坏自然资源
	第10条第5款	一切使用土地的组织和个人必须合理地利用土地
	第26条	国家保护和改善生活环境和生态环境，防治污染和其他公害 国家组织和鼓励植树造林，保护林木
第三章 国家机构	第89条 第6项	国务院行使下列职权：（六）领导和管理经济工作和城乡建设、生态文明建设

与上述观点不同的是，有学者认为我国宪法虽不存在明示的环境权利规定，但可通过一定的宪法解释将其识别出来，主要从以下条款切入：一是人权条款。2004年宪法修正案增加了“国家尊重和保障人权”的规定，其成为宪法未列举权利的“安身之所”，[67] 而环境权又是一项公认的人权，当然可从该条款解释出“环境（人）权”。因此，有学者把我国环境宪法整体结构概括为生态国策、环境人权和国家环境保护义务三位一体的格局。[68] 二是人格尊严条款。有学者认为“环境保护的根本目的并不是‘唯环境论’——为环境与资源保护而进行环境与资源保护，而是在环境与资源开发、利用和保护社会实践中实现人的目的性，即人之有价值、有尊严地生存和发展。换言之，环境法应将保护环境与资源的社会目标与追求人之有价值、有尊严的社会价值目的相结合”[69]。据此可推断出，创设任

[66] 参见张翔《环境宪法的新发展及其规范解释》，载《法学家》2018年第3期。

[67] 张薇薇：《“人权条款”：宪法未列举权利的“安身之所”》，载《法学评论》2011年第1期。

[68] 参见王建学《论生态文明入宪后环境条款的整体性诠释》，载《政治与法律》2018年第9期。

[69] 柯坚：《环境法的生态实践理性原理》，中国社会科学出版社2012年版，第6页。

何有关环境与资源开发、利用和保护的法律范畴都是为满足人类有尊严的生活需求，而环境权作为其中最经典的一项也不例外。基于这种关联，有学者把《宪法》第38条“中华人民共和国公民的人格尊严不受侵犯”的规定即人格尊严条款解释为环境权的“寄居条款”。[70] 三是国家环境保护义务条款。国家环境保护义务条款主要是由《宪法》第9条第2款、第26条、第89条第6项组成，有学者认为由于权利与义务之间存在对应关系，故从国家环境保护义务条款可对应推导出环境权的存在。需要说明的是，这种推导思路会遇到明显的理论瓶颈，即“与私法不同，在公法上并非高权主体的任何职责与个人权利相对应。这是因为高权主体的职责不仅涉及大众利益与个人利益的平衡，而且经常涉及客观秩序的维护和改善”[71]。因此，在公法场域中义务并不绝对与权利相对应，从国家环境保护义务条款不能对应推导出环境权的存在。

综上所述，除国家环境保护义务条款外，尽管可通过一定的宪法解释从人权条款和人格尊严条款中识别出环境权，暂且不论解释技术的合理性，也不论环境权利在理论上能否得到证成，但这些宪法解释的主观性强，解释结果充其量只能说明我国环境宪法逻辑体系完整，且与明确列举的作为宪法基本权利的环境权相比，既没有主观权利功能，也没有客观法功能。同时，由于宪法的基本精神是以一部高级法的实施约束国家公权力，故为实现这一目标，才依赖于解释宪法条文以确定公权力活动的规范边界的宪法释义学工作，[72] 而因前面宪法解释的对象与结果之间差异性大，所以前面的宪法解释很难完成这项任务。因此，这又进一步表明环境权利是一个“无源之水”“无本之木”的权利，环境权利研究面临宪法秩序上的困境。

四　环境法益的提出

在“环境”与“权利”的合成存在“先天不足”和“后天畸形”问

70　参见张震《宪法环境条款的规范构造与实施路径》，载《当代法学》2017年第3期。

71　［德］汉斯·J. 沃尔夫、奥托·巴霍夫、罗尔夫·施托贝尔：《行政法》（第一卷），高家伟译，商务印书馆2002年版，第504页以下。

72　参见张翔《宪法释义学：原理·技术·实践》，法律出版社2013年版，第1页。

题的前提下，我们应如何去解释环境法的保护客体？若将“环境要素”和“生态系统”直接当作环境法的保护客体，容易使环境法的保护客体和环境法律关系客体（或称环境法律行为客体）相混淆。因此，这就需要回到对法律起源及任务的认识上重新探究这一问题。

关于对法律起源及任务的认识，目前学界普遍接受以德国法学家耶林和赫克为代表的利益法学派的观点。耶林认为法律是由利益、目的所引起与创造，该观点被称为“起源的”利益论。赫克进一步发展了耶林的观点，他认为规范的形成除了是利益作为基础之外，更重要的是它是利益衡量的结果，该观点被称为“生产的”利益论。[73] 尽管这两种观点略有差异，但其核心都指向利益是法律规范的基础。同理可知，利益也是环境法律规范的基础。

当然，环境法律规范对利益的调整和保护有它自己的特殊性，具体表现在它是以环境利益为自己的核心关怀，但它绝不是对所有的环境利益都在调整和保护，它只是对具有法律意义的环境利益进行调整和保护。这便形成了两种不同形态的环境利益：一是法内环境利益；二是法外环境利益。然而，上述这种区分并非毫无根据，它符合法律原初的形成逻辑，“法律并不创设利益，它只是发现一些迫切需要得到保护的利益”。“一个法律制度首先要对利益进行分类并认可其中一定数量的利益。其次，它要给这些利益设置一定的界限。最后，它要制定出措施，用以保护被认可的且在界限内的利益。”[74] 因此，那些被法律发现且迫切需要得到保护的利益，只是利益的一部分，并不是利益的全部。由此引申的问题是，如何去解释“具有法律意义的”限定条件？庞德给出的方案是：“其一，要考虑其他被认可的利益。其二，要考虑通过司法或行政程序来有效保护利益的可能性。”[75] 具体到环境利益的分析上，要考虑它与其他被认可的利益（如人身利益、财产利益等）之间的关系。同时，要考虑它必须在人类可影响和控制的范围内，如人类对太阳的光和热的利益应被排除。另外，要

---

73 参见吴从周《概念法学、利益法学与价值法学：探索一部民法方法论的演变史》，中国法制出版社 2011 年版，第 238 页以下。

74 ［美］罗斯科·庞德：《法理学》（第三卷），廖德宁译，法律出版社 2007 年版，第 17 页。

75 同前注 74，庞德书，第 17 页。

考虑它必须具有自然价值，如个人对自己房前屋后的零散树木的利益、动物园或马戏团对自己用于游客观赏的或向观众表演的熊猫、老虎等的利益应被排除。最后，要考虑它必须能够通过司法或行政程序获得有效保护。基于此，为精准地概括符合上述条件的、受环境法律规范调整和保护的环境利益，以区别于一般的、法外的环境利益，笔者提出了环境法益的概念。

但在此还不能简单地得出环境法的保护客体是环境法益的结论，仍需要追问的是，环境利益进入环境法律规范后，是只能以环境法益的形态存在，还是会上升到环境权利？若肯定前者则意味着环境法是一部环境法益保护法，环境法的保护客体是环境法益。若肯定后者则意味着环境法是一部环境权利保护法，环境法的保护客体是环境权利。我们可从利益法律保护方法的选择角度对这一问题进行解释。

环境利益本质上作为一种公共利益，不能采取赋予个体权利的法律方法来保护，而应通过科以没有相应法律权利的绝对义务或公共信托的法律方法来保护，这是由利益法律保护方法的一般选择原则所决定。通说认为，法律对利益的保护应针对不同主体类型的利益采取不同的法律保护方法，其中，不同主体类型的利益主要是指个体利益和公共利益。具体来讲，一方面针对个体利益应采取的法律保护方法是：“（1）通过将法律人格赋予一些人或所有的人，甚至赋予一定的财团；（2）通过授予个人，即法律人格所归属的实体：（a）法律权利，和（b）法律权力；（3）通过允许被赋予法律人格的自然人和实体在一定条件下发挥其自然能力，或行使那些属于法律人格范围的能力（即认可自由）。”[76] 简言之，针对个体利益应采取的法律保护方法是赋予个体权利。另一方面针对公共利益应采取的法律保护方法是：“（1）通过科以绝对义务即没有相应法律权利的义务来保护；（2）通过赋予公共机构或作为社会利益监护人的政府以法律权利和权力来保护。”“在今天的工业化社会中，对公众和社会利益的保护由个人启动的做法已被大大摧毁了。”[77] 简言之，针对公共利益应采取的法律保护方法是科以没有相应法律权利的绝对义务或公共信托。因此，从利益法律保护方法的选择角度分析可知，环境利益进入环境法律规范后

---

76 同前注 74，庞德书，第 251 页以下。

77 同前注 74，庞德书，第 256 页以下。

只能以环境法益的形态存在，不会上升到环境权利。

综上所述，环境法益的提出是回到对法律起源及任务的认识上重新探究环境法的保护客体问题。环境法益是环境权利在理论上很难得到证成的前提下对环境法的保护客体的最佳诠释，同时，环境法的保护客体是环境法益与利益的法律保护方法选择结果之间也存在必然的联系。可喜的是，环境法益研究逐渐也在环境法学界中崭露头角，如汪劲教授指出，“目前环境法学自身存在被质疑的问题，其主要原因之一是仍然停留在对环境法的外在表象（法律现象与法律事实）分析上，环境法的保护法益尚未形成，环境法的保护法益是什么？是否存在可以作为法律保护的价值”？[78]因此，聚焦环境法益研究是环境法学的法学“回归”路，其将会对环境法学理论体系的形成起到奠基作用。

五 结语

从过去近十年的环境法学核心范畴研究来看，在质疑将环境权利作为环境法学核心范畴的基础上，学者还提出了环境义务、环境法权等环境法学核心范畴。这些环境法学核心范畴研究在一定程度上反映了学界对环境法学“回归”法学作出的努力，有助于环境法学与传统部门法学之间对话关系的建立，对环境法学理论体系的丰富、发展和完善都有各自的知识贡献。但缺憾在于，它们其中任何一个环境法学范畴都不能将环境法的诸多理念、原则和制度以统一逻辑贯穿起来，也不能对环境法的诸多现象给予普遍、充分的解释。因此，提出环境法益的目的就是解决上述问题。环境法学核心范畴既不是先前质疑的环境权利，也不是后来提出的环境义务、环境法权等，而是更本源的环境法益，期待这一点能引起环境法学界的共同关注。同时，限于篇幅，本文实际上只回答了一个问题：环境法益的研究动因，而对环境法益的概念沿革、内涵与外延、类型体系、理论功能及实际应用等问题还有待环境法学界进一步探究。

（责任编辑　胡攀）

78　该观点摘自2018年12月汪劲教授在福建泉州召开的第一期“中国高校青年环境法教师技能提升培训（TTT1）”会议上的发言整理稿。

译文荟萃

国际环境权利的法经济学分析*

［美］Jesse L. Reynolds** 著　马　亮***
黄之奇**** 译　常若琼***** 校

内容摘要：国家、主权，国际谈判和国际法分别类似于法人、财产，市场和私法。当交易成本较高时，分配个人财产权的初始权利对于增加福利很重要，与环境有关的国家主权权利也是如此。这些权利的初始基础是什么？是否高效，又如何予以保护？本文考虑了三种初始权利，然而由于缺乏理论和国家实践支持，国际上拒绝适用这三类跨界环境损害权利理论。这些初始权利只能低效适用。相反，理论和实践均支持包括预防跨界损害和公平使用共享自然资源的初始权利理论。相关的法律文书揭示了它们得以更为高效的潜在经济逻辑。这些国际环境权利还通常受到类似于责任制度的制度保护。

关键词：法律与经济学；财产权；国际环境法；污染者付费；跨界环境损害

---

* 原文载于2019年《国际环境协议：政治、法律和经济》（*International environmental agreements: politics, law and economics*）第19卷（第6期），第557—575页。［Reynolds J L.，"An economic analysis of international environmental rights"，*International environmental agreements: politics, law and economics*，2019，Volume 19，Issue 6，October 2019，pp. 557-575］2021年国家社会科学基金青年项目"公私法协动视野下生态环境损害救济机制体系化研究"（21CFX076）阶段性成果。

** 美国加利福尼亚大学洛杉矶分校艾米特气候变化与环境研究所研究员。

*** 马亮，武汉大学环境法研究所博士研究生。

**** 黄之奇，广东外语外贸大学环境法硕士研究生。

***** 常若琼，河南省高级人民法院员额法官。

一 引言

法律在很大程度上涉及权利，权利是行为者对另一行为者的合法性主张。法理学经常提出有关权利的问题：什么是权利，它应该是什么？行为主体最初的权利是什么，应该是什么？一方权利对应着其他主体什么义务？权利可以转让吗？如果权利受到侵犯，权利持有人可以寻求哪些补救措施，应该获得哪些补救措施？本文从描述性和规范性的角度分析了国际环境权，这同时也是学术研究中三个特定领域的交叉点。

首先，环境可以是权利的对象。其中包括免受他人环境损害的权利，以及根据自己的选择使用自然环境的权利。这些主要是财产权，因为它们关系到权利人如何合法使用或不合法使用其财产。环境法提出了与上述类似的问题：政府如何既保护潜在受害者（这里称为环境损害的“受害者”）享受其财产不受外部负面影响的权利，又保护污染者（这里称为“污染来源”）使用其财产的权利，又该如何保护？举一个经典的例证，假设燃煤发电机的排放会干扰商业洗衣设施的运行，到底是前者拥有排放权，还是后者享有清洁空气的权利？如果侵犯了环境权利，政府会提供哪些补救措施，又应该采取哪些补救措施？

其次，运用经济学（研究行为者如何使用有限的资源来满足其多样化的需求）来分析法律是剖析权利的一种方法。法经济学分析（有时称为“法律与经济学”）的核心是对权利（尤其是财产权）的解释、预测和规范。它的主要规范标准是效率，即在给定限制的条件下最大限度地提高幸福感或福利。[1] 这种方法已具有影响力，被称为“20世纪法学领域最重要的发展”。[2]

---

1 具体来说，福利是对偏好的满足，可以假定其是可排序的，并且能通过行为来揭示。行为人自愿采取的贸易或其他行动，对第三方的负面影响可忽略不计，必然会增加福利，或者至少不会减少福利。实际上，行为可能是非自愿的，具有负面影响，并且信息通常是不完善的。关于效率的主张通常需要汇总多个参与者的福利，但是不可能进行完美的福利人际比较。因此经济学家经常援引帕累托最优，即至少一个主体的福利增加而其他主体的福利没有减少，而根据卡尔多·希克斯改进理论，则是指那些富裕的人（至少在假设上）愿意补偿那些情况变得更糟的人。在本文中，关于相对效率的理论指的是卡尔多·希克斯改进理论。

2 Cooter, R. B. and Ulen, T., ed., *Law and economics*, Boston: Addison-Wesley, 2011.

从经济学角度分析环境法的文献较少。[3] 就环境财产权而言，经济视角下的分析将探讨哪一方拥有权利，如果权利拥有者对其价值的估价低于另一方，是否存在实质性的交易障碍，以及法律是否应减少这些障碍或重新分配谁拥有初始权利？

最后，对在国际协议中体现的权利进行研究。国际法学对作为权利持有者和责任承担者的国家进行分析。这些研究会探讨国家的权利是什么，应该是什么，以及国家如何以及应该如何保护自己的权利。国际法及其中规定的权利与国内法律权利不同，因为没有集中的法律、权利和义务的制定者、执行者和具有有约束权力的仲裁员。由于这会导致许多更棘手的环境问题成为跨界问题，因此国际环境法长期以来一直是一个强有力的分支领域，[4] 它探索国家在其他国家或国家管辖范围以外地区开展环境活动时对应的权利和义务。例如，国家在多大程度上享有在公海捕鱼的权利和保护渔民的义务？同样，随着关于国际法的经济学分析的文献也越来越多，它探讨了国家如何相互影响以合理地增加其福利，有时也称为“理性选择”（rational choice）。[5]

但是，这三个领域的交叉研究（即对国际环境法的经济学分析）在很大程度上仅限于对规则制定和合规性进行博弈论分析。[6] 对国际环境权的法经济学分析仍然研究不足。为了解决这一空白，本文对各国的环境权进行了初步的经济学分析，并提出了三个问题：第一，各国对国际环境权的初始权利是什么？第二，相对于其他理论，这种权利是否有效？第三，如何保护这些权利？

在接下来的两节中，将会介绍财产权的经济学分析的背景，首先是整

---

3 Livermore, M. A. and Revesz, R. L., "Environmental Law and Economics", in F. Parisi eds., *The Oxford handbook of Law and Economics* (*Private and Commercial Law*), Oxford University Press, 2014. https://doi.org/10.1093/oxfordhb/9780199684205.013.43.

4 Birnie, P. W., Boyle, A. and Redgwell, C., ed., *International Law and the Environment*, Oxford University Press, 2009.

5 Guzman, A. T., *How International Law Works: A Rational Choice Theory*, Oxford University Press, 2008; Trachtman, J. P., *The Economic Structure of International Law*, Cambridge, MA: Harvard University Press, 2008; Posner, E. A. and Sykes, A. O., ed., *Economic Foundations of International Law*, Cambridge, MA: Belknap, 2013.

6 Barrett, S., *Environment and Statecraft: The strategy of Environmental Treaty-making*, Oxford University Press, 2003.

体性分析，然后是国际背景分析。第四、第五和第六节介绍三种可能成为国际环境权利的初始权利。通过简短的法律分析来介绍这些曾经出现的权利理论，再简要地进行经济分析，评估它们的相对效率。最后一整节探讨如何保护国际环境权利。

二　财产权

经济学的一个基本共识是：当事人会使用有限的资源来追求自己的多样化偏好。在某种程度上，当事人可以单独行动。然而，由于他们的资源和偏好各不相同，因此会通过合作来交换前者以满足偏好。交易是一种合作行动形式，对增加福利至关重要。有些交易较为简单不需要签订合同，但是在复杂的情况下，合同能够明确交易目的和未能满足预期目标的后果。

尽管交易可以增加福利，但有时仍然存在障碍。政府可以至少在某些情况下，通过制定和执行规则（统称为“法律”）来帮助国内的当事人克服这些挑战，这些规则以合法的强制力为后盾。通过法律，政府可以进一步提高当事人的福利。法律追求的目标之一是在既定资源和偏好的情况下最大限度地提高社会的福利，即追求效率，这也是法经济学分析的核心命题。

许多增加福利的法律都涉及财产权。除此之外，法律在没有任何协议交换的情况下规定了财产的初始权利，并在受到侵权时保护它们。初始权利可以通过新的判例法和法规来加以拓展，这通常是技术变革的结果。例如，高层建筑的发展、空气污染和飞行器的使用推动了不动产、大气和空域有关的权利的演变。[7]

更具体地说，政府可以通过三种方式保护财产权。[8] 首先，在禁止令中，权利受到侵犯的主体可以事后要求法院下令停止侵权行为。因此，根据“财产规则”，在侵犯财产权之前需要事前许可。其次，在赔偿责任方面，权利受到侵犯的主体可以事后要求法院强制侵害者赔偿损失。因此，

7　Cole, D. H., “Property Creation by Regulation: Rights to Clean Air and Rights to Pollute”, in D. H. Cole and E. Ostrom eds., *Property in Land and Other Resources*, Cambridge, MA: Lincoln Institute of Land Policy, 2011, pp. 125-154.

8　Calabresi, G. and Melamed, A. D., “Property Rules, Liability Rules, and Inalienability: One View of the Cathedral”, 85 *Harvard Law Review* 6, 1089-1128 (1972).

在“责任规则”下，侵权并不严格要求取得事前许可，但潜在的违法者应意识到可能需要支付的损害赔偿。最后，在行政管理中，公权机构以复杂的方式集中管理财产权。

科斯定理是产权经济分析的基础。它认为，如果交易成本可忽略不计，私人谈判将使当事人的福利最大化，而与财产权的初始分配无关。[9]可能导致科斯定理难以适用的交易成本包括垄断与买方垄断，集体行动、抵制行为和其他战略行为，寻租，不确定性和不完善的信息，小型且运作不佳的市场，行动限制和有限理性，调查，监视和执行成本，以及定义不明确且不受保护的产权。[10] 该定理可以应用于环境现象，例如从排污者排放损害至受害方。回到引言中的例证，如果商用洗衣房具有初始清洁空气的权利，但发电机拥有者更加在乎其排放的权利，则后者将向前者付款让其转让权利。或者从另一个角度来说，如果发电方拥有初始排放权，但是商用洗衣房更重视其清洁空气，则后者将同样可以向前者支付额外费用以转让该权利。因此，初始权利对最终分配结果没有影响，这将反映在当事人对权利的相对评价之中。

虽然科斯定理和其所使用的的例子假设交易成本可忽略不计，但科斯等人认识到交易成本通常足以阻止交易，因此初始权利确实会影响最终的福利。针对这些实际情况，罗伯特·库特（Robert Cooter）主张法律应力求将因高昂的交易成本引起的私人谈判失败所造成的损害降至最低。[11] 为此，它应该将初始财产权分配给通常最看重权利价值的参与者。这样，即便由于高昂的交易成本而无法达成协议，最重视该权利的人也已经拥有了它。随着交易成本的上升，对产权的初始分配的重要性也随之增加。

三　国际主权

对产权的经济分析过程可以应用于国际法中。这在一个由四部分组成

9 Coase, R. H., “The problem of social cost”, 3 *Journal of Law and Economics*, 1 - 44 (1960).

10 本文所指的“交易成本”，被广泛地用于涵盖所有关于达成协议的障碍——包括定义不明确的产权。

11 Cooter, R., “The cost of Coase”, 11 *The Journal of Legal Studies*1, 1-33 (1982).

的类比中很明显，在该类比中，国家、主权、国际谈判和国际法在某些方面类似于法人、财产、市场和私法。第一，国家（国际秩序中的行为主体）像自然人一样，都会利用有限的资源追求多样化的偏好。因此，可以在此处适用认为国家享有福利的观点。第二，就像公民对财产一样，国家合法拥有、使用、转让、从他人的领土中获取利益，将他人排斥在自己的领土之外的权利，并加以保护。这些主张不仅仅是领土主权的基础，也是建立国家的基础。法学家理查德·巴恩斯（Richard Barnes）指出主权与财产具有紧密的理论联系，特别是领土主权，它体现了私有制理论，同时就某种程度来说，它在理论上也反映了财产流转的方式。根据国际法的规定获取领土与在国内法下获取财产的模式同道平行绝非偶然。[12] 可以将国家的领土权利视为一种准财产权，以下简称“主权”（应当指出的是措辞可能不精确）。第三，如果一个国家对另一国的主权权利的重视程度超过了权利的原所有者，那么前者可以提供一些有价值的东西，与后者换取以转移主权。各国在不同的论坛上进行谈判，将交易内容编纂成法，在市场上人们同样可以在合同中将交易内容编纂成法。[13] 实际上，可以将国际法视为主权权利交易的市场平台。第四，国际公法（尤其是在国际习惯法中）为各国规定了基本的主权权利和彼此应遵守的保护性措施，私法则为个人及财产提供了同样的规范和保护措施。

但是国家、主权、国际谈判和国际法在另一些方面又不同于个人、财产、市场和私法。第一，国家是复杂的跨世代体制，而人是单一的行动者。虽然归属于前者的偏好和福利并不简单，但这些偏好似乎可以排列。第二，主权不能像财产那样真正地被完全转移。大多数条约只是在某些时间、地点和某些方式保证国家行使（或不行使）主权权利。但国家可能在日后违反这些承诺。第三，由于各种原因，国际谈判中的交易成本通常很高。他们往往不能精确定义主权权利的内涵。在获取信息和谈判中，需要付出大量努力来达成、执行和监督协议执行等事项。有时，只有一个国

---

12 Barnes, R., *Property Rights and Natural Resources*, Oxford: Hart Publishing, 2009; Cooley, A., “Imperial Wreckage: Property Rights, Sovereignty, and Security in the Post-Soviet Space”, 25 *International Security* 3, 100-127 (2000). https://doi.org/10.1162/016228800560534.

13 Scott, R. E. and Stephan, P. B., *The Limits of Leviathan: Contract Theory and the Enforcement of International Law*, Cambridge University Press, 2006.

家可以“出售”，而只有一个国家可以“购买”特定的主权权利，这会引起双边垄断和代价高昂的战略谈判。有时必须取得众多“卖方国”的一致同意，但这又会导致国家之间彼此拒不让步的问题。由于包括安全在内的各种原因，国家不愿意“拆分”主权权利。他们也不愿坦然地使用金钱作为补偿。[14] 取而代之的是，国家在其他问题上通过合作来予以补偿，由此出现了易货市场（barter market）。其结果是，交易成本阻碍了许多可能增加福利的交易。最后，没有机构拥有公认的权力来制定和执行国际法，包括在必要时合法使用武力，而像关于财产和合同之类的私法可以由国家强制执行。

尽管交易成本高昂，但各国家还是通过许多类似于合同的条约不时地交换主权权利。其中部分属于公开交易，例如俄罗斯将阿拉斯加出售给美国。也可以在互不相交的领域进行交易，如俄罗斯同意签署《联合国气候变化框架公约》（UNFCCC）下的《京都议定书》以换取其在世界贸易组织中的成员资格。[15] 一些条约是关于主权权利的相对性交易，如美国和加拿大同意限制从其领海中捕捉太平洋沿岸鲑鱼。[16]

如上所述，法律分配并保护关于财产或主权权利的初始权利。国际法中主权的最初权利是什么？在这里，“初始权利”并不是一种可以随意创立的权利，而是在没有条约规定的情况下可以参考的标准线。在国际范围内，这将是一个新国家在加入任何条约之前就拥有的主权权利。因此，国际法的习惯和原则可以定义主权的初始权利。[17] 与国内情况一样，这种初始的主权权利随历史发展而变化。例如，随着军事，捕鱼和开采技术的发展，各国家对领海的控制权从 3 海里增加到 12 海里，并增加了 200 英里

14 Blocher, J. and Gulati, M., "A Market for Sovereign Control", 66 *Duke Law Journal* 4, 797-843 (2017).

15 Henry, L. A. and McIntosh Sundstrom, L., "Russia and the Kyoto Protocol: Seeking an Alignment of Interests and Image", 7 *Global Environmental Politics* 4, 47-69 (2007). https://doi.org/10.1162/glep.2007.7.4.47.

16 Treaty between the Government of Canada and the Government of the United States of America Concerning Pacific Salmon, January 28, 1985, in force March 18, 1985. Available at http://www.psc.org/download/45/miscellaneous/2337/treaty.pdf.

17 Barrett, S., *Environment and Statecraft: The Strategy of Environmental Treaty-making*, Oxford University Press, 2003.

的专属经济区和大陆架。

那么国际法如何保护财产权？因为没有集中的国际法律权威机构，所以国家必须自己采取保护和执法行动。尽管实践和理论都已经规定了一些措施，但通过财产规则（禁止令）、责任规则或行政管理的手段未能确保解决这些问题。

首先就财产规则来说，众多涉及主权交换的条约表明，这些权利通过类似于禁止令的制度得到了较好的保护。也就是说，国家的实践表明，他们认识到自己应该在侵犯他人主权之前获得许可。

其次，责任制度通过事后赔偿损害途径来保护权利。由于未经许可的侵犯主权行为经常发生，因此在国际习惯法中规定了不法行为的责任后果。在这方面，各国应对其行为和不作为负责，它们违反了国际法规定承担的义务。原则上，责任包括赔偿（恢复不法行为之前的状况）和赔偿（提供有价值的东西），[18] 换句话说，只需要承担赔偿责任或至少一种法定责任类型。

最后，国际法有时使用行政管理的方式，但并不经常使用。一个例证是国际电信联盟（联合国）对地球静止卫星的位置和频率的管理。[19]

一个国家对另一个国家造成的影响都可以通过行使主权权利途径来解决。这包括领土控制、人员和跨界物资、征用、知识产权和违禁品等领域。[20] 本文重点介绍环境主权，例如与跨境损害和共享自然资源有关的权利。

有人可能会问，从福利的角度出发，环境主权的最初权利是否重要。毕竟，科斯定理的核心是，当交易成本可以被忽略时，产权的初始权利分配不影响最终福利。然而，各国达成协议的交易成本非常高昂。因此，在国际舞台上，科斯定理的适用性不及库特（Cooter）的主张，即法律应将初始财产权分配给通常最重视它们的行为主体。因此，初始权利十分重要。

---

18 International Law Commission. (2001b). Draft Articles on Responsibility of States for Internationally Wrongful Acts. In *Report of the International Law Commission on the Work of Its Fifty-third Session*, UN Doc A/56/10 (pp. 26-143). New York: United Nations.

19 International Telecommunication Convention, Final Protocol, Additional Protocols, Resolutions, Recommendations and Opinions, October 25, 1973, in force January 1, 1975, Available at http://search.itu.int/history/HistoryDigitalCollectionDocLibrary/5.10.61.en.100.pdf.

20 Sprankling, J. G., "The Emergence of International Property Law", 90 *North Carolina Law Review* 2, 461-509 (2011).

四 污染侵害国的环境主权：哈蒙主义与自然资源开发权

本节和以下两节明确提出国际法赋予环境主权的三种可能的初始权利，并探讨了国际法律协议、国家实践和国际法庭的裁决在何种程度上可以支持这些权利。通过经济分析表明每种初始权利是否以及在什么情况下更加高效。

第一种可能的初始权利是指侵害国有权在其他国家造成跨界环境损害并开发共享的自然资源。这是有理可循的，因为一个国家对领土拥有绝对的控制权。近代来，法学理论和国家实践都认为这是国家最初的权利。早在 17 世纪，胡果·格劳秀斯（Hugo Grotius）和科尔内利斯·范·宾刻舒克（Cornelis van Bijnkershoek）的著作以及《威斯特伐利亚条约》（*Treaty of Westphalia*）赋予了国家绝对控制其领土的权利。1895 年美国（上游）在与墨西哥（下游）就跨界型的里奥格兰德（Rio Grande）争端中曾主张哈蒙主义（Harmon Doctrine），宣称污染侵害国享有绝对环境主权。从 1950 年代到 1970 年代，后殖民国家就自然资源开发提出了类似的绝对环境主权权利主张，联合国大会对此表示赞同。[21] 例如，其中一项决议规定："每一国家拥有并应自由行使对其一切财富、自然资源和经济活动的

---

21 UN General Assembly Resolution A/Res/523 (VI), of January 12, 1952, on Integrated Economic Development and Commercial Agreements, Available at http://daccess-ods.un.org/access.nsf/Get? OpenAgent&DS=A/RES/523 (VI) &Lang=E&Area=RESOLUTION; UN General Assembly Resolution A/Res/626 (VII), of December 21, 1952, on the Right to Exploit Freely Natural Wealth and Resources, Available at http://daccess-ods.un.org/access.nsf/Get? OpenAgent&DS=A/RES/626 (VII) &Lang=E&Area=RESOLUTION; UN General Assembly Resolution A/Res/1803 (XVII), of December 14, 1962, on Permanent Sovereignty over Natural Resources, Available at http://www.un.org/ga/search/viewdoc.asp? symbol=A/RES/1803 (XVII); UN General Assembly Resolution A/Res/S-6/3201, of May 1, 1974, on the Declaration on the Establishment of a New International Economic Order, Available at http://legal.un.org/avl/pdf/ha/ga3201/ga3201phe.pdf; UN General Assembly Resolution A/Res/3281 (XXIX), of December 12, 1974, on the Charter of Economic Rights and Duties of States, Available at http://www.un.org/ga/search/viewdoc.asp? symbol=a/res/3281 (XXIX).

完全永久主权，包括占有、使用和处置主权。”[22] 这体现在自决权中，其中包括一项规定：“各国人民可以为自己的目的自由处置其自然财富和资源，而不会违背基于互利原则和国际法规定的经济合作活动产生的义务。”[23] 国际法院（ICJ）确认，国家享有对自然资源的永久主权是依据国际习惯法确立的。[24] 请注意，20世纪对自然资源拥有主权的主张并不包括允许造成跨界环境损害的权利。然而，大约自1970年以来，引用绝对环境主权权利的声音越来越少，因此它不再被认为是环境主权的初始权利。

从经济视角来看，污染侵害国的绝对环境主权在某些情况下是合理的。在国际上，当权利转让谈判背后的交易成本较高时，对侵害国或受害国的初始权利进行分配的路径是更有效的。由于受害国几乎不可能实际阻止或防止跨界损害，因此在类似于无政府状态的国际环境中，侵害国的环境主权是默认存在的。[25] 在此初始权利下，运用科斯定理进行谈判与合作在一定程度上是可能的。如果承担损害破坏结果的受害国家对环境的重视程度大于侵害国家对其有害活动的重视程度，那么前者可以提供费用以停止后者。如果侵害国违反协议并恢复侵权行为，则前者可以停止付款。此外，由于受害国在防止跨境环境损害方面无能为力，因此任何国际合作协议的受益者都应该减少对受害国有害的行为。[26]

---

22 Charter of Economic Rights and Duties of States, ibid, Article 2. 1.

23 International Covenant on Civil and Political Rights, December 16, 1966, in force March 23, 1976, available at http://www. ohchr. org/Documents/ProfessionalInterest/ccpr. pdf, Article 1. 2; International Covenant International Covenant on Civil and Political Rights, December 16, 1966, in force March 23, 1976, available at http://www. ohchr. org/Documents/ProfessionalInterest/ccpr. pdf, Article 1. 2; International Covenant on Economic, Social and Cultural Rights, December 16, 1966, in force January 3, 1976, available at http://www. ohchr. org/Documents/ProfessionalInterest/ccpr. pdf, Article 1. 2; International Covenant Economic, Social and Cultural Rights, December 16, 1966, in force January 3, 1976, available at http://www. ohchr. org/Documents/ProfessionalInterest/cescr. pdf, Article 1. 2.

24 Armed Activities (Democratic Republic of the Congo v. Uganda), Judgment, December 19, 2005, ICJ Reports 2005, paragraph 244.

25 “无政府状态”在这里不是指没有规则，而是没有集中的规则制定，执行和具有约束力的争议解决状态。Wiener, J. B., “Global Environmental Regulation: Instrument Choice in Legal Context”, 108 *Yale Law Journal* 4, 677-800 (1999).

26 Wiener (1999: 750-755) 建议将这种权利称为“受益人付费”。Wiener, J. B., “Global Environmental Regulation: Instrument Choice in Legal Context”, 108 *Yale Law Journal* 4, 677-800 (1999).

但是在20世纪，国际治理、技术和经济相互依存关系的变化降低了交易成本。具体来说，许多新的国际论坛会议（与联合国有许多隶属关系）为发展有关主权权利定义、默认条款、规则和可重新分配多边条约的国际法提供了条件。常设法庭进一步提供了解决国际争端的场所。快速和低成本的交通与通信方式促进了协议的谈判。通过监测技术，加快了环境危害的识别，归因并解决了监测合法性问题。更深层次的国际一体化，特别是在经济领域的一体化，提高了各领域之间产生联系的可能性。[27] 同时，其他新技术（例如核电和海上石油运输）增加了跨界环境风险，并创造了新的风险。无论是个人交易行为还是通过其他的权利理论途径而开展的第三方活动，在一定程度上，这些危险行为的负面影响侵害了受害国环境主权中的潜在利益。出于上述考虑，侵害国的绝对环境主权不再被认为是有效的初始权利。

五 污染受害国的环境主权：污染者付费原则

第二种可能的初始权利是，受害国拥有环境主权，不受任何有害的跨界损害，包括其共享资源带来的损耗。从法律上讲，“污染者付费”原则适用于国家环境主权，侵害国应承担预防、补救和赔偿由此造成的损害的费用。换句话说，该原则要求受害国的环境主权受到责任规则的保护。

各国在某种程度上已采用了国际污染者付费的方法来处理环境主权，但实际上并未予以实践。无强制约束力的《里约宣言》（*Rio Declaration*）对这一原则进行了表述：国家主管部门应努力促进环境成本的内部化和经济手段的使用，在适当考虑到公共利益且不扭曲国际贸易和投资的前提下，探讨污染者付费原则规定中承担损害成本的途径。[28] 对于该原则来说，这也是唯一一处在国际法律协议中有所体现。

---

27 Barrett, S., “The Strategy of Trade Sanctions in International Environmental Agreements”, 19 *Resource and Energy Economics* 4, 345 - 361 (1997). https://doi.org/10.1016/S0928-7655(97)00016-X.

28 The Stockholm Convention on Persistent Organic Pollutants, a Global Agreement, Reaffirmed the Rio Declaration's Statement of the Principle. Convention on Persistent Organic Pollutants, Stockholm, May 22, 2001, in force May 17, 2004, Available at http://chm.pops.int/Portals/0/download.aspx?d=UNEP-POPS-COP-CONVTEXT-2009.En.pdf. Preamble paragraph 17.

值得注意的是，这段话呼吁各国在国内落实污染者付费原则，但对跨境损害或共享自然资源等事项只字未提。这是由于“除其他外，多数国家认为……污染者付费原则适用于国内层面，不适用于国际层面上国家之间的关系或责任”[29]。

同样，在多边环境条约中污染者付费原则并未被严格执行。笔者发现有 17 项生效并援引了该原则的区域环境协议，其中大多数是由经济合作与发展组织、联合国欧洲经济委员会或欧洲联盟颁布。这些条约中大约有一半仅在其无约束力的序言中引用了污染者付费的原则。在其他协议中，包含该原则的强制性规定要么未说明在国际层面上实施，要么仅限定在国内实施；或者规定国家有义务在执行协议和制定其他环境政策时以该原则为指导政策。

另外，各国订立了许多违反污染者付费原则的国际协议。[30] 实际上，斯科特·巴雷特（Scott Barrett）甚至认为：“由受害国来支付费用并不是例外，反倒成了常规做法。”[31] 作为第一个反例，他援引了位于荷兰下游的莱茵河为例证，为减少德国上游尤其是法国的盐污染而付出了不成比例的代价。第二个反例是联合执行减少温室气体排放的措施，例如《联合国气候变化框架公约》及其《京都议定书》。[32] 有减排义务的国家可以向其他国家（包括无义务的国家）支付费用以减少他们的排放。在实践中，某些污染国得到报酬便停止侵害行为。第三个例子是，在债务交换机制

---

29 国际法委员会应各国的要求，在制定《保护大气层准则草案》中明确排除了损害者付费原则的考虑。International Law Commission 2018 Guideline 2. 2; Sand, P. H., “The Discourse on ‘Protection of the Atmosphere’ in the International Law Commission”, 26 *Review of European*, *Comparative & International Environmental Law* 3, 201 - 209 (2017). https://doi. org/10. 1111/reel. 12212; Sands, P., and Peel, J., ed., *Principles of International Environmental Law*, Cambridge University Press, 2012.

30 与损害者付费原则背道而驰的环境政策在国内也继续存在。例如，对零排放和可再生能源，绝缘材料或对环保设备的补贴就是向污染者付款。

31 Barrett, S., *Environment and Statecraft*: *The Strategy of Environmental Treaty - making*, Oxford University Press, 2003.

32 United Nations Framework Convention on Climate Change, May 9, 1992, in force March21, 1994, Article. 4. 2 (a), Available at https://unfccc. int/files/essential_background/background_publi- cations_htmlpdf/application/pdf/conveng. pdf; Kyoto Protocol to the United Nations Framework Convention on Climate Change, December 10, 1997, in force February 16, 2005, Articles 3. 1, 12, Available at https://unfccc. int/sites/default/files/kpeng. pdf.

中，一些国家减轻了其他国家的债务（这是一种交易方式），使后者同意不进行破坏环境的行为。[33] 第四个例子是，工业化国家有时会向发展中国家支付费用以保护生态系统。这种“为生态系统服务所付出的报酬”相当于向过去一直在破坏有价值的生态系统的国家支付费用来让他们停止这样做。[34]

但侵害国不仅常常不向污染受害国转让环境主权，而且一直拒绝承担对环境损害的赔偿责任，这两点恰恰是落实污染者付费原则所需注重的地方，却难以实践。国际法委员会不得不放弃建立责任制度的努力，因为“无论在何种情况下，很少有政府表示愿意承担在其管辖范围内的活动所造成的损害的无过错责任”[35]。为此，国际法委员会提出的温和性建议也止步于提出国家可以根据草案规定的原则来进行司法审查，而非基于具体的条款，其理由是草案仅仅建议对危险活动承担严格的民事责任。此外，只有三个国际法律制度（有关核事故、石油的海上运输和太空活动的国际法律制度）规定了跨界环境损害的赔偿责任，许多本可确立起责任机制的多边环境协定因为未能吸引足够多的国家来共同参与而无法生效。

各国拒绝污染者付费原则是否有其经济上的正当理由呢？国际法委员会在其《关于预防危险活动的越境损害的条款草案》（*Draft Articles on the Prevention of Transboundary Harm from Hazardous Activities*）的评论中声称，“该原则被认为是分配损害防治措施成本以鼓励合理使用稀缺资源的最有效手段”[36]。但是，这种说法与库特（Cooter）的说法相反，库特认为在交

---

33 Knicley, J. E., “Debt, Nature, and Indigenous Rights: Twenty-five Years of Debt-for-nature Evolution”, 36 *Harvard Environmental Law Review* 1, 79-122 (2012).

34 在这些政策中，污染环境或从事有害环境行为的国家会产生反常的动机，增加有害行为以获得更多赔偿，从而造成特别严重的问题。Wiener, J. B., “Global Environmental Regulation: Instrument Choice in Legal Context”, 108 *Yale Law Journal* 4, 677-800 (1999); Davidson, M. D., “*Distributive Justice in the International Regulation of Global Ecosystem Services*”, 22 *Global Environmental Change* 4, 852-861 (2012). https://doi.org/10.1016/j.gloenvcha.2012.06.004.

35 Birnie, P. W., Boyle, A. and Redgwell, C., eds., *International Law and the Environment*, Oxford University Press, 2009.

36 International Law Commission. (2001a). Draft Articles on Prevention of Transboundary Harm from Hazardous Activities. In *Report of the International Law Commission on the Work of Its Fifty-third Session*, *UN Doc A/56/10* (pp. 146-170). New York: United Nations.

易成本较高的情况下，应首先考虑将权利分配给哪一方以及如何保护这些权利。在国家内部，侵权者责任制一般是较为高效的，但如上所述，国际环境损害责任在结构上有所不同，只有少数侵害国拥有更多实力，许多污染损害承担国却缺乏足够的实力。[37]

即使如前一节所述，当交易成本很高时，污染侵害国或受害国通常都应该拥有明确的财产权，但将其分配给受害国的效率较低。这是因为在无政府状态的国际环境中，科斯合作将会崩溃，在这种环境中，协议是自愿达成并能被各方执行，并且该污染行为在侵害国和受害国的视角中的重视程度是不对称的。假设，在适用将权利分配受害国的初始权利中，侵害国对环境有害活动的重视程度高于受害国对清洁环境的重视程度，那么前者可以向后者支付损害许可的费用。即便受害国拒绝了这种请求，侵害国依然可以继续实施对环境的有害行为，而受害国没有能力来停止该活动。因此侵害国几乎失去寻求合作的动力。当受害国的环境主权受到制度保护时，需要一个规则执行者，也就是可以发布具有约束力的决定的争端仲裁人，而这两项都是国际秩序缺乏的。换句话说，由于较高的交易成本，国际法与国内法在担责制度的结构上有所不同，其中最重要的是缺乏超国家的权威来进行归责、明确因果和损害结果及强制支付赔偿金等活动。经济学家威廉·鲍莫尔（William Baumol）和华莱士·奥茨（Wallace Oates）在其经典的环境政策文本中断言："与其他有效控制跨国损害的方案相比，污染者付费原则更可能成为拖延和逃避的原因。"[38]

在同时存在多个侵害国的情况下，分配给受害国环境初始权利的方式会变得特别低效。假设有一项带来净利润的活动会损害一个或多个其他国

---

37 Shavell, S., "*Liability for Harm Versus regulation of Safety*", 13 *Journal of Legal Studies* 2, 357-374 (1984); Sprankling, J. G., "*The Emergence of International Property Law*", 90 *North Carolina Law Review* 2, 461-509 (2011).

38 Baumol, W. J. and Oates, W. E., ed., *The Theory of Environmental Policy*, Cambridge University Press, 1988; d'Arge, R. C. and Kneese, A. V., "State Liability for International Environmental Degradation: An Economic Perspective", 20 *Natural Resources Journal* 3, 427-450 (1980); Mabey, N., Hall, S., Smith, C., and Gupta, S., eds., *Argument in the Greenhouse: The International Economics of Controlling Global Warming*, London: Routledge, 1997; Wiener, J. B., "Global Environmental Regulation: Instrument Choice in Legal Context", 108 *Yale Law Journal* 4, 677-800 (1999); Mamlyuk, B. N., "*Analyzing the Polluter Pays Principle through Law and Economics*", 18 *Southeastern Environmental Law Journal* 1, 39-79 (2009).

家的环境，那么依然会有多个国家希望批准或实施。在受财产规则保护制度下，侵害国需要集体取得受潜在影响国家的事前许可。但侵害国各自试图获取最大化的社会盈余，这有可能导致出现对抗局面，或者如果此类权利受到赔偿责任规则的保护，那么受害国需要将损害归因于特定的侵害国，这是一个复杂且具有挑战性的过程。实际上，在最近几十年中，许多侵害国（以及许多受害国）之间的环境问题变得越来越突出。其中包括公海过度捕捞和平流层臭氧消耗，尤其是人类活动引起的气候变化。[39] 值得注意的是，规范这些环境问题的多边环境协定都没有提到污染者付费原则。

总而言之，尽管各国和其他国家经常谈到污染者付费原则，这等同于在责任制度下来实现污染受害国的环境主权权利，但在实践中，它的可操作性较低。各国经常否认受害国的环境主权并拒绝承担跨界环境损害的责任。从经济角度来看，这是合理的，因为国际环境下的交易成本更高，还缺少一个超国家权威机构。在许多污染侵害国日益重要的环境问题中，这一点尤其重要。最终，关于受害国的环境主权，无论是通过污染者付费还是其他方式，都不是也不应该是初始权利。

六　混合型环境主权：预防跨界损害和公平使用自然资源

最有可能性的环境主权初始权利隐含在一对互相补充的学说中。这项权利不赋予侵害国和受害国绝对的环境主权，而是为每个国家确立了混合型的权利和义务内容。

其中一项内容是国家减少和防止跨界损害的义务。从法律上讲，它基于一般性原则和国际习惯法之上。预防原则规定，国家应预防环境损害，而不是随后对其进行补救或补偿。它的国际法渊源是 20 世纪初美国和加拿大之间的特雷尔冶炼厂仲裁案。[40] 预防原则已在 1972 年《斯德哥尔摩

39　Barrett, S. and Stavins, R., "Increasing Participation and Compliance in International Climate Change Agreements", 3 *International Environmental Agreements* 4, 349 – 376 (2003). https://doi.org/10.1023/b:Inea.0000005767.67689.28.

40　Trail Smelter Arbitration (USA vs. Canada) (1938 and 1941) 3 RIAA 1905.

宣言》和1992年《里约宣言》中国际化，后者指出：各国……拥有开发其自身资源的主权权利……并有责任确保其管辖或控制范围内的活动不会对其他国家或超出国家管辖范围的地区的环境造成破坏。[41]

该原则在有关跨界损害的国际习惯法中得到实践，各国有责任依照尽职调查标准采取措施来预防、减少和控制重大跨界损害的风险。根据国际法委员会的意见，他们应该开展环境影响评估并通知、咨询潜在受影响的国家以及与之进行谈判。1996年，国际法院曾确立了一项国际原则，承认各国有义务“确保其管辖和控制范围内的活动尊重其他国家的环境”。[42]换句话说，受害国有权采取污染侵害国本应执行的预防性程序以防止污染。若后者这样做，那么就意味着虽然污染侵害国享有开发资源的主权权利，但拥有的是有限的跨界损害权利。

另一项内容是关于公平使用共有资源的学说，也就是一国可以利用这类共有资源，只要这样不会不合理地干扰其他国家行使使用权即可。尽管单个国际法律文书中尚未明确规定此条款，但它在其他协议中始终如一地得到实施，包括河流、(半）封闭海域、渔业、迁徙物种、生态系统、大气、含水层、油气储藏、电磁频谱等领域。[43] 国际法中对跨境水道这一自然资源领域的合理使用规定是最为完善的，其历史至少可以追溯到1929年的奥德河裁决（River Oder decision)。常设国际法院规定，“可通航的河流”成为一项共同法律权利的基础，其基本特征是在整个河道，所有沿河国家的使用权完全平等，并且排除一个沿河国家对其他国家的任何特权。[44] 对于当下的环境问题而言，更重要的是跨境水道的非航行使用

41 Stockholm Declaration on the Human-Environment, UN Doc. A/CONF. 14/48/Rev. 1, June 16, 1972, Available at http: //www. un-documents. net/unchedec. htm, Principle 21; Rio Declaration on Environment and Development, in Report of the UN Conference on Environment and Development, Rio de Janeiro, June 3-14, 1992, UN Doc A/CONF. 151/26 (Vol I), August 12, 1992, available at http: //www. unesco. org/education/pdf/RIO_E. PDF, Principle 2.

42 Nuclear Weapons, Advisory Opinion, July 8, 1996, ICJ Reports (1996), paragraph 29; Pulp Mills on the River Uruguay (Argentina v. Uruguay), Judgment, April 20, 2010, ICJ Reports (2010), p. 14.

43 Del Castillo-Laborde, L., "Equitable Utilization of Shared Resources", in R. Wolfrum ed., *The Max Planck Encyclopedia of Public International Law*, Oxford University Press, 2010.

44 Territorial Jurisdiction of the International Commission of the River Oder Case, Judgment, September 10, 1929, PCIJ Ser. A, No. 23 (1929), p. 28.

难题，近年来该领域的国际法律制度是通过签订条约和国家实践发展起来的。[45] 确实，通过国际法委员会、国际法院和联合国大会的确立，公平使用非航行目的的跨界水道规则已经成为国际习惯法的一部分。[46] 前者的特征是“在实现最佳的利用目的，取得利益的同时满足对水道的保护需求”，同时有义务在开发和保护水道方面同其他沿岸国合作。[47] 不过尚未明确更清晰的内涵。[48] 换句话说，侵害国享有的共有自然资源权利是有限的，并且有义务考虑受害国的权益，而受害国虽然有权考虑其自身权益，但也有义务允许他人使用共有资源。

因为防止跨界损害（与国家利用其自然资源的权利有关）和公平使用共享自然资源一直受到法学理论和国家实践的支持，所以目前它们被公认为是环境主权的初始权利。此外，它们是互补的，因为它们适用于不同的行为。预防跨界损害适用于有可能在未来造成跨界损害的行为，这些行为往往是彼此独立的，并且可以在少数国家中得到有效实施。公平使用规则涉及由于资源耗竭而不可避免地造成跨界损害的持续性行为，同样可以在许多国家间执行。

从经济学角度来说，这对权利分配原则似乎更有效率。这是因为人们

---

45 Dellapenna, J. W., “The Customary International Law of Transboundary Fresh Waters”, 1 *International Journal of Global Environmental* Issues 3-4, 264-305 (2001), https://doi.org/10.1504/IJGENVI.2001.000981; Salman, S. M. A., “The Helsinki Rules, the UN Watercourses Convention and the Berlin rules: Perspectives on International Water Law”, 23 *Water Resources Development* 4, 625-640 (2007). https://doi.org/10.1080/07900620701488562.

46 International Law Commission (1994); Gabčikovo - Nagymaros Project (Hungary v. Slovakia), Judgment, September 25, 1997, ICJ Reports (1997), paragraphs 78, 85; UN General Assembly Resolution A/51/229, of May 21, 1997, on the Convention on the Law of the Non-navigational Uses of International Water-courses, Article 5, Available at http://www.un.org/documents/ga/res/51/ares51-229.htm. See also International Law Commission (2008).

47 International Law Commission. (2001a). Draft Articles on Prevention of Transboundary Harm from Hazardous Activities. In *Report of the International Law Commission on the Work of Its Fifty-third Session, UN Doc A/56/10* (pp. 146-170). New York: United Nations.

48 Nuclear Weapons, Advisory Opinion, July 8, 1996, ICJ Reports (1996), paragraph 29. See also Pulp ls on the River Uruguay (Argentina v. Uruguay), Judgment, April 20, 2010, ICJ Reports (2010), p. 14. Nuclear Weapons, Advisory Opinion, July 8, 1996, ICJ Reports (1996), paragraph 29. See also PMills on the River Uruguay (Argentina v. Uruguay), Judgment, April 20, 2010, ICJ Reports (2010), p. 14.

不能事先预测侵害国是否一贯更重视有害活动，或受害国是否也重视环境清洁。此外，国际治理、技术和经济之间相互依存关系的发展已大大降低了交易成本，不再需要采用赋予侵害国或受害国绝对权利的理论。各种条件表明，国际法应赋予每一方部分环境主权和随附义务，同时还要降低交易成本。以上就是这对原则的大致内容。

实际上，国际法委员会和其他机构所表达的内容隐含着经济效率的逻辑。有关预防污染的国际习惯法赋予侵害国可以进行能够引起跨界环境损害风险活动的权利，除非损害结果会过度侵害受害国的利益。[49] 侵害国的程序性义务决定了必须考虑受害国的利益（即福利），并通过强制性通知、影响评估、咨询和谈判等方式来降低交易成本。根据国际法委员会所述，为预防和减少损害所采取的实际步骤应基于“公平的利益平衡”规则，并考虑以下因素：

重大跨界损害的危险程度，以及预防此种损害或尽量减少此种损害的危险或补救损害的手段的可能性。

重要的是，在面对可能影响其他国家的潜在危害时，相对比受害国，污染侵害国应考虑在社会、经济、技术等因素的总体优势。

考虑预防成本，以及在其他地区、以其他方式或制定替代方案的经济可行性。[50]

这些规定旨在通过考虑行为的成本和收益，预防、减少危害以及采取替代方法来增加福利。

公平使用共享的自然资源同样需要一种内在的经济逻辑，核心原则是侵害国有权利用共享资源，除非这会不合理地干扰受害国的同等权利。在此，“不合理地”可以解释为对受害国造成的损害可能会超出侵害国获得的利益。换句话说，合理意味着福利的增加。[51] 在明确界定的跨界水道非航行使用的情况下，国际法委员会、国际法协会和联合国《国际水道非

49 这将是一个卡尔多·希克斯损失。

50 International Law Commission. (2001a). Draft Articles on Prevention of Transboundary Harm from Hazardous Activities. In *Report of the International Law Commission on the Work of Its Fifty-third Session*, *UN Doc A/56/10* (pp. 146-170). New York: United Nations.

51 Posner, R. A., “Wealth Maximization and Judicial Decision-making”, 4 *International Review of Law and Economics* 2, 131-135 (1984). https://doi.org/10.1016/0144-8188(84)90002-4.

航行使用法公约》[52] 同意确定公平利用时要考虑的因素包括：

有关河道国的社会和经济需要；

每个河道国依赖水道的人口；

在一个河道国使用或使用水道对其他河道国的影响；

水道的现有和潜在用途；

水道水资源的养护，保护，发展和经济以及为此目的采取的措施的费用；

针对特定计划或目前正在实施的行为，探讨具有相应价值的替代措施的可用性。[53]

这些因素试图平衡各方使用的成本和收益。也就是说，他们追求效率。

七 保护环境主权

本文最后思考的是如何保护环境主权：是通过财产规则、责任规则还是行政管理？如果未得到权利持有者的事先许可，其他主体可能不会侵犯受财产规则保护的权利，而且如果他或她确实如此，法院可以禁止该侵权行为。笔者还指出，国际谈判和协议的存在意味着各国认识到在侵犯他国主权之前应该获得许可。但是，财产规则通常不适用于保护环境主权。由于缺乏集中的立法者、执行者和具有约束力的国际法仲裁员，各国不能依靠法院予以禁令性救济。人们可以以国际法院为例，它使用了体现财产权

52 Convention on the Law of Non-Navigational Uses of International Watercourses, May 21, 1997, in force August 17, 2014, Available at http://legal. un. org/ilc/texts/instruments/english/conventions/8_3_1997. pdf. 尽管《公约》规定各方应“采取一切适当措施，防止对其他水道国造成重大损害”（第 7 条），但依然引起争议。McCaffrey, S., *The UN Convention on the Law of the Non-navi-gational Uses of International Water-courses: Prospects and Pitfalls*, World Bank Technical Paper, 17-28 (1998).

53 International Law Commission (1994), Draft Articles on the Law of the Non-navigational Uses of International Watercourses and Commentaries There to and Resolution on Transboundary Confined Groundwater. In *Report of the International Law Commission on the Work of Its 46th Session*, *UN Doc A/49/10* (pp. 89 -135), New York: United Nations; International Law Association (2004), "Berlin Rules on Water Resources", In A. H. A. Soons & C. Ward, eds., *International Law Association*, *Report of the Seventy-first Conference*, Berlin, 334-480. London: International Law Association (2004).

和禁令保护的逻辑和术语。例如，澳大利亚和新西兰在国际法院面前辩称，法国核试验的放射性尘埃是“非法入侵”。[54] 尽管国际法院没有明确下达禁令，但一些法律学者认为，要求国家采取有效措施履行其国际义务的要求实际上是禁令。[55] 但这种司法禁令在国际法中尤其是在环境领域仍然很少见，以至于一般不认为它们在环境保护领域起着重要作用。无论如何，各国仍必须同意在国际法院和其他国际司法机构中审理有争议的案件，但这些案件所判给的损害赔偿金不能通过国内的强硬手段来强制执行。此外，如前所述，跨界损害结果造成的影响是不对称的，因为侵害国可以自主选择造成损害（或风险），而受害国则不能选择摆脱损害带来的影响。因此，在没有集中国际权威的情况下，跨境损害纠纷无法适用财产保护规则。在侵害国可以轻而易举地造成损害的情况下，不作适当的努力和不经受害国许可就禁止跨界损害的做法不具备实践逻辑。

责任规则很少在国际上适用，这也是由于各国不愿向超国家法院授予权力。在法律学说和国家实践中，这都是显而易见的。如上所述，在国际习惯法中关于责任承担的规定中，各国应对因其违反国际法的行为而造成的跨界损害作出充分赔偿，包括恢复原状和赔偿损失。这类似于通过过失辩护承担责任的方式来保护主权，如果国际法的标准采用的是注意义务，即认为预防的边际成本等于行动预期损害的边际减少量，那么这种强制执行机制可以通过引导积极的预防措施和行为来增加国家的福利。[56] 这种赔偿责任原则上可以与预防跨境损害和公平使用共有自然资源的学说相结合。但是，国际法庭很少判决给予赔偿，尤其是对环境损害的赔偿。[57]

---

54 法院未对此要求进行任何深入的考虑。Nuclear Tests Cases (Australia v. France), Interim Measures, June 22, 1973, ICJ Reports (1973), paragraph 101. 30.

55 Birnie, P. W., Boyle, A. and Redgwell, C., ed., *International Law and the Environment*, Oxford University Press, 2009; Crawford, J., *Brownlie's Principles of Public International Law*, Oxford University Press, 2012.

56 因为不可能存在理想的人际福利（尤其是国际关系）比较，所以可以用卡尔多·希克斯的术语更精确地表述：有效的注意义务是指，污染侵害国的预防边际成本等于受害国向侵害国支付费用以要求对方采取预防措施的意愿。

57 Certain Activities (Costa Rica vs. Nicaragua), Compensation, February 2, 2018, Available at http://www.icj-cij.org/files/case-related/150/150-20180202-JUD-01-00-EN.pdf.

如前所述，在大多数情况下，国家不依靠国际化的管理模式来管理主权，环境也不例外。这些国家没有选择管理大气和公海等全球性公域。[58] 国际环境管理的案例很少，少数突出的例子是国际海底管理局（International Seabed Authority）对国家管辖范围以外的海底矿物权的管理。[59] 另一个例证是，在某种程度上，各国排放消耗臭氧层物质的权利是由《蒙特利尔议定书》的缔约者制定的，可以未经所有国家同意而采取监管措施。[60] 禁止主张对宇宙空间的主权和暂停南极矿物开采类似于行政管理，因为如果协议的当事方同意授予权利，则各国可以拥有这样的主权。[61] 值得注意的是，包括地球同步卫星在内，均和因技术变革而出现的新型主权有关。由新兴技术而产生的未来环境主权权利，例如通过太阳能地球工程（solar geoengineering）等方式改变全球气候的领域就可以通过行政性手段来管理。[62]

在无法统一执行国际法的情况下，财产规则、赔偿责任规则或行政管理都不能更好地保护环境主权。这似乎没有明确的答案，但是国家如何才能保护自己的主权的难题日益趋显。当一个国家侵犯了另一个国家的主权

---

58 Barnes, P., Costanza, R., Hawken, P., Orr, D., Ostrom, E., eds., "*Creating an Earth Atmospheric Trust*", 319 *Science* 5864, 724 (2008), https://doi.org/10.1126/science.319.5864.724b.

59 United Nations Convention on the Law of the Sea, December 10, 1982, in force November 16, 1994, Articles 133-191, Available at http://www.un.org/Depts/los/convention_agreements/texts/unclos/unclose.pdf.

60 Montreal Protocol on Substances That Deplete the Ozone Layer, September 16, 1987, in force January 1, 1989, Available at https://treaties.un.org/doc/Treaties/1989/01/19890101%2003-25%20AM/Ch_XXVII_02_ap.pdf.

61 此外，《南极中止协议》（*Antarctic Moratorium Agreement*）是对先前关于外层空间行政机构的提议失败的回应。Treaty on Principles Governing the Activities of States in the Exploration and Use of Outer Space, including the Moon and Other Celestial Bodies, December 19, 1966, in force October 10, 1967, Art. II, Available at http://www.unoosa.org/pdf/publications/STSPACE11E.pdf; Protocol on Environmental Protection to the Antarctic Treaty, October 4, 1991, in force January 14, 1998, Articles 7, 25, Available at https://www.ats.aq/documents/recatt/Att006e.pdf; Sprankling, J. G., "The Emergence of International Property Law", 90 *North Carolina Law Review* 2, 461-509 (2011).

62 Reynolds, J. L., *The Governance of Solar Geoengineering: Managing Climate Change in the Anthropocene*, Cambridge University Press, 2019.

时，受害国或受到其他损害的国家可以事后以三种方式作出回应。[63] 首先，采取报复措施，如受害国采取相同的有害行动，将影响直接报复于侵害国。这在某些情形下是有效的，但在有些情况下则不太适用，例如不适用于由两个国家共同开发共享资源的情况。其次，在报复措施中，受害国在一个问题领域采取惩罚性行动——通常发生在能够给侵害国带来巨大损害的领域。如果受害国可以在一些问题领域制衡侵害国，则此机制可以在许多环境案例中发挥有效作用。最后，侵害国可能遭受声誉损害，并且未来在实现潜在益处的国际合作中面临更多的困难。受害国可以“点名羞辱”侵害国以做到这一点。

这三种方式类似于赔偿责任，因为在广义上，侵害国“可能”侵犯了受害国的环境主权，但都应意识到可能需要事后“支付”损害赔偿。侵害国在决定是否继续进行污染时可以考虑这些成本的概率和预期。在某种程度上，准责任损害赔偿是在损害结果发生时就被确立的，其价值接近受害国的损失，但其作用不仅仅体现了损失结果，它还可以提高效率。显然，在国际范围内，这些标准并非总能得到实现，这是一个有趣的理论和实证问题。

八 结论

现在可以回答本文的三个问题。当代环境主权的初始权利是一种混合制度，在这种制度中，侵害国和受害国都具有基于防止跨界损害和公平使用共享自然资源的权利和义务。适用该初始权利比国际环境法及其学术研究所发现的其他理论更为高效。这些环境主权权利，与其他主权权利一样，尽管在某些特定情况下，它适用“传统”的财产规则、赔偿责任规则和行政管理等途径，但主要通过交易、报复和声誉指责等准责任机制得到保护。

此处介绍的对污染者付费原则的分析可能引起国际环境法学者的特别

63 Guzman, A. T., *How International Law Works: A Rational Choice Theory*, Oxford University Press, 2008.

兴趣，其中一些原则似乎很受欢迎。[64] 然而，各国并未在国际上实施污染者付费原则，经济分析有助于解释为什么不这样做。法经济学分析的学者们不应对此感到惊讶。理查德·波斯纳（Richard Posner）认为，由于法官（通常是潜意识下）的经济逻辑，在适用普通法的司法管辖区内，其作出的判例往往倾向于实现福利最大化和发展效率。由于国家实践的内在经济逻辑，国际习惯法可能表现出类似的趋势。

科斯定理是法经济分析的核心，这种分析也对科斯定理有影响。如前所述，由于国际谈判中的交易成本很高，因此通常不会进行改善福利的交流。这些高昂的成本是由于主权的定义不明确所致，而这又是缺乏中央立法者的结果。为达成、实施和监管领域的潜在交流必须开展大量必要工作；少数（甚至只有一个）潜在的“卖方”和“买方”，导致了卖方垄断、买方垄断、双边垄断和战略谈判；或者，必须达成一致意见才能推动进展的众多“卖方”格局形成了一种对抗局面；国家不愿意“捆绑”主权权利和支付金融方面的费用，从而出现低效率的交易；同时还缺少协议的中央执行者和争端解决者。结果，国际纠纷中财产的最初分配确实会影响结果和参与者的最终福利。在这种情况下，即便纠纷并不一定违反科斯定理，科斯定理也依然难以发挥作用。

此处有循环推理的风险。如果国家采取行动增加福利，国际习惯主要基于国家实践，并且国际习惯法确认了这一初始权利，那么它必然会更为高效。这一分析路径给予国际法学者和法经济分析学者一些思考。对于前者，它表明国际法总体上遵循一种经济逻辑，国际习惯法以可预测的方式发展，并解释了为什么某些一般性原则无法成为具有约束力的习惯。对于经济学家而言，国际环境法与国内财产法二者的相似之处值得进一步关注。

（责任编辑　陈诚）

64 De Sadeleer, N., *Environmental Principles: From Political Slogans to Legal Rules*, Oxford University Press, 2002.

作为法律领域的环境法：法律分类学引论（上）[*]

[美] Todd S. Aagaard[**] 著　姜闻远[***]译

内容摘要：为了研究法律的分类问题，本文首先对法律分类学进行总体考察，随后进入环境法的具体领域。我们将法律划分为不同的领域是为了发现和创建模式，从而使法律具有一致性和可理解性。一个法律领域是由单个或一组模式统合起来的一组情形，这些模式是该领域所共有且独有的。我们可以将法律领域概念化为该领域的四个基本构成维度的互动：(1) 存在一些事实背景，导致了 (2) 某些政策权衡，这些权衡转而借助 (3) 价值观和利益衡量的应用作出决定，最终产生了 (4) 法律教义。一个领域的组织框架确定了该领域的共同和独特的模式，这些模式可能体现于上述四个维度中的任意一个。本文第二部分将这种一般分析方法应用于环境法领域，提出了一个将环境法理解为法律研究和分析领域的框架。环境问题的两个核心事实特征包括公共资源的物质性和环境要素的普遍联系性，两者的组合就是环境法所具有的共性和特性。众多不同的使用需求被置于环境资源之上，冲突随之产生。这些使用带来的冲突决定了环境立法的政策权衡，形成了环境立法概念化中"使用—冲突"框架的基础。与其他将环境法作为一个法律领域进行概念化的模式相比，环境立法的"使用—冲突"框架具有显著的分析优势。

关键词：法律领域；法律分类；法律模式；概念框架；环境法；领域法

---

* 本文原载于《康奈尔大学法律评论》2010 年第 2 期。["Environmental Law as a Legal Field: An Inquiry in Legal Taxonomy", 95 *Cornell L. Rev.* 221 (2010)]。关键词系译者补充。限于刊载篇幅，本文分为（上）（下）两部分刊载，本次刊载的包括导论及第一部分。

** 此论文发表时任维拉诺瓦大学法学院助理教授，现为维拉诺瓦大学法学院教授。

*** 武汉大学环境法研究所博士研究生。

导论

是什么让一些法律的集合（area of law）成为一个法律领域（legal fields）？是什么将我们视为法律领域的特定法律的集合与经典的“马的法律”笑话区分开来？[1] 通过将法律划分为更具体的子学科，我们在法律分类学方面的目标是什么？什么样的分类学方案能推进这些目标？一个法律领域必须表现出什么样的特征才能推进这些目标，并确立其作为一个法律领域的有效性？

这篇文章通过对环境法领域的一般的和具体考察，对上述问题进行了探讨。环境法的存在焦虑为考虑法律分类学问题提供了肥沃的土壤。毫无疑问，我们称为环境法的东西是存在的。自从现代环境法在美国诞生以来，已经过去了大约 40 年。[2] 从那时起，环境法已经相当成熟，并达到了一定的稳定水平[3]。似乎没有什么疑问，环境法现在已是法律中永恒的

---

1 根据笑话的某个版本，马的法律将包括马的合同、对马行使所有权、马的侵权行为和马的诉讼。See Darian M. Ibrahim & D. Gordon Smith, *Entrepreneurs on Horseback: Reflections on the Organization of Law*, 50 Ariz. L. Rev. 71, 71－72（2008）（quoting Harold Hongju Koh, *Is There a "New" New Haven School of International Law?*, 32 Yale J. Int'l L. 559, 572 n. 85（2007））; see also Frank H. Easterbrook, *Cyberspace and the Law of the Horse*, 1996 U. Chi. Legal F. 207, 207（“许多案件涉及马匹的销售；其他案件涉及被马踢到的人；还有更多案件涉及马的许可和比赛、兽医对马的护理或马展的奖品”）。其他有关“马的法律”的参考和讨论，see Easterbrook, supra, at 207, 214（attributing the origin of the phrase to Karl Llewellyn）; Einer R. Elhauge, *Can Health Law Become a Coherent Field of Law?*, 41 Wake Forest L. Rev. 365, 368（2006）; Henry T. Greely, *Some Thoughts on Academic Health Law*, 41 Wake Forest L. Rev. 391, 404－05（2006）; Lawrence Lessig, Commentary, *The Law of the Horse: What Cyberlaw Might Teach*, 113 Harv. L. Rev. 501, 501（1999）.

2 联邦层面的首件重要环境法案件，*Scenic Hudson Preservation Conference v. Federal Power Commission*, 354 F. 2d 608（2d Cir. 1965），判决在 1965 年作出。第一部现代的联邦环境立法《国家环境政策法》（“NEPA”），42 U. S. C. § § 4321-4370f（2006），在 1970 年元旦签署成为法律。See also Richard J. Lazarus, The Making of Environmental Law 48（2004）（值得注意的是，1970 年除了签署《国家环境政策法》外，“还成立了总统环境质量委员会，首次在全国范围内庆祝地球日，成立了美国环境保护局，并通过了《清洁空气法》中要求严格且不妥协的空气污染控制计划”）.

3 See James L. Huffman, *The Past and Future of Environmental Law*, 30 Envtl. L. 23, 23（2000）.

固有成员。然而，20 世纪 70 年代环境法律革命的快感早已褪去，环境法的内容随着时间的推移而急剧复杂化，并且出现了对环境法不一致性的明显挫折感。即使在环境法的倡导者中，也有人抱怨环境法高度分散[4]和过度复杂[5]。人们强烈地感觉到，环境法需要一个可行的整体愿景或描述性框架来凝聚它的主题[6]。

为了尝试给环境法确定这样一个统一的框架，我们提出了一些问题：什么是环境法？当我们把一个事实模式、案例或规则描述为产生于环境法领域的时候，我们想通过这个名称来表达何种联系？如果有的话，是什么统一了环境法？环境法是一个法律领域，还是只是在一般主题下安排的法律的混沌集合？环境法是否具有独特的功能？环境法与其他法律领域的区别是什么？

无论是在环境法还是在其他一些领域提出这样的问题，都不仅仅是学

---

4 See, e. g., Uwe M. Erling, *Approaches to Integrated Pollution Control in the United States and the European Union*, 15 Tul. Envtl. LJ. 1, 11-12 (2001); Daniel A. Farber, *Foreword*, 32 Ecology L. Q. 383, 386 (2005); Robert L. Fischman, *The Divides of Environmental Law and the Problem of Harm in the Endangered Species Act*, 83 Ind. L. J. 661, 662 (2008); Elizabeth Fisher et al., *Maturity and Methodology: Starting a Debate About Environmental Law Scholarship*, 21 J. Envtl. L. 213, 219 (2009); Elizabeth Glass Geltman & Andrew E. Skroback, *Reinventing the EPA to Conform with the New American Environmentality*, 23 Colum. J. Envtl. L. 1, 29 (1998); Christine A. Klein, *Preserving Monumental Landscapes Under the Antiquities Act*, 87 Cornell L. Rev. 1333, 1338 n. 22 (2002); Robert V. Percival, *Regulatory Evolution and the Future of Environmental Policy*, 1997 u. Chi. Legal F. 159, 190 (1997).

5 See, e. g., Daniel A. Farber, Eco-pragmatism: Making Sensible Environmental Decisions in an Uncertain World 1 (1999); Peter Manus, *Our Environmental Rebels: An Average American Law Professor's Perspective on Environmental Advocacy and the Law*, 40 New Eng. L. REV. 499, 516 (2006); Joseph L. Sax, *Environmental Law in the Law Schools: What We Teach and How We Feel About It*, 19 Envtl. L. Rep. 10, 251, 10, 251 (1989); David A. Westbrook, *Liberal Environmental Jurisprudence*, 27 U. C. Davis L. Rev. 619, 621, 624-25 (1994).

6 See Farber, supra note 4, at 387 (“但是如果没有对这一领域的整体看法，机构或法院是否能够为环境法提供一个接近一致性的进路，是不清晰的”); Fisher et al., supra note 4, at 219 (“环境法作为一个学科……没有一个主导的逻辑，也没有主导性的教义框架或‘宪法性’基础”); Westbrook, supra note 5, at 621 (“Environmental law is not a discipline, because it lacks the professional consensus on a coherent internal organization of materials a discipline requires.”).

术上的思索。分类是法律运作的内在和根本。司法裁判需要一致性[7]。法律的一致性通过在相似事实情形构成的特定范畴中适用一套共同原则来实现。因此，对事实情形所属的范畴可能会决定法律在这些情形中适用的方式[8]。法律通过分类而运作，法律中采用的重要分类类型之一是法律领域。我们设定法律领域——环境法、劳动法、刑法——的前提是，这些分类能够明确法律运作方式中的一些重要问题。

因此，思考设定一个法律领域意味着什么，以及特定法律的集合成为一个法律领域需要什么，能够提高我们对法律运作方式的理解。反过来，对法律更好的理解也会为改善法律提供便利。当我们理解了法律运作的方式，就能更好地识别法律不能促成我们的预期目标的情况，并提出可能更有效的替代方法[9]。构建一个分析框架，将像环境法这样多元且复杂的法律领域结合起来，本身并不能解决阻碍环境立法中反复出现的冲突和困难，但它很可能以一种新的视角展示这些冲突和困难，并帮助立法机关、行政部门和法院形成决策，从而促进更有效的立法。此外，一个描述性的分析框架可以作为一种元框架，用于评估针对特定领域的多种规范路径。

本文对法律分类学的研究分为两部分。第一部分讨论一般问题，即何种要素使得特定法律的集合成为法律领域。我们将法律分类为不同领域，以寻找和创造模式，从而使法律一致（coherent）并具有可理解性。一个法律领域是由单个或一组模式结合起来的一组情况，这些模式是该领域所

---

7 See, e. g., Ark. Elec. Coop. Corp. v. Ark. Pub. Serv. Comm'n, 461 U. S. 375, 391 (1983); Guido Calabresi, The Costs of Accidents: A Legal and Economic Analysis 293-94 (1970).

8 只需举一例，20 世纪 70 年代，住宅物业租赁方面的法律规则的重要创新，是通过将住宅租赁从传统财产法的范畴转划到合同法中而得到的。See, e. g., Javins v. First Nat'l Realty Corp., 428 F. 2d 1071, 1074-75, 1077 (D. C. Cir. 1970) (rejecting the application of "old common law doctrines" of "real property transactions" and relying on contract principles to hold that a warranty of habitability should be applied to urban residential leases); Sommer v. Kridel, 378 A. 2d 767, 771-73 (N. J. 1977) (rejecting the application of "principles of property law" and relying on contract principles to hold that a landlord has a duty to mitigate damages if the landlord attempts to recover rent due from a defaulting tenant).

9 Cf. Abraham Bell & Gideon Parchomovsky, *Reconfiguring Property in Three Dimensions*, 75 U. Chi. L. Rev. 1015, 1070 (2008)（对于财产法的"三维视角"主张，"导致了对该领域更丰富和一致的观点"，使得"学者和立法者能够为当下和未来的财产问题制定更好的解决方案"）.

共有且独有的[10]。我们可以将法律领域概念化为该领域四个基本构成维度的互动：（1）存在一些事实背景，导致了（2）某些政策权衡，这些权衡转而借助（3）价值观和利益衡量的应用作出决定，最终产生了（4）法律教义（legal doctrine）。一个领域的组织框架（organizational framework）确定了该领域的共同和独特模式，这些模式可能体现于上述四个维度中的任意一个。共同和独有的特征在该领域内越占优势，该领域就越能成为一个分析的范畴。此外，理想情况下，一个法律领域在其边界之外还具有跨领域的影响。

本文第二部分将上述一般方法应用于环境法领域，提出了一个将环境法理解为法律研究和分析领域的框架。第二部分首先审视并批判了之前为解释环境法作为一个融贯的法律领域而做出的两项突出努力[11]。我认为这些努力最终都失败了，主要是因为他们的框架过度关注环境主义，这使得他们对环境法的界定并不完整，因为其未能识别环境法的共同和独有的特征模式。

第二部分接着提出了一个优越的环境法组织框架，这个框架植根于该领域的本质（constitutive）层面。我认为，环境问题涉及两个核心的事实特征——环境法制定的事实背景，即公共资源的物质性和环境要素的普遍联系——这两个特征结合在一起，就是环境法的共性和独有特性。众多不同的使用需求被置于环境资源之上，冲突随之产生。这些使用带来的冲突界定了环境立法的政策权衡，为环境立法的概念化形成了“使用—冲突”框架的基础。这些使用中的冲突来自面对问题时就具体事实背景做出的决定，因而难以被有效归纳为抽象概念。由于这个原因，因解决环境使用中的冲突而产生的环境法教义，并不具有一个明确的、普遍的模式。没有一个核心原则能够统一所有的环境实体法。尽管没有这样的原则，本文提出的分析框架强调了环境立法中“使用—冲突”的角色，以及在普遍联系地使用物质公共资源的竞争过程中“使用—冲突”的产生，能够有意义地凝聚环境法领域。这个框架也提供了一个相对价值中立的框架，用来评估那些替代性的政策选择或规范进路。

---

10 See infra note 19 and accompanying text.

11 A. Dan Tarlock, *Is There a There There in Environmental Law?* 19 J. Land Use & Envtl. L. 213 (2004); Westbrook, supra note 5.

一 什么使法律的集合成为一个特定法律领域？

（一）法律分类学与法律领域

作为法律分类的一种形式，我们认为分类有助于提高对法律的理解，因而将法律划分为不同的领域。[12] 正如 Emily Sherwin 所观察到的，对法律进行有效分类可以带来显著的好处：

将法律分为不同的范畴……有利于法律分析和法律观点的交流……对法律进行全面的正式分类提供了一套词汇和语法，使法律更容易被那些必须使用法律的人理解和掌握。它将法律材料集合在一起，使观察者能够将法律视为一个整体的法律。这也转而使律师更容易就法律的规范性方面进行有效的辩论，法官更容易解释他们的决定，行为者也更容易根据法律协

12 See Robert C. Berring, *Legal Research and the World of Thinkable Thoughts*, 2 J. App. Prac. & Process 305, 306（2000）（“将信息置于背景中，给研究者提供了理解法律信息的有力工具”）; Ugo Mattei, *Three Patterns of Law: Taxonomy and Change in the World's Legal Systems*, 45 Am. J. Comp. L. 5, 5（1997）（“分类学为法律提供了智识上的框架，并让法律的复杂性变得更为可控”）; Linda Silberman, *Transnational Litigation: Is There a "Field"? A Tribute to Hal Maier*, 39 Vand. J. Transnat'l L. 1427, 1430（2006）（“跨国立法已经成为一个领域，因为分散的碎片只有在互相及与整体的关联中才能得到理解”）; id. at 1431（“对跨国诉讼的研究包含相互关联的要素，必须把这些要素结合起来，才能理解和欣赏其中的任何一个要素”）; Stephen A. Smith, *Taking Law Seriously*, 50 U. Toronto L. J. 241, 243（2000）（“获得一个学科的知识，在很大程度上其实是学习分辨该学科及其构成要素”）; id. at 244（“我们对法律进行分类，不仅仅是为了分类而分类，而是因为对规则、案例等进行分类是获得法律知识的重要部分”）; Daniel J. Solove, *A Taxonomy of Privacy*, 154 U. Pa. L. Rev. 477, 484（2006）（主张良好的分类学“不是仅仅对既存法律的登记编目”，而是提升我们对特定法律集合的理解，以便为它的将来发展提供一个有效用的框架”）; see also Geoffrey C. Bowker & Susan Leigh Star, Sorting Things out: Classification and Its Consequences 1（1999）（“To classify is human.”）; 1 English Private Law xxxi-ii（Peter Birks ed., 2000）（“The search for order is indistinguishable from the search for knowledge.”）. But see Roscoe Pound, *Classification of Law*, 37 HARV. L. REV. 933, 938（1924）（“我们必须放弃对通过法律分类可能取得的成果的奢望……因为我怀疑存在一个超越分类功能的分类方式。”）.

调他们的活动[13]。

然而，并不是每一种法律分类都必然产生这样的好处，理论上有无数种可供选择的分类。法律中出现的任何特定情况都存在被归入许多不同的范畴的可能性。例如，发生在工作场所的伤害可以被界定为属于劳动法、就业法、职业安全和健康法、侵权法、刑法、联邦法、州法、普通法和成文法等任意一个范畴的问题。每个主题范畴又可以用许多不同的方式来定义和描述——也就是说，对于将问题归类于侵权法、就业法等范畴，会有许多不同的理解。因此，法律分类学家的最初任务是，在理论上可行的大量法律分类方式中，找到那些能够产生 Sherwin 所指出的益处的方式。

分类系统的运作方式是采用组织框架来区分整体内的构成元素，从而确定哪些元素属于哪些范畴。如果组织框架反映的模式能够向我们揭示被分类事物的某些重要方面，那么分类就是有效的。[14] 如果一个分类系统是有效的，那么（可以）应用组织框架，以标明显著相似性和差异性的方式来区分各要素，给本来无差别的大量内容带来某种程度的一致性。[15]

因此，法律分类学的目标是识别法律中的重要模式。哪些模式是重要的且值得识别，则可能取决于分类的具体目标。[16] 一般来说，如果一个模式与法律相关——也就是能影响到法律的适用，我们就会认为它是重要的

---

13 Emily Sherwin, *Legal Positivism and the Taxonomy of Private Law*, *in* Structure and Justification in Private Law: Essays for Peter Birks 103, 119 (Charles Rickett & Ross Grantham eds., 2008) (footnotes omitted); see also Mattei, supra note 12, at 6 ("Taxonomy plays an important role in transferring knowledge from one area of the law to another."); Smith, supra note 12, at 244 ("对一个特定判决的分类……是对该判决的意义以及对该判决在未来应如何应用的一种主张。为了做出好的判决，法院需要将类似与不同区分开来；为了理解法律，学者们也需要做同样的事情。当律师和学者们争论应该如何裁决一个案件，或者争论一个特定规则的含义时，他们在很大程度上是在争论如何对案件或规则进行分类").

14 See Elhauge, supra note 1, at 370 ("我们是否从对这一主题下的一系列法律材料的整体性思考中获得了启示?").

15 See Jay M. Feinman, *The Jurisprudence of Classification*, 41 Stan. L. Rev. 661, 674 (1989) ("分类的目的是减少复杂分析的复杂性，突出被分类对象之间的相似性和差异性"); Kenneth R. Richards, *Framing Environmental Policy Instrument Choice*, 10 Duke Envtl. L. & Pol'y F. 221, 232 (2000) ["一个有效用的分类法……向使用者提示在分类的众多对象中，重要的相似性与差异性……分类学通常运用一个组织原则来区分分类中的各要素。" (footnotes omitted)].

16 Cf. 1 English Private Law, supra note 12, at xliii (noting that "different classifications simply answer different questions").

且值得识别。

并非所有的法律分类方式和法律分类学都将法律归类为法律领域。例如，West Publishing Company 的关键词系统将法律问题分为 400 多个按字母排列的主题领域[17]。然而，对于法律的实践、教学、研究和裁决来说，法律领域可能是最重要的法律分类。将一种情况确定为属于或不属于某个特定的法律领域，往往会对这种情况的理解和判断以及这种情况下应该适用何种法律规则产生强烈影响。[18]

法律领域主要作为一个参考框架来发挥功能，用于理解属于该领域的一系列情形，一定程度上，也用于将属于该领域的特定情形与那些该领域外的情形区分开来。该领域的组织框架确定了其自身与该领域产生联系的一种或多种模式。[19] 一个领域的效用（usefulness）的大小，取决于该模式对该领域所包含的各种情形的解释力，而这种解释力又取决于几个因素。[20]

第一，一个法领域的解释力，取决于在该领域内出现的情形在多大程

---

17 See West Publishing Corp., The West Key Number System: Alphabetical List of Digest Topics 1 (2009), *available at* http://west.thomson.com/documentation/westlaw/wlawdoc/wlres/keynmb06.pdf; see also Berring, supra note 12, at 309（请注意 American Digest System "建立在一个由主题和关键数字组成的结构上，以便将法律问题分为整齐的范畴和子范畴"，并 "旨在描述可能存在的每一种法律情形"）.

18 See, e.g., Goodman v. Lukens Steel Co., 482 U.S. 656, 660-62 (1987)（认定对于侵权行为的州法诉讼时效适用于根据 42 U.S.C. § 1981 提出的联邦索赔，因为这种诉讼是侵权行为而不是合同）; Zurich Am. Ins. Co. v. Goodwin, 920 So. 2d 427, 433 (Miss. 2006)（提及法律选择的规则，取决于案件所属的实体法领域）; Hydro Conduit Corp. v. Kemble, 793 P. 2d 855, 859-61 (N.M. 1990)（该案适用了使 "基于合同的诉讼" 得以主权豁免的州法规，并认为就该法规而言，寻求归还不当得利的诉讼属于合同范畴）.

19 See Nan D. Hunter, *Risk Governance and Deliberative Democracy in Health Care*, 97 GEO. L.J. 1, 17 (2008)（"该文主张，作者提议的框架提供了一个'透镜'，通过'更强的知识一致性'来理解她的卫生法领域"）; see also id. at 4（请注意作者的目标是实现 "更全面和综合的卫生法概念化"）; id. at 19（关于卫生法适当框架的辩论 "集中在如何最好地抓住卫生法的独特性和一致性"）.

20 我在这里使用 "解释力"（explanatory power）一词是指广义上的解释力，而不仅仅是有时所指的预测能力。See, e.g., Anatol Rapoport, *Explanatory Power and Explanatory Appeal of Theories*, 24 Synthese 321, 322 (1972). "我对解释力这个术语的用法包括，例如，Anatol Rapoport 所称的 explanatory appeal，他将其定义为'整合潜力'，即许多明显不相关的事件在理论的指导下被视为相关。" Id. at 324.

度上展现出一种可识别的模式。模式越显著（strong），该领域作为分析它所包含的情况的参考框架就越有力。

第二，一个法领域的解释力取决于模式的简单程度。在其他条件相同的情况下，模式越简单，该领域就越强大，越能解释它所包括的情形。

第三，一个法领域的解释力取决于该模式在该领域内占主导地位的程度；也就是说，相比其他没有展示出该模式的特征，展示出该模式的特征是否占优势。如果表现出该模式的特征比其他特征占优势，那么与该领域相关的模式将具有更大的力量来解释该领域内的情况。

第四，一个法领域的解释力取决于单一模式对该领域内出现的多种问题的解释程度。一个只有助于解释一个领域内出现的某些问题的框架，不如一个能解释该领域内许多不同问题的框架有效。

第五，一个法领域的解释力取决于领域的广度，也就是领域内包含情形的范围。在领域内出现的情形越多（并且呈现出的模式能够与该领域一致），该法领域就越宽广，作为参考框架就越强大。

因而，一个完备一致的法领域的完备框架，能够以简单的组织框架充分解释由于宽广视野中的情形而出现的各种问题。

（二）一致性（coherence）的诱惑与危害

分类法对一致性的追求是其不可避免的、内在的特征。我们采用分类法，通过增加某种程度的逻辑秩序、自洽性和清晰性，来识别出一种能够使特定研究领域实现内部一致的模式。这就是分类法的好处，而且是一个重要的好处。正如 Ann Althouse 所观察到的："找到一个一致性的方案，一个框架，实际上是理解的过程。仅仅观察到这个领域是混乱的、神秘的或不一致的，就是在拒绝理解的工作……我们必须寻找框架和一致性，作为思考问题的必要手段。"[21]

因此，一致性对法律界产生了强大的吸引力，引发了 Theodore Ruger 所说的"一致性冲动"[22]。一致性具有"解释和启示（illuminate）的巨

21 Ann Althouse, *Late Night Confessions in the Hart and Wechsler Hotel*, 47 Vand. L. Rev. 993, 1001 (1994).

22 Theodore W. Ruger, *Health Law's Coherence Anxiety*, 96 Geo. L. J. 625, 628 (2008).

大潜力”[23]，并且“承诺了一个统一的、可预测的和理性的法律愿景”[24]。因此，一致性的领域更容易学习、实践、判决（decide）和理论化[25]。并非巧合，被法律界直观地视为理想法律领域的典型普通法领域——也是构成法学院课程基础的领域——往往被认为是具有很强一致性乃至于实在性（essentialist）的典型范例。[26] 对于较新的法律领域来说，一致性被认为是获得法律领域合法性的门票。[27] 因此，法律分类学家们的大部分工作都是在制定框架，是为了给特定的法律部门带来一致性。在考虑一个法律领域的一致性时，我们可以将一致性视为该领域所包含的模式具有的强度、简

---

23 Id. at 630; see also id. (noting that“学术界对优雅的理论一致性的偏爱，反映了一种有价值的智识目标，即分辨和启示”); id. at 631 (“在这一框架中，治疗隐忧的方法是施加一些宏大的统一主题，这些主题的发掘是对该领域的核心考验”).

24 Chaim Saiman, *Restating Restitution: A Case of Contemporary Common Law Conceptualism*, 52 Vill. L. Rev. 487, 511 (2007); see also Robert C. Berring, *Legal Research and Legal Concepts: Where Form Molds Substance*, 75 Cal. L. Rev. 15, 17 (1987) (“归咎于 Christopher Columbus Langdell 的普通法教学法，其信条是拼图的所有碎片都能被安装在一致的图景中”); Brian Langille & Patrick Macklem, *The Political Economy of Fairness: Frank Iacobucci's Labour Law Jurisprudence*, 57 U. Toronto L. J. 343, 343 (2007) (characterizing coherence as“a necessary precondition to principled decision making”).

25 另一方面，法律界可能在某种程度上倾向于对保持法律一定程度的不可预测性。See John Earnhardt, *Cisco General Counsel on State of Technology in the Law*, Cisco: The Platform (Jan. 25, 2007, 4: 13 PM), http://blogs.cisco.com/news/comments/cisco_general_counsel_on_state_of_technology_in_the_law/ (noting that Richard Susskind 指出，当“法律被标准化时，它可以被外包、合作、整合、聚合、联合和共享”，使客户有能力与他们的律师进行对话).

26 See, e. g., John Fabian Witt, *Toward a New History of American Accident Law: Classical Tort Law and the Cooperative First - Party Insurance Movement*, 114 Harv. L. Rev. 690, 706 (2001) (noting that the negligence principle in torts“satisfied the conceptualist desire to unify and systematize tort law at an exceedingly high level of generality around a single abstract principle”); Randy E. Barnett, *The Richness of Contract Theory*, 97 Mich. L. Rev. 1413, 1414 (1999) [reviewing Robert A. Hillman, The Richness of Contract Law: An Analysis and Critique of Contemporary Theories of Contract Law (1997)] (noting the rise in the 1970s and 1980s of contracts scholarship“in search of unifying theories of legal doctrine”).

27 See Ruger, supra note 22, at 630 [“渴望获得更多建制地位（即使不是正式地位）的较新领域，对实现一致性的智识压力感受最深”]; see also Steven Price, *Media Law in New Zealand*, 36 Victoria U. Wellington L. Rev. 665, 665 (2005) (book review) (“对于媒体法一致性的承认，与媒体法作为一个正当法律科研领域的出现联系在一起”); Saiman, supra note 24, at 519 (“In a variety of ways, the legitimacy of restitution ‘as a legal field’ is entirely bound up in the debate regarding the conceptual coherence of the proposed analytic category.”).

洁性和主导性。[28]

然而，并不是所有的法律领域都容易受到一致性的影响；有些领域就是不那么具有一致性。[29] 此外，一个法律领域的一致性取决于它在多大程度上表现出显著的、可识别的模式[30]，并且有几个因素可能会影响这种模式的存在。

首先，如果一定法律的集合所基于的事实模式有很大的共性，那么它就更有可能表现出一致性。在其他条件相同的情况下，该领域内所出现情形的事实条件越相似，我们就越能在统辖（govern）这些情形的法律中期待更强的一致性。其次，受单一价值或利益影响的法律集合，更有可能遵循显著的、可识别的模式。

美国西部水法的历史发展说明了这两个因素的影响。美国西部水法是作为一个相对简单的系统发展起来的，以“先占原则”（first-in-time priority basis）的方式将灌溉用水分配给当地农业。[31] 随着时间的推移，西部的发展导致事实背景发生了变化，变得更加多样和复杂。发展带来了对水的更大需求，建设了大规模水坝和输水系统用以储存和输送水。[32] 发展也带来了对水资源更多样性的用途，包括工业用水和城市饮用水系统。[33] 此外，环保意识的提高带来了对有利于包括鱼类种群在内的自然环境的所谓“河道内利用（instream uses）”的更大认可。[34] 事实背景的多样化，以及

---

28 See supra text following note 20（一个领域模式的强度、简单性和预测性的识别，是决定一个领域的解释力的一些因素）.

29 See, e. g., Saiman, supra note 24, at 518（体育法领域不存在核心的概念原则，但它仍是一个新兴的法律领域）.

30 See supra text following note 20.

31 See Robert Glennon, *Water Scarcity, Marketing, and Privatization*, 83 Tex. L. Rev. 1873, 1898（2005）; A. Dan Tarlock, *The Future of Prior Appropriation in the New West*, 41 Nat. Resources J. 769, 770（2001）.

32 Tarlock, supra note 31.

33 See id.

34 See Daphna Lewinsohn-Zamir, *More Is Not Always Better than Less: An Exploration in Property Law*, 92 Minn. L. Rev. 634, 656 n. 100（2008）[“西部的一些州已经确认了对水流的权利，这些权利的持有者有权不引水和用水，以保护濒临灭绝的鱼类、野生动物和栖息地，或用于娱乐（recreational）目的”]; A. Dan Tarlock & Sarah B. Van de Wetering, *Growth Management and Western Water Law: From Urban Oases to Archipelagos*, 14 Hastings W. -NW. J. Envtl. L. & Pol'y 983, 994-95（2008）（“Non-consumptive uses have long been recognized, but these uses, such as fishery maintenance flows, were relatively minor until the 1970s.”）.

资源开发利用不再是美国西部水法中的最优先价值，导致了新规则和原则的发展，使该领域变得更加复杂和不一致。

最后，集中的、协调的立法过程更有可能产生遵循显著模式的法律；因此，由这种过程创造的法律领域更有可能呈现出显著的、可识别的模式。因此，一个领域的法律主要由细化的立法主导，或由司法判例主导，可能影响该领域法律的一致性。在判例法中，遵循先例的主导地位产生了有利于一致性的强大影响。判例法有意寻求与先例融贯（cohere），并产生一个与先例一致理解的新判决；司法推理的最基本路径是辨析法律中的模式，并遵循该模式。[35] 另外，成文法的制定则缺乏类似的有利于一致性的力量。立法机构在不同的立法时机制定和修改不同的法规（statutes），每一个法案都与其特定背景相关，也和立法者在每个法案中受到一系列竞

---

35 See, e. g., Edward H. Levi, An Introduction to Legal Reasoning 1 (1949)（描述了基于先例的法律推理的三步过程。“案件之间存在相似性；接下来宣布第一个案件中固有的法律规则；然后使该法律规则适用于第二个案件”）；Susan Etta Keller, *The Rhetoric of Marriage, Achievement, and Power: An Analysis of Judicial Opinions Considering the Treatment of Professional Degrees as Marital Property*, 21 Vt. L. Rev. 409, 411 (1996)（法院通过“将现存事实推理为更普遍的模式，将他们将欲创造的先例与他们所遵循的先例联系起来”来判案）. 这一准则甚至在受到先例约束的垂直法院系统外也占主导地位，单一管辖法院（courts of one jurisdiction）常常依赖 other jurisdictions 而裁决就证明了这一点。See, e. g., Ortega v. City of New York, 876 N. E. 2d 1189, 1195 (N. Y. 2007) [citing Temple Cmty. Hosp. v. Super. Ct., 976 P. 2d 223, 232 (Cal. 1999)，该案中，加州最高法院拒绝承认第三方故意破坏证据的侵权案由（cause of action）]; State v. Lackey, 110 P. 3d 512, 515 (N. M. Ct. App. 2005) [citing State v. Wixom, 947 P. 2d 1000, 1002 (Idaho 1997), and State v. Richcreek, 930 P. 2d 1304, 1308 (Ariz. 1997) (en banc), as cases in which the Idaho Supreme Court and the Arizona Supreme Court, respectively, concluded on "similar facts" that police officers lacked reasonable suspicion to stop defendants]。当然，这种规范并不意味着判例法（judge-made law）是完全一致的。不同的法官可能会以不同的方式解读先例或以不同的方式看待事实，从而为类案做出不同的决定。See John Burritt McArthur, *The Class Action Tool in Oilfield Litigation*, 45 U. Kan. L. Rev. 113, 148 (1996) ("Even though there is little disagreement over general [class] certification standards, the same facts can lead to different results in different courts."). Sometimes judges simply disagree and decline to follow each other's decisions. See, e. g., Phila. Marine Trade Ass'n-Int'l Longshoremen's Ass'n Pension Fund v. Comm'r, 523 F. 3d 140, 151-52 (3d Cir. 2008) [explicitly disagreeing with, and declining to follow, Deutsch v. Comm'r, 599 F. 2d 44 (2d Cir. 1979), and Miller v. United States, 784 F. 2d 728 (6th Cir. 1986) (per curiam)]. 尽管如此，基于先例的推理在司法审判中的作用无疑发挥了有利于一致性的整体力量。

争性利益所施加的压力而做出的一系列妥协有关。[36] 立法者为应对上述压力而行动，相比之下，他们在使自己的决定符合先前的模式方面所面临的压力相对较小，除非是为了避免法规之间或法规内部的直接冲突以及可能导致法案无法实施的情形。[37]

以上三个方面说明，尽管一致性有其优势，但在某些特定法律的集合中可能并不切实可行。此外，也存在一些不推崇一致性的理由。一致性也有其缺陷。第一，也是最重要的一点，寻求一致性可能会导致强加一个框架，在事实上不存在一致性的地方创造出一致性的外观。[38] 一个优先考虑

---

36 See, e. g., Lazarus, supra note 2, at 67－124 (discussing the political history of the major federal environmental statutes).

37 Cf. William N. Eskridge, Jr., *Overruling Statutory Precedents*, 76 Geo. L. J. 1361, 1408 (1988)（政治科学家 John Kingdon 认为国会是处于“有组织的无政府状态”，其主张的最佳体现是“垃圾桶也能决策”理论）[quoting J. Kingdon, Agendas, Alternatives, and Public Policies 47－73 (1984)]. 由规定细致的行政法规主导的法律领域，可能介于法官制定的法律和成文法之间。与立法机构一样，行政机构主要是政治机构。像议会立法一样，法规是在不同的立法时刻和背景下颁布和修订的，行政机关可能会因为不同议会立法对类似问题的不同处理而制定相应的行政法规，可能会使法规对类似情况的处理方式大不相同。行政法规几乎不可避免地比立法更复杂，复杂性与不一致性存在关联。Cf. Peter H. Schuck, *Legal Complexity: Some Causes, Consequences, and Cures*, 42 Duke L. J. 1, 10 (1992)（他认为，与立法相比，将自由裁量权授予机构往往会导致法律规则更加复杂）. 复杂性未必与不一致性等同，但这两个特征至少是密切相关的。其他事实则可能激励监管机构在它们的法规中采纳一致性。超越特定法规的机构或专业规范可能导致各机构对不同的法律规则采取类似的措施，从而提高一致性。例如，由于许多法规都涉及对公共健康和环境风险的某种评估，环境保护局已经通过了指导文件，规定了适用于该机构所有活动中的致癌风险评估程序。See Notice of Availability of the Document Entitled Guidelines for Carcinogen Risk Assessment, 70 Fed. Reg. 17, 765, 17, 768－69 (Apr. 7, 2005). 此外，法院在审查行政法规时采取的标准也促进了机构决策的一致性。See, e. g., Westar Energy, Inc. v. Fed. Energy Regulatory Comm'n, 473 F. 3d 1239, 1241 (D. C. Cir. 2007)（“行政程序的基本规则要求行政机关对类案作出类似处理”）; Hall v. McLaughlin, 864 F. 2d 868, 872 (D. C. Cir. 1989) [“合理的决策要求对类似的案件一视同仁；一个机构不得随意忽视自己过去的决定。”(footnote omitted)]. 事实上，大多数行政立法更多的是相互竞争的利益集团之间政治谈判的产物，而不是为创造一个一致的法律体系的理性尝试。

38 See, e. g., Berring, supra note 24, at 15－16 [请注意，William Blackstone 在他的《英国法释义 (Commentaries)》中“努力将英国的普通法纳入一个合理的叙事结构”，但 Blackstone“被后来的批评家痛斥为为了适应他的目的而歪曲了论据”]; cf. Chaim Saiman, *Restitution in America: Why the US Refuses to Join the Global Restitution Party*, 28 Oxford J. Legal Stud. 99, 107 (2008) [请注意法律现实主义的观点，即“对法律范畴进行一致的分类几乎是不可能的”，因为“每一个案例的裁判，都呈现为一种平衡相互竞争的利益的局部性行为，而那些利益是法律系统不能完全识别和调和的 (footnote omitted)].

一致性的组织框架，会忽视复杂性和差异性而不准确地描述这个领域，可能因此付出代价。由于法律和法律制定过程往往是复杂和混乱的，因为它们是由众多决策者在不同的背景下形成的，所以法律领域很少能达到一致性的理想。[39] 将一个法律体系视为值得特别研究的一致的法律领域，就好比戴上了眼罩和过滤器：眼罩是为了遮蔽（obscure）该领域之外的情况，而过滤器是为了遮蔽那些出现在该领域但未被该领域的分析框架所关注的情况。无论好坏，该框架将“可思考的宇宙”定义为它所包含的材料范畴。[40] 法学领域只有通过有意地遮蔽其他方面，才能将注意力集中在法律的特定方面。[41] 因此，对一致性的追求很容易滋生本质主义和还原主义。[42] 例如，矫正正义（corrective justice）对侵权法的关注，由于专注于其中的两极——侵权行为人和受害人之间的关系，侵权行为人负有直接填补（rectify）受害人损害的义务——而忽略了无法反映两极性（bipolarity）的各种侵权规则。[43] 运用还原论框架来实现一致性，必然会使法律过度简化，

---

39 See Dan Simon, *A Third View of the Black Box*: *Cognitive Coherence in Legal Decision Making*, 71 U. CHI. L. REV. 511, 516（2004）［“当工作的构成因素众多、相互矛盾、模棱两可、不尽相同时，就可以说它是复杂的。大多数诉讼和上诉的法律案件都具有这种性质，因为事实可能是模糊的、不完整的和矛盾的；可以援引不同的规则、价值和原则来支持相反的结论；而且手头的案件可能在某种程度上与不止一件先例存在相似性”（footnotes omitted）］.

40 Daniel Dabney 创造了“可思考的思想世界”这一短语，以描述“用于划分法律的范畴……成为法律的结构”，以及“在系统中没有体现的思想……变得不可思考”这样的状况。Daniel Dabney, *The Universe of Thinkable Thoughts*: *Literary Warrant and West's Key Number System*, 99 L. Libr. J. 229, 229-30（2007）; see also id. at 236（“The essence of a classification scheme is to be a closed list of the salient ideas in the literature it serves, and when the system, by omitting an idca, implies that the idea is not sufficiently salient to be included, it can be an obstacle to considering the idea.”）. The phrase is probably more associated with Robert Berring, who agrees that Dabney originated the term. See, e. g., Berring, supra note 12, at 311 n. 13.

41 Cf. Bowker & Star, supra note 12, at 5（“每个范畴都使一些观点得到重视，而另一些观点则被压制”）; *id.* at 44（创建分类的行为必然意味着“决定什么在系统中是可见或不可见的”）; Dabney, *supra* note 40, at 233（一个分类必然意味着“就特定情形而言，一些方面比其他方面更重要”）.

42 See Ruger, supra note 22, at 629-30（经典法领域一致性范式“倾向于具有强大的还原性的分析框架，其目的是通过使用一个或几个核心概念构建块来解释广泛的法律材料”）.

43 See Benjamin C. Zipursky, *Civil Recourse*, *Not Corrective Justice*, 91 Geo. L. J. 695, 709-33（2003）.

无视那些不符合一致性理想的结果。[44] 因此，当组织框架屈服于“一致性焦虑”时，它的描述力就会有所减弱。

第二，追求一致性会阻碍立法中的试验。允许法律方法的多样性，可以让立法机构对某一特定问题的各种替代方法进行检验，看看哪些方法可行，哪些方法不可行。[45] 当我们要求一致性的时候，我们可能会扼杀选择。对法律的一致性描述可能会成为宿命论（deterministic），通过遮蔽和阻止那些改变已识别模式的机会，以便那些已识别模式得以不朽（perpetuate）。例如，如果我们通过效用平衡（utility balancing）将侵权法识别为最佳威慑手段，[46] 我们可能会忽略侵权法的纠正性司法层面。[47]

第三，试图通过法律的内部逻辑来创造一致性很可能是无效的。不一致性因为对于一个法律问题的处理缺乏共识而产生。只要缺乏共识，制定法律的机构就不可能强制实现一致性，而可能只是将不一致推向其他领域。[48] 例如，如果特定领域内的实体法（substantive）理论倾向于得出一个没有共识的结论，这将对法律理论的其他领域产生压力——如可诉性、程序和救济措施——以抵消这种影响，以展示偏好的多样性，进而得出适当的结论。[49]

---

44 See Feinman, supra note 15, at 691-92（由于分类必须强调某些特征而不强调其他特征，因此分类范式会导致“框架偏见”，当分类过度简化一个范畴内的案件之间的差异时，就会出现这种偏见）; cf. Simon, supra note 39, at 513（“基于一致性的推理”是认知心理学的一种理论，“认为头脑通过将其重构为简单的任务来逃避认知上的复杂和困难的决策任务”）.

45 See Richard A. Posner, The Federal Courts: Crisis and Reform 163（1985）（该文主张允许联邦巡回法院之间“多样性和竞争”的好处）; Samuel Estreicher & Richard L. Revesz, *Nonacquiescence by Federal Administrative Agencies*, 98 Yale L. J. 679, 743（1989）（当最高法院批准诉讼请求以解决联邦巡回法院之间的冲突时它“受益于能够观察不同法律制度的影响”）; Richard A. Posner, *Will the Federal Courts of Appeals Survive Until* 1984? *An Essay on Delegation and Specialization of the Judicial Function*, 56 S. Cal. L. Rev. 761, 785-86（1983）[“如果两个巡回法庭或两个州在某一问题上发生冲突，其他巡回法庭或其他州就会从观点的冲突——（字面上）竞争性替代方案——中获益。巡回法院和各州都是包括司法在内的社会实验的实验室……”].

46 See Restatement（Second）of Torts § § 291-95（1965）.

47 See Catharine Pierce Wells, *Tort Law as Corrective Justice: A Pragmatic Justification for Jury Adjudication*, 88 Mich. L. Rev. 2348, 2350-51（1990）.

48 See Schuck, supra note 37, at 29.

49 See Richard H. Fallon, Jr., *The Linkage Between Justiciability and Remedies—and Their Connections to Substantive Rights*, 92 Va. L. Rev. 633, 637（2006）.

此外，允许一个领域存在不一致性的弊端很容易被夸大。一个领域不能被简化为几个基本原则“并不意味着它缺乏值得研究的本质或特殊属性；也不意味着该领域缺乏可识别的结构和架构。”[50] 事实上，不一致性本身就值得研究。试图确定为什么法律对明显类似情形采取不同的处理方式，是理解法律的一项重要努力。只有将一个法领域内的材料组合在一起，不一致性才会变得可识别且易于展开研究。[51]

总之，作为一个法律领域，它必须表现出某种最低程度的一致性，这奠定了其自身作为专门研究对象的正当性（legitimate）。[52] 但是，与一致性的优点共存的还有缺点和诱惑。因此，我们应当对在法律分类学中优先考虑一致性的观点持矛盾的态度，并且应该对分类所揭示和隐藏的内容保持洞察。

（三）为方法论设定门槛（Threshold Methodological Decisions）

为一个法律领域选择一个组织框架，需要在方法论上做出某些门槛性的决定。[53] 我们必须定义这个领域——根据我们的期望来确定这个领域所涵盖情形的范围。我们必须选择该领域中我们想要关注的那些方面。一个法律领域由四个基础构成维度的互动而来呈现：事实背景、政策权衡、价值和利益以及法律教义。一个法律领域的组织框架可以应用于单个或多个上述的构成维度。最后，我们必须决定是采用描述性的还是规范性的组织

50 Ruger，supra note 22，at 627；see also Elhauge，supra note 1，at 367（主张一个法律领域，不需要就该领域的轮廓、原则或政策目标达成共识）；Mark A. Hall，*The History and Future of Health Care Law：An Essentialist View*，41 Wake Forest L. Rev. 347，356（2006）（“无须所有碎片拼成一个整齐的整体，‘一个集合’就可以被视为一个正当的知识领域，‘一个集合’也不需要通过理论或总体原则来组织”）；Ruger，supra note 22，at 627（“说‘一个领域’是混乱的，并不等于说它是随机的；说它是多方面的且难以集中于一个简单的内部核心，并不等于说它拒斥所有的抽象和概括”）；Silberman，supra note 12，at 1429（arguing that“a‘field’is not necessarily in need of a‘big think’unifying theory”）.

51 See Ruger，supra note 22，at 646-47（一个法领域中的法律差异便于进行比较分析）.

52 See Silberman，supra note 12，at 1429（他主张，如果特定法律的集合作为“一个相互联系的整体”发挥作用，则“值得获得自治对待”）.

53 事实上，即便我们并未刻意作出这样的决定，为一个法领域隐蔽地采用一种组织框架也意味着需要对门槛性问题作出决定。

框架。这些门槛的设定，部分取决于该法领域的特点，部分取决于我们的方法论倾向或目标。

1. 法领域的界定

如何自觉地将特定法律的集合作为一个法律领域来思考，我们需要首先定义分析能够涵盖的范畴。如果我们要构建一个组织框架来分析一个法律领域，就必须从理解归入该范畴的诸种情形入手，这些情形构成了该法领域。界定一个法领域，和运用组织框架来使一个法领域获得一致性不同，界定是迈向框架建构的第一步。[54]

勾画（delineating）法律范畴的目标应该是找到一个“足够有针对性和确定性的定义，能够对属于该范畴的实例提供可理解的描述”。[55] 一个好的定义应该提出一个或多个具备一致性的概念。[56] 此外，定义所包含的概念，必须能够反映那些能够有助于分析性地理解该领域的概念。[57] 因此，界定该领域的最初任务，与随后构建一个一般的组织框架以统一该法领域的任务是不可分离的。尽管在一开始我们就需要界定法领域以确定分析的对象，但随着我们对该领域的分析和对其理解的加深，我们可能需要重新审视我们最初的界定，或排除那些已经被包括在内的情况，或纳入那些最初被排除的情况。[58]

定义一个法律领域有很多方法。一个法律领域的定义可以基于实体法（例如环境法、劳动法、侵权法）；程序法［例如法定释义（statutory interpretation）、民事诉讼、刑事诉讼、法律救济］；机关（例如，行政法院、联邦法院）；或跨学科的方法论（例如，法律和经济学、比较法）。

---

54 人们可以无须在定义之外运用组织框架，而仅根据范畴的定义将法律归入该范畴。但这种方法会使范畴与它们的功能（以及它们的理由）脱钩。正是每个领域的组织框架确定了该法领域作为一个范畴来分析的重要性，即该法领域成为一个分类的有用性的理由。

55 Sherwin, supra note 13, at 110.

56 See Daniel J. Solove, *Conceptualizing Privacy*, 90 Cal. L. Rev. 1087, 1096 (2002) (“最常见的是，理论家通过确定一个概念是否一致来评估它，即它是否符合逻辑和具有一致性”).

57 识别那些能够有助于分析地理解法领域的概念的任务，已经在 *infra* in Part I. C. 2 交代了.

58 Cf. Mark P. Gergen, *A Thoroughly Modern Theory of Restitution*, 84 Tex. L. Rev. 173, 174 n. 8 (2005) (book review) (contending that to make restitution a coherent field, Peter Birks “had to lop off one of its most memorable parts—restitution to reward rescue—and do some conceptual legerdemain to include some of its most important parts, such as the right of a joint tortfeasor who satisfies a claim to contribution from another joint tortfeasor”) [citing Peter Birks, Unjust Enrichment 170-71 (2d ed. 2005)].

2. 法领域的维度

在我们初步定义了作为我们分析对象的领域之后，我们必须选择我们想要重点分析的领域的那些方面。在思考这一选择时，将一个法律领域概念化为该领域的四个基本构成维度之间的互动是有帮助的：事实背景、政策权衡、价值和利益以及法律教义。[59] 每一个法律领域都是在事实背景下运作的，是该领域内出现的情况所共有的一组事实特征。[60] 这些事实特征创造了某些政策权衡，决定了法院、立法机构、行政部门和公众等法律制定机构的选择范围。立法机构运用价值和利益，在由政策权衡提供的选项中进行选择。法律教义——该领域的法律——是立法机构在现有选项中选择（即在政策权衡中运用价值和利益）的产物。图 1 说明了基本构成维度——事实背景、政策权衡、价值和利益以及法律教义之间的关系。

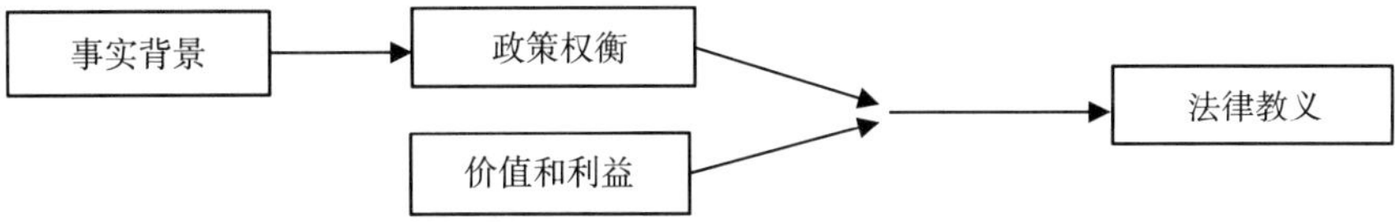

图 1　一般法律领域的概念图示

法律的基本构成维度之间的关系不仅仅是从事实背景到法律教义的单向推演；这种关系也是反方向的。因为法律仍然是我们分析的最终对象，所以我们可以把对法律领域构成维度的考虑，限制在那些将会影响到法律规则的形式和内容的方面。[61] 因此，当且仅当事实背景中的要素最终影响到将被决策机构用于解决该领域内问题的价值和利益时，它们才是重要

59 本文构造的法律领域概念模型，并不能很好地应用于某些法律领域，例如法律经济学是由跨学科的方法论进路而构成的。See infra text accompanying note 99.

60 事实背景在多大程度上是外在于法律领域的，这在不同领域中有很大的差异。人身伤害和财产损失无须法律也能存在，因此侵权法的事实背景在很大程度上是法律体系的外生因素。对于其他领域，背景本身就由法律创造。例如，税收不能独立于法律而存在，因此税法的事实背景在相当程度上是法律的内生因素。此外，救济措施、民事诉讼和刑事诉讼等领域的事实背景完全是法律的内生因素，因为它们所涉及的问题完全由法律而产生。See, e. g., Douglas Laycock, *How Remedies Became a Field: A History*, 27 Rev. Litig. 161, 164 (2008)（请注意，侵权领域提出了“对既成和潜在违法行为应当如何处理”的问题）.

61 Cf. Sherwin, supra note 13, at 108（“任何两个事实环境都有不确定的相似和不同之处，而确定哪些相似和不同之处的唯一方法是参考一些目的或原则，将其中的某些内容挑出来与正在决定的事情相关”）.

的。一个事实特征只有在它引起一个重要的政策权衡时才是相关的或重要的，而政策权衡只有在决策机构重视它时才是重要的。例如，只有当决策机构关注到农业和水生野生动物时，在农业灌溉和维系水生野生动物之间权衡水资源的应用才有意义。因此，在概念化一个法律领域时，只有在事实特征能够通过创造政策权衡并进一步限制立法选项的时候，法律分类学才应该重视事实特征。[62]

由于基本构成维度之间的互动产生了法律，一个法律领域可以由它自身的一个或多个基本维度来描述。事实上，既有文献已经根据事实背景[63]、政策权衡[64]、价值和利益[65]或法律教义[66]来描述法律领域。

因此，当我们试图描述一个法律领域的特征时，我们可能只关注其中的一个维度或一个维度的组合。将一些法律的集合凝聚为一个法律领域的模式可能出现在任何一个维度中。一个理想的、完整的法律领域的分析模型将在该领域的所有维度中识别那些互相关联的模式。然而，取决于特定

62 See infra note 75 and accompanying text（认为凝聚一个法领域的共同特征必须具与法律相关）.

63 Cf. Feinman, supra note 15, at 679-80（界定事实分类，“系统所包含理论管辖的情况的事实相似性，为该范畴的确定提供了组织和识别标准”）.

64 See, e. g., Abraham Bell & Gideon Parchomovsky, *A Theory of Property*, 90 Cornell L. Rev. 531, 615（2005）（提出了一个财产法框架，作者声称该框架“阐明了该领域所涉及的权衡”）；Lawrence O. Gostin, *A Theory and Definition of Public Health Law*, 10 J. Health Care L. & Pol'y 1, 4, 12（2007）［公共卫生法领域存在复杂的权衡，包括“实现州权力（power）与义务的平衡状态，并提升和保护公众健康及受宪法保护的权利”］；Theodore W. Ruger, *The United States Supreme Court and Health Law: The Year in Review*, 33 J. L. Med. & Ethics 611, 611（2005）（“卫生法领域的问题常常迫使医保决策在统一性与特别性之间进行权衡”）.

65 See, e. g., Gostin, supra note 64, at 12（确定了“公共卫生法的典型价值——政府的权力和责任、强制和对国家权力的限制、政府在‘公共卫生系统’中的合作伙伴、人口焦点、社区和公民参与、预防导向和社会正义”）；Ruger, supra note 22, at 635（可以参照常见的“首要利益”来分析各领域，例如卫生法中的身体自主权）.

66 See, e. g., F. Scott Kieff & Troy A. Paredes, *The Basics Matter: At the Periphery of Intellectual Property*, 73 Geo. Wash. L. Rev. 174, 183（2004）（“反垄断法、知识产权法、一般财产法和合同法都是成熟的学科和法律体系……我们认为，在每个领域广泛的实证法框架和支撑这些框架的核心原则方面，可以找到普遍的共识”）；Robert A. Williams, Jr., *Columbus's Legacy: Law as an Instrument of Racial Discrimination Against Indigenous Peoples'Rights of Self-Determination*, 8 Ariz. J. Int'L & Comp. L. 51, 67（1991）（“美国联邦印第安人法的从业者和学生都非常熟悉该领域的三个核心和基本原则，所有最高法院的印第安人法判例都是从这三个原则中延伸出来的：国会全权原则”）；see also Larry Reibstein, *Leveling the Political Field*, The Law School: The Magazine of the New York University School of Law, Autumn 2008, at 21（引用 Owen Fiss，质疑“民主法”这一法领域的创始人是否确定了“一套规范选举法的‘自主原则’，从而适当地构成民主法”）.

法律领域的特点，这种理想可能无法实现。如果一个集合（area）中没有稳定的价值和利益组合，就可能不存在一套一致的政策权衡来涵盖决策。或者，即使存在稳定的价值和利益组合（因此也有一套一致的政策权衡），如果这些价值和利益没有得到一致的平衡，法律规则可能没有足够的一致性以产生融贯的法律教义。在这种情况下，我们对一个法律领域的描述必然会被限制在一个不完整的模型中，仅仅提出了该领域中那些呈现出可识别的模式的维度。取决于研究分析的目标，这种限制可能对工作是致命的，也可能无关紧要，或者是介于两者之间。

3. 分类法：描述性的与规定性的

在构建一个组织框架来描述一个法律领域的特征时，我们还必须牢记我们是想从描述性（实证）的角度还是规定性（规范）的角度来映照这个法律领域[67]。描述性分类法试图反映一个法律领域目前存在的或传统上存在的情况，而规范性分类法则试图反映分类法学家认为该领域的法律应该如何存在。描述性分类法倾向于基于客观的、可观察的特征进行分类。这些特征从其自身来说可能是自我认同的或不证自明的，也有可能由分类学家或其他研究者指派的。[68] 规定性分类法则倾向于根据那些导致特性出现的基本功能来分类。[69]

在现实中，大多数法律分类法在某种程度上结合了描述性和规定性的因素。[70] 即使是规定性的分类法，通常也在一定程度上反映了现有法律的内容，而不是一个纯粹的理论性的完美法律体系。而且即使是偏向描述性

67 Cf. Sherwin, supra note 13, at 105–08（法律分类法能够区分假定的法律规则、理想的法律规则和“归于法律裁决的半理想规则”）. 虽然此处我将规定性与规范性视为一致的，例如，James K. Hammitt, Response, *Saving Lives: Benefit–Cost Analysis and Distribution*, 157 U. Pa. L. Rev. Pennumbra 189, 195 (2009), http://www.pennumbra.com/responses/03-2009/Hammitt.pdf，有时两者会被作以区分，see, for example, Adrian Vermeule, *Connecting Positive and Normative Legal Theory*, 10 U. Pa. J. Const. L. 387, 390 (2008)（区分规范性的“claims about what ends it would be good to adopt”，以及规定性的“claims about the best means to adopt, given stipulated ends”）.

68 See Sherwin, supra note 13, at 105–07.

69 See id. at 106（在规定性的分类学中，法律类别应当反映一些“良好法律的外部标准——道德的、经济的或其他方面的标准”）.

70 See id. at 111（“同样的学术兴趣……导致分类学家试图制定理想的规则或推断出最佳的法律规则……也会吸引他……到一个规范性的框架中去”）.

的分类法，也基于这些特征而不是那些特征来构成一个法律领域的过程本身，往往涉及规范性的优先次序，因而并不是纯粹的描述性选择。[71] 然后，一旦我们采用了一个组织框架，这个框架就会不可避免地影响我们处理该领域中问题的方式。事实上，由于分类学的目的是塑造我们理解被分类的事物的方式，从而影响我们对该领域的分析和思考，所以即使是最纯粹的描述性分类学也有其固有的规定性。例如，一个将特定情况错误分类的结论——比如把合同纠纷定性为侵权行为——往往伴随着这样的进一步结论：适用于该情况的规则或系列规则是错误的。[72] 这一点在自然科学中更为明显，在自然科学中，分类学家不仅仅是观察者。[73] 在法律中，分类学家的工作与观察和描述法律一样，也是塑造法律这项工作的组成部分。

（四）最低要求

在我们已经讨论过诸因素的基础上，现在可以着手确定能够使一些法律的集合构成一个有效用的法律领域所需的特征。至少，一个法律领域必须表现出两个特征：共性和特性。因此一个法律领域的组织框架必须聚焦于识别出该领域共有和特有的特征，并将这些特征的组合作为一个整体。如果一个组织框架的重点是那些在该领域内不具有共性和特性的特征，那么这个识别过程就会对该组织框架乃至这一法律领域本身的成立及其有效性产生怀疑。

1. 共性

一个法律领域必须表现出某种程度的共性，即该领域所涵盖的法律集合内出现的情形所共有的单个或一组特征。共性建立起凝聚这一法律领域

---

71 See, e. g., id. at 121-22 (explaining that even Birks, a firm believer in providing formal descriptive categories, "appear [s] to stray into normative territory").

72 See, e. g., sources cited supra note 18（将案件定性为侵权或合同性质，将对适用何种法律规则具有决定性意义）.

73 See David Luban, *What's Pragmatic About Legal Pragmatism*?, 18 Cardozo L. Rev. 43, 69 (1996)（"法律和科学之间的关键区别在于，科学数据是测量出的物理量，而非其他科学家的所有物"）; Geoffrey Samuel, *English Private Law: Old and New Thinking in the Taxonomy Debate*, 24 Oxford J. Legal Stud. 335, 362 (2004)（"法律是一门社会科学，而不是一门自然科学，其研究的对象也非常不同。我们不是在对那些经验性的、总体上适合于分类的对象进行分类。我们试图对那些不稳定的对象进行分类，这些对象的经验特征只能通过计划和范式来感知……"）.

的模式。这些共性可能出现在该领域的任何一个基本构成维度：事实背景、政策权衡、价值和利益，或法律教义。[74]

此外，并不是任何共同点都算数。对于前两个方面——事实背景和政策权衡——共同点必须是法律上相关的；也就是说，它们必须对法律的适用方式产生影响[75]。只有当共同特征与法律事务相关时，特征所包含的材料才会是一个可识别的素材库（corpus）。否则，一些法律的集合似乎只是由已经属于其他领域的部分构成的混沌体。如果一些法律的集合仅仅通过事实材料上的共性来统一，也就是说其具有的共同事实特征对法律的适用没有影响，将会像"马的法律"一样成为一个笑话[76]，而不是一个正当（legitimate）的法律研究领域，因为管理与马有关的活动的各种法（law）没有任何法律上（legally）的共同点。的确，马所具有的共同要素与法律是无关的。[77]

评论家们批评了这一假设：法律概念必须参照单一明确（definitional）的系列特征来定义。[78] 这些批评反过来又使人怀疑严格的共性对于一个法律领域是不是必要的。推进这一批评的学者们对传统的假设提出了质

74 See supra Part I. C. 2.

75 See Feinman, supra note 15, at 680（界定一个法律领域的事实特征应该"不是任意的，而是应当反映程序的分析和指导性目标"，例如该范畴共同的"原则、政策或利益"）; Hall, supra note 50, at 361（主张一个法律领域的决定性特征必须是"分析或探究的核心要素，而非……仅仅是从属于一般法律的从属事物"）; Ibrahim & Smith, supra note 1, at 74-75（主张一个事实属性是否决定了一个法律研究领域的正当性，取决于这个属性是否为"法律相关的事实"）; see also Silberman, supra note 12, at 1430（主张跨国诉讼是一个实存的法律领域，"因为国际的、比较的观点，形成并影响了规则的制定"）.

76 See supra note 1 and accompanying text.

77 通常，共性是对既成法律的描述，而不是一个用于人们思考法律应当是什么样的纯规范性标准。可以想象，在新生领域，理论性的上位框架会优于任何法学通说。网络法领域显然需要网络空间的存在，但是该领域可以先于任何具体的网络制定法而存在，只需预见到网络法的出现并为研究它指定一个规范性框架即可。很难设想一个正当、现存的法律领域，是由与现存法律教义相当不相匹配的规范性框架来确定的。至少，这样的状况似乎需要将在相当具有通用性的水平上定义一个领域，以便能够容纳现存的教义学说和理论上的替代方案。

78 See, e. g., Stuart P. Green, *The Concept of White-Collar Crime in Law and Legal Theory*, 8 Buff. Crim. L. Rev. 1, 28-29 (2004); David Millon, *Objectivity and Democracy*, 67 N. Y. U. L. Rev. 1, 18 n. 54 (1992); J. E. Penner, *The "Bundle of Rights" Picture of Property*, 43 Ucla L. Rev. 711, 779-99 (1996); Solove, supra note 56, at 1095-99.

疑，即法律概念必须由一个“核心共同特征”来统一——也就是说，由一组必要和充分的共同特征“精选出（single out）特有的概念”。[79] 根据路德维希·维特根斯坦的著作，这些学者认为，一些法律概念是通过“类似特征的共同集合”来统一的，类似于“家族相似性”，形成了“一个相互重叠、相似和交错的复杂网络”用以定义概念[80]。这一论点表明，可能有一些法律的集合在组织框架的所有特征方面没有表现出严格的共性，但仍有足够的共同性将该领域凝聚为一个有效的法律领域和范畴。

2. 特性

无论依据领域或范畴的方式将法律概念化在某些方面是多么有用，但在范畴的舒适圈（too comfortable living within）中也存在危险。分类法有能力启示，也就有能力遮蔽。将法律划分为互相分离的领域存在一个潜在问题，它可能会遮蔽超越特定领域的更大原则。[81] 将法律划分为独立法律领域，会将注意力集中在法律的特定方面，从而遮蔽了其他方面。一个用于思考某个领域或范畴的框架也必然使我们不去思考这个领域，也就对那些跨领域和范畴的共性视而不见。[82] 例如，过分强调将制定法划分为主题领域——环境、劳动、医疗保健、税收等——可能会遮蔽跨法律部门的成文法解释工具的重要性，而这些工具比特定专业（subject）的解释方法更有优势。对一个意欲正当化的法律领域来说，必须有充分的理由专注于特定的范畴；也就是说，必须有一些理由来不再关注更广泛的材料。

特性——某种观点认为一个领域的某些特征对该领域是独有的，而在其他领域则不存在——正好提供了这样一个理由。因此，一个由共同的、与法律相关的特征（模式）统一的法律集合并非一个法律领域，除非这

79 Solove, supra note 56, at 1095-96.

80 Id. at 1095-98 (internal quotation marks omitted); see also Solove, supra note 12, at 485-86（特定活动可以大有差异，但也有许多共同点）.

81 See Easterbrook, supra note 1, at 207-08 ("Teaching 100 percent of the cases on people kicked by horses will not convey the law of torts very well.").

82 Cf. Dabney, supra note 40, at 235（采用一种不必要地将案件相互分离的分类，“有可能使法律变得不那么一致”，因为它遮蔽了分类中超越类别的特征）.

一组织特征是该领域所独有。[83] 特性可以直接产生于该领域的独有特征，也可以从其他非独有特征的独特互动中产生。[84]

法律教义中的特性，可能意味着这一领域由那些仅适用于该领域内的独特法律规则所支配（领域例外论）。或者它可能意味着，尽管独特的规则并不支配该领域，但一般规则的适用会在该领域产生特有的结果。这可能是因为该领域提供了一个独特的事实背景从而影响了特定规则的适用，或者因为该领域的背景导致了规则的独特相互作用。

凝聚一个领域的组织框架的各个特征不一定均为该领域特有。相反，具有决定性的特征构成的集合必须是独特的。例如，有些特征是劳动法和合同法所共有的——毕竟，雇主雇员关系从根本上说是合同关系，但这并不意味着劳动法和合同法不是各自独立的、正当的法律领域。

此外，特性不一定等同于唯一性。正如严格的共性可能是不必要的[85]，严格的特性也可能是不必要的。一个法律领域可能存在，该领域的一系列决定性特征由足够的相似性和特性所统一——即使不是完美的特性——也值得统一考虑。[86]

---

83 虽然一些学者已经以不同方式澄清了这一标准，但是他们已经发现，一定形式的特性是一个正当法律领域的必要条件。See, e. g., W. Burlette Carter, *Introduction: What Makes a "Field" a Field?* 1 Va. J. Sports & L. 235, 244 (1999)（主张当"我们塑造它，定义在这种情况下独特的概念和法律规范"之时，"一个领域才能成立"，该领域因此"在法律中获得某种特殊待遇"）; Elhauge, supra note 1, at 369 ("[D] oes the purported field address the legal treatment of a distinct set of relations?"); Hall, supra note 50, at 357-58（"一个实体法体系要想成为一个独特的知识领域，必须不仅仅是将其他实体法体系适用于特定经济部门或人类活动而产生的各种规则。除非有关的经济或社会事业具有一种或多种属性，使其在法律领域具有独特的重要性或困难性，否则这样的领域没有智识特性"）; Peter W. Hohenhaus, *An Introductory Perspective on Computer Law: Is It, Should It Be, and How Do We Best Develop It as, a Separate Discipline?*, Apr. 1991, at § D, 1991 WL 330761（"一个拟设立学科的下位内容和法律分支，不应当轻易或有效地与既有的法律框架相匹配……"）; Ibrahim & Smith, supra note 1, at 76 ["当一个松散的事实环境产生了对独特法律解决方案的需求时，一个新的法律研究领域就是正当的。这种独特性可能表现为创造一套独特的法律规则或法律实践，表现为普遍适用的法律规则的独特表达或互动，或者表现为对法律的独特见解" (footnotes omitted)].

84 See ibrahim & Smith, supra note 1, at 85.

85 See supra notes 78-80 and accompanying text.

86 Cf. Feinman, supra note 15, at 699（"不同范式的要素重叠，但是在特定范式的要素中存在大量的冗余；这意味着，一种范式中的绝大多数要素相比起其他范式的要素，还是与同一范式包含的要素具有更大的关联性"）.

(五)额外属性：超越性(transcendence)

除了共性和特性之外，Frank Easterbrook 认为，特定领域的法律研究也应该具有超越部门法(transsubstantive)的意义，也就是说，法律领域应该“启示整个法律”，并教授“一般规则”。[87] Easterbrook 将这一立场具体表述为反对网络法作为一个法律领域而存在。[88] 针对 Easterbrook 的论点，Lawrence Lessig 为网络法作为一个法律领域的研究进行了辩护，认为法律在网络空间的应用已经产生了既独特又超越的洞见。[89] 一方面，网络空间作为法律适用的背景，其独有的特征产生了独特的洞见：“当我们思考网络空间的监管时，我们看到了一些其他领域无法向我们展示的东西。”[90] 另一方面，这些洞见并不局限于网络法：它们是“一般的关切，而不是特殊的‘关切’”，并阐明了“一般的法律知识”。[91] Lessig 认为，这种独特性和超越性的结合，“表明有理由在网络空间的特殊性之外研究网络空间法”。[92] Easterbrook 和 Lessig 对超越性的好处的评论，突出了特定法律领域的另一个潜在的重要特征：超越性，证明了研究该领域是为了更好地理解一般的法律。[93]

在确定了特性是一个法律领域有效性的必要条件之后，寻找超越性似乎很奇怪。特性和超越性似乎是相互排斥的，或者至少是对立的，但事实

---

87 Easterbrook, supra note 1, at 207. 虽然 Easterbrook 表达了一种对于能够适用于“全体法律”的偏好，也许是由于他忠于跨学科的法律经济学框架，他似乎认识到，至少他试图阐明的一些一般或统一的原则可能只适用于某些范畴的案件。See, e. g., id. at 208 (noting “broader rules about commercial endeavors”). 他很明显倾向于勾画最宽泛的分类。

88 E. g., id. at 208 [主张我们不应该制定网络空间法，而应该“制定一部健全(sound)的知识产权法，然后将其应用于计算机网络”].

89 Lessig, supra note 1, at 502-03.

90 Lessig, supra note 1, at 502.

91 Lessig, supra note 1, at 503.

92 Lessig, supra note 1, at 503.

93 See Paul L. Caron, *Tax Myopia, or Mamas Don't Let Your Babies Grow Up to Be Tax Lawyers*, 13 Va. Tax Rev. 517, 541-45 (1994) [赞扬那些“从事具体的领域工作，而产生了对一般的法律解释(construction)过程有益洞见”的学术工作者。(footnote omitted) (citing Lawrence Zelenak, *Thinking About Nonliteral Interpretations of the Internal Revenue Code*, 64 N. C. L. Rev. 623, 626-27 (1986), and Michael Livingston, *Congress, the Courts, and the Code: Legislative History and the Interpretation of Tax Statutes*, 69 Tex. L. Rev. 819 (1991))].

上它们的关系更为复杂。一个领域的独特性——对事实的一些特殊组合——可能是导致该领域出现超越性洞见的原因。观察一个法领域特有的事实特征的存在如何影响该领域内法律教义的发展，可能会对其他法领域中，该事实特征的缺乏如何影响了这些领域内法律教义的发展提供重要启示。

例如，职业安全与健康法和环境法的事实背景存在许多相似之处。在许多情况下，这两个领域关注的是相同类型的物质所带来的相同类型的健康危害。[94] 然而一个重要的区别是，在职业安全与健康法中，雇主与雇员之间的合同关系起着重要作用，而在大多数环境法案件中不存在相似的事实要素。分析雇主和雇员合同关系如何影响职业安全和健康法，可以很好地洞察污染者和公众之间类似合同关系的缺失如何影响或应该如何影响环境法。

与共性和特性不同，超越性并不是使法律研究领域正当化的必要条件。[95] 例如，如果研究环境法有助于我们理解环境法，那么这一事实就足以证明环境法研究的合理性，即使研究环境法并不能帮助我们理解环境法领域外的法律。[96] 然而，无论超越性标准是否必要，它显然具有提高研究该领域的价值的额外益处。[97]

（六）注意事项和澄清

在提出了一种通过建构组织框架来界定法律领域的方法之后，有必要进行一些说明和澄清。

---

94 See, e. g., 29 C. F. R. §1910. 1000（2008）（regulating occupational exposure to mercury in air）; 40 C. F. R. §61. 50-. 56（2008）（regulating environmental emissions of mercury into air）.

95 See Greely, supra note 1, at 405-06（“许多久经检验的法学院课程和法律领域，都是关于法律在具体环境中应用的课程和领域……虽然卫生法提供了一些在其他法律领域中也有效用的洞见……这对其自身的重要性而言并不重要。”）.

96 实际上，Lessig 接受了 Easterbrook 的挑战，在不承认网络空间须通过测试以证明其正当性的情况下，满足了他的超越性测试。See Lessig, supra note 1, at 502-03.

97 Jay Feinman 表达过这样的担忧，对于超越性的追求可能过于成功，而导致“出现一个元原则，威胁到特定法领域作为独立学科的完整性，并将其简单作为一些超越性分析方法的应用”。Feinman, supra note 15, at 671. Feinman 的论点与已经提及的担忧相同，对于一致性的过度追求可能导致我们忽视法律中的有意义的分化。See supra notes 38-44 and accompanying text.

第一，本文所阐述的方法有意将重点放在法律的实质（substance of the law）上，而不是放在实体法（substantive law）的立法和司法过程中。最明显的是，我没有试图解决在制定和实施法律时运用或应该运用哪些机构和监管工具的问题。我也没有分析（decline）机构和监管工具的选择如何影响法律的实质。例如，在司法判例、议会立法和行政规章之间可能存在系统性的差异。这类问题无疑具有根本的重要性，我把它们排除在外，并不是说它们可以被忽视。事实上，它们不可能完全与法律实质问题隔绝。[98] 然而，有时将实体法与这些考虑分开思考是可行的，也是有益的。反过来，一个实质性框架可以提供一种评估多种制度安排和监管工具的手段。

第二，本节所建立的法律领域的概念模型的某些方面并不能很好地适用于一些法律领域，如法律和经济学，这些领域是围绕着跨学科的方法论而组织的。[99] 因为这样的方法论领域是跨学科的，没有应用它们的特定法律库（corpus of law），因此没有我在本文中识别的基本构成维度。因此，方法论法学领域，不能被基于特定法律的集合的基本构成维度包含的模式所形成的组织框架统一。相反，方法论法学领域是由一个共同但独特的方法论方法来统一的，以便对法律情况进行总体分析。[100] 定义方法论法学领域的跨学科的方法论，也能提供凝聚该领域的组织框架。方法论必须呈现出最低程度的共性和特性，而基本构成维度则无此要求。由于方法论的跨学科特征，方法论法学的领域也必然表现出超越性。根据分析，方法论法学领域在这些方面与其他类型的法律领域不同，并且不会像其他领域那样面对组织框架一致性的挑战。另外，方法论法学领域可能会产生其他结构

98　See Michael Lockwood, *Humans Valuing Nature*: *Synthesizing Insights from Philosophy*, *Psychology and Economics*, 8 Envtl. Values 381, 395-96（1999）（制度背景影响着价值观的表达方式）.

99　See supra text following note 58［法律领域可以根据实体法主题、法律程序的一个方面、机关主体者或跨学科的方法论（如法律经济学或比较法）等因素来组织］.

100　See Lewis A. Kornhauser, *The Great Image of Authority*, 36 Stan. L. Rev. 349, 353-55（1984）［法律经济学的每一篇文章都明确或隐含地坚持四个逻辑上不同的论点中的一个或多个。经济学理论为预测人们在法律规则下的行为提供了良好的理论（行为学主张）……法律应该是有效的（规范性主张）……（普通）法事实上是有效的（积极主张）……普通法倾向于选择高效的规则，尽管不是任何时候、任何规则都是有效的（emphasis omitted）］.

性的挑战，例如确定哪些具体的方法论法学属于某个特定的方法论法学领域。

第三，一个领域的效用大小——它对一系列情况的解释力——并不仅仅取决于该领域是否符合共同性和独特性的最低标准。即使在表现出很强共性和特性的领域中，组织框架的强度仍然可能存在巨大的差异，这可以通过该领域组织框架的解释力来衡量。[101] 我们在上面看到，一个框架的解释力取决于几个因素，包括特定模式在该领域内占主导的程度。[102] 现在我们又补充了一点，即一个领域的组织框架必须专注于该领域的共性和特性。综合这两个观点，我们可以得出这样一个命题：框架的解释力部分取决于领域内的共同和独特特征（框架的一部分）在多大程度上优于其他特征（不属于框架的一部分）。换句话说，问题变成了：在领域内出现的情形中，这些情形在多大程度上被领域的组织特征所涵盖，而非从属于孤例或子类的其他特征——这些特征在领域内既没有共性，也并非特性？因此，我们可以假设，一个非常广泛的法律领域，如公法，可能包含大量的范畴，以至于其共同和独特的组织框架对该领域内出现的任何特定问题或案件只提供了相当薄弱的理解。[103] 共同和独有的特征越多，这些特征将作为理解该领域所包含的法律库的工具，该领域就越一致，定义该领域的框架就越强。[104]

第四，对于任何特定的领域，可能有多个替代框架能够组织该领域并均能产生效用。不同框架可以关注一个领域的不同维度，或者关注不同维度的组合。在某些情况下，一个框架在解释一个领域的能力方面可能明显优于另一个框架。在其他情况下，可能一个分析框架对某些分析更有用，

---

101 See, e. g., Mark A. Hall & Carl E. Schneider, *Where Is the "There" in Health Law? Can It Become a Coherent Field?*, 14 Health Matrix 101, 103 (2004)（他认为，"卫生法涉及太多场合的医疗活动"，无法产生一个"基本的组织原则"）.

102 See supra text following note 20.

103 But cf. Jack Goldsmith & Daryl Levinson, *Law for States: International Law, Constitutional Law, Public Law*, 122 Harv. L. Rev. 1791, 1865 (2009)（他认为，"宪法和国际法沿着平行的轨道前进，已经运用类似的分析工具处理了一系列共同的实践和理论问题……而且它们在大量类似解决方案上趋于融合"，并表示希望"它们各自事业的共同点将产生智识上的协同"，从而"使公法作为一个学术研究领域得到新的启发"）.

104 Cf. Hall & schneider, supra note 101, at 103（批评既有的卫生法学说"从规制一般商业活动的许多法律领域中汲取理论"，而没有考虑卫生法的独特背景是否产生了不同的法律规则）

而另一个框架对其他分析更有用。[105]

第五，尽管一些法律的集合必须表现出共同性和独特性才能成为一个法律领域，但在某些情况下，不符合这些要求的其他法律分类可能会获得益处。即使是只根据事实的共同性来组织的法律领域，也可能在特定用途上有良好的效用。例如，律师事务所可以组成业务团队（practice group），向某一特定行业推销自己——例如，一个化学业务团队，由熟悉化学工业技术和法律需求的律师组成。[106] 法学院可以在学生兴趣特别强烈的主题上开设课程，然后用课程来说明交叉领域的法律问题，而不是把特定主题的内容作为一个特殊的法律素材库来教授。[107] 尽管缺乏真正的法律领域所需要的独特和一致的法律体系，但上述分类对于其有限的目的而言可能是有用的。

正如 Douglas Laycock 将救济措施作为法律领域的历史所表明的，法律实践中的组织和专业化影响着法律领域的发展和承认。[108] 如果律师不围绕某一特定范畴进行组织或专业化，他们就会对这一范畴向法律领域的转化造成实质性的阻碍，即使该范畴具有成为正当领域的所有属性。Laycock 就救济措施领域提出了这一观点：由于从业人员不擅长救济案件，发展该领域的任务完全落在了法律学者身上。[109] 另外，如果律师们参照某一范畴来组织他们的业务，他们就会强调该范畴是一个潜在的领域，同时对法律领域的相关要素产生需求，如实务材料、会议、学术研究和法学院课程。这些因素加在一起，可能会刺激该范畴的发展和认可乃至于成为一个法律领域。

第六，尽管法律领域的构建听起来是一个相当有序和逻辑严谨的过

---

105 See Mattei, supra note 12, at 8 ("No taxonomy can claim universality by serving every …purpose better than every alternative one.").

106 See, e. g., Christensen O'Connor Johnson Kindness PLLC, Chemical Practice Group, http: //www. cojk. com/ourpractice/chemicalprocesspatents. html (last visited Oct. 22, 2009); McAndrews, Held & Malloy, Ltd., Chemical Practice Group, http: //www. mhmlaw. com/brochure/chemical. pdf (last visited Oct. 22, 2009).

107 See Carter, supra note 83, at 243-44（认为"有必要在法学院课程中提供整合多个法律领域的机会"，并认为体育法是可以帮助满足这一需求的"桥梁课程"）.

108 See Laycock, supra note 60, at 167-68.

109 See id.

程，在这个过程中，法律领域的范围及其内部组织特征显得清晰、独特和明确，但法律往往不是那么简单。任何特定的情形都可能涉及多个概念框架并从中受益，这一情形可能产生于不同的法领域，也可能产生于同一领域内的多个不同的组织框架，或者两种视角均有益处。[110] 这种复杂性不一定是个问题；每个不同的组织框架都强调了对事实情形的特定视角和洞察力。也就是说，如果一种情形出现在不同的法领域，而每个领域都可能规定一套不同的法律规则——或者至少对这种情形的理解不同——那么法领域的重叠就会带来挑战。例如，当联邦政府起诉一家已倒闭的化学公司的母公司，要求其支付清理已倒闭公司的化工厂产生工业废物的费用时，这个问题应该主要被视为环境法的问题——环境法倾向于强调完成环境污染的清理这一广义责任，还是公司法问题——公司法强调母公司对其子公司的行为承担有限责任？[111] 这种重叠的情况“给理论分类体系带来了问题，同时也为勾画（delineation）理论分类的过程提供了特别鲜明的例子”。[112]

（责任编辑　胡攀）

110　一些私法理论家设想，在一个被恰当分类的系统中，法律分类能被一种各维度之间的共通性互不重叠的层级分类方式所统摄。See，e. g.，Peter Birks，*Unjust Enrichment and Wrongful Enrichment*，79 Tex. L. Rev. 1767，1781（2001）（“检验一个分类法的有效性，正是在普遍性一致的水平上，检验其范围内的任何项目是否可以出现在一个以上的类别中”）；see also Feinman，supra note 15，at 664（“每一种分类都意味着在不同类别之间的选择，即决定对象属于一个地而非另一个地”）. 无论是否明智，私法领域中的这样一条规则，see Sherwin，supra note 13，at 123（expressing“doubt ”about Birks's position），对于公法而言，这样的规则似乎明显是错误的。例如，法律问题经常出现在环境法和破产法这两个范畴中，但这两个范畴都不是另一个范畴的子类。See，e. g.，Midlantic Nat'l Bank v. N. J. Dep't of Envtl. Prot.，474 U. S. 494（1986）（该案处理了是否由联邦破产法来取代州内环境立法的问题）；United States v. Hansen，262 F. 3d 1217，1237-39（11th Cir. 2001）（该案处理了公司高管因公司破产而受限的运营权力，是否能够排除向该高管追究对公司环境违法行为的刑事责任的问题）；see also，e. g.，Hayes v. Crown Cent. Petroleum Corp.，78 Fed. App'x 857，862-63（4th Cir. 2003）[该案处理了在未披露劳资纠纷将得到妥善解决的有利影响的情况下，委托书征集（proxy solicitation）是否违反了《证券交易法》，这是一个能够潜在归属于劳动法和证券法两方面的问题]。

111　See United States v. Bestfoods，524 U. S. 51，70（1998）[该案指出该问题是一个应当适用公司法原则的问题，并谴责（chastise）地区法院没有适用公司法].

112　Feinman，supra note 15，at 667-68.

新书推荐

为什么要研究中国环境法治转型问题？如何研究？

——《中国环境法治转型的规范阐释》的作者自述

陈海嵩*

编者按：2021年8月，我所陈海嵩教授出版了新著《中国环境法治转型的规范阐释》（社会科学文献出版社），并被列入武汉大学“珞珈法学精品文库”。这是陈海嵩教授围绕环境法解释论研究所出版的第二部专著。为帮助读者更好地了解本书的缘起、目标与写作的“初心”，特邀作者就上述问题进行阐释，以飨读者，共同推进中国特色环境法理论发展。

一 问题缘起

当代中国社会的一个主要矛盾，是不断恶化的生态环境状况和公众不断提高的环境质量要求。缓解这一矛盾的主要途径，在于各类公权力机关有效履行其环境保护职责、实现生态环境保护目标。一个显而易见的事实是，近年来中国环境立法、执法、司法各方面都取得了很大进展，环境法治正处在全面转型与创新的历史性过程之中；这来源于中国特色社会主义建设的丰富实践，来源于党和国家推进生态文明建设的积极探索。强化生态环境保护、推进“美丽中国”建设是党的十八大以来全国各族人民努力追求的目标；全面依法治国、推进“法治中国”建设是党的十八大以来党中央治国理政的战略支点。环境法治位于“美丽中国”建设和“法治中国”建设的交汇处，其发展变迁更深刻地受到当代中国全面深化改革的影响和塑造，更直接地反映出当代中国国家

* 武汉大学环境法研究所教授，博士生导师。

治理体系的进步与完善。新时代中国环境法治建设来源于当前中国特色社会主义建设的丰富实践，来源于中国推进生态文明建设的伟大探索；近年来生态环境保护领域中涌现的诸多创新改革举措，极大地扭转了传统上环境法被“束之高阁”的顽疾，极大地丰富了环境法治实践，为环境法治发展提供了前所未有的历史性机遇，为生态文明建设提供了史无前例的坚实保障，更为当代中国的环境法研究开辟了广阔的研究空间；如何理性认识这一转型过程并体现在环境法研究之中，是当代中国环境法学者不可回避的时代任务与历史使命。

针对此问题，吕忠梅教授曾指出，当前中国的环境法学面临着从“外来输入型”到“内生成长型”的转变；环境法理论必须建立在中国生态文明发展道路、生态文明建设理论、生态文明体系逻辑之上，环境法研究需要将生态文明建设的政治话语转化成为法律话语、学术话语。[1] 总体而言，实现生态文明建设政治话语向法律话语、学术话语的有效转化，需要描述性研究和解释性研究的结合，即在法学视角中总结、提炼近年来中国生态文明制度建设中的创新实践，分析实践中凸显的理论命题并提出相应的法律解释方案。此时，就有必要认识到，当代中国环境法治的发展与演化，特别是党的十八大以来的制度转型与创新，具有鲜明的“高位推动”特性，形成了独有的制度构建与实践现象，需要将执政党的因素纳入环境法研究的视野。这是认识、理解当代中国环境法治转型的基础与前提。

如何在法学视角中“认真对待”政党对中国环境法治变迁的影响与作用？就本质而言，“法学”是处理规范性意义下的法规范为其主要任务的学问，其主要探讨的是规范的意义，所关注的是实证法的规范效力、规范的意义内容，以及法院判决中包含的裁判准则；法学是一门规范科学。[2] 这里的关键在于区分法学中的“规范”和“价值”。“规范”和“价值”都是表征事物应然状态的范畴，但在法学中具有内在差异。法学中的“规范”对行为提出确定性指引，表达的是基于法律的义务性规定；规范必须处于一个融贯的整体之中，也就是形成一个体系，而不同的价值

1 吕忠梅：《新时代环境法学研究思考》，载《中国政法大学学报》2018 年第 4 期。

2 ［德］拉伦茨：《法学方法论》，陈爱娥译，商务印书馆 2003 年版，第 3 页。

则在优先性方面彼此竞争。[3] 同价值不同，法学中“规范”内在具有体系性的要求；“规范只能在属于一个规范体系、属于一个就其整个来说是有实效的秩序的条件下，才被认为是有效力的”[4]。因此，将生态文明建设政治话语转化为法律话语的关键，是提炼其中的规范要素并在中国特色社会主义法治体系中加以合理定位与逻辑展开；相应研究不仅要在事实层面上归纳政党因素对环境法治的影响，更要在规范层面上分析政党意志转化为国家意志，进而体现为法律制度构建的规范路径、规范内涵及规范形态，并与现有的宪法法律体系具有一致性和融贯性。

基于上述考虑，本研究的主旨是：回应中国生态文明建设的时代需求，基于规范分析的视角，在“政党—国家”互动关系中揭示当代中国环境法治发展与演化的深层逻辑，针对新出现的制度现象，在现行宪法法律的基本框架内提出具有理论融贯性和秩序整体性的解释方案，实现环境法治历史逻辑、理论逻辑、实践逻辑的统一。这构成了本研究的“初心”，也是本书希望达到的目标。

二 研究意义

（一）理论意义

本研究的理论意义，是对中国特色社会主义法治理论及环境法基础理论有所推进。中国特色社会主义法治理论是对中国特色社会主义法治最新实践经验的科学总结和理论升华，是中华民族对当代世界法治文明的原创性贡献[5]。党的十九大强调，建设生态文明是中华民族永续发展的千年大计，要实行最严格的生态环境保护法律制度。当前我国的环境法治建设及生态文明体制改革已经产生了极为丰富的实践经验，相关国家法律、党内法规、党的政策及其互动协调发挥了不可忽视的重要作用。本研究通过对

---

3 ［德］哈贝马斯：《在事实与规范之间》，童世骏译，生活·读书·新知三联书店 2003 年版，第 315—316 页。

4 ［奥］凯尔森：《法与国家的一般理论》，沈宗灵译，中国大百科全书出版社 1996 年版，第 44 页。

5 莫纪宏、翟国强：《中国特色社会主义法治理论的新发展》，载《人民日报》2018 年 3 月 5 日第 5 版。

环境法治中“政党—国家”关系的全方位分析，揭示多元规范的互动如何促进生态文明法治建设，从部门法角度对中国特色社会主义法治理论有所丰富和完善。同时，在规范层面上回答“政党如何影响和推动环境法治”的问题，推动形成具有中国特色、中国风格的环境法基础理论。

（二）实践意义

本研究的实践意义，是有助于生态文明建设中相应法律制度的构建与完善，推进环境治理现代化。习近平总书记强调，我国哲学社会科学应该以我们正在做的事情为中心，从我国改革发展的实践中挖掘新材料、发现新问题、提出新观点、构建新理论，加强对发展社会主义市场经济、民主政治、先进文化、和谐社会、生态文明以及党的执政能力建设等领域的分析研究。[6] 当前我国的生态文明建设及体制机制改革，一个显著的特征是由执政党形成决策部署，由国家机关加以贯彻落实，并通过相应机制进行监督问责；由此形成的“政党—国家”关系决定了生态文明建设的进展与成效，构成了中国环境法治转型的基本要素。本研究针对上述现实，紧密结合中国特色生态文明建设实践进行深层次的分析，总结、提炼环境法治转型中体现政党与国家因素的规范形态与规范内涵，为“政党—国家”关系的制度展开提供了基础性框架，为相应法律制度的完善提供可行的思路与咨询参考。

三　研究思路

本书立足于中国生态文明建设的整体背景与环境法治转型的中心论题，遵循“实践背景—理论基础—规范内涵—制度构建”的逻辑理路加以展开。首先，围绕近年来中国环境法治转型发展的过程进行梳理，对政党影响环境法治的实践现象、方式路径及价值内核进行概括与归纳，提炼其中的核心命题，明确形成生态环境保护“政党—国家”关系的整体背景及作用方式；其次，对基于“政党—国家”关系而新出现的规范形态—生态环境政党法治—进行论证和证成，对该现象的理论基础、规范内涵、规范依据及其与国家法治的相互关系进行系统分析；最后，对生态环

6　习近平：《在哲学社会科学工作座谈会上的讲话》，2016 年 5 月 17 日。

境保护“政党—国家”关系中所涉的法律制度变革进行分析，包括：生态环境保护国家权力配置、生态环境监管制度改革、生态环境损害责任追究、生态环境保护考核，建立健全相应的法律制度体系。本研究思路兼具理论前沿与现实重大问题的关切；各个部分层层递进并相互呼应；从宏观理念到微观落地，从基本理念和制度设计，力图实现理论与实践的有机结合与系统分析，贯彻落实党中央提出的生态文明建设“最严格的制度，最严密的法治”之要求。

四 研究方法

以法解释论为主要特色的规范分析方法是本研究主要采取的研究方法，也是贯穿于本研究始终的研究视角，同时也是笔者一贯主张的环境法解释论研究的深化。在方法论上，所谓统一的、适用于所有学科的学术研究方法，不能替代某一学科根据自身研究对象所提炼出的特有方法；规范分析是法学作为独立学科的“安身立命之本”，相较于其他方法能更好地解决法学独立于其他学科的学术范畴问题。[7] 规范分析基本的出发点在于通过法律规范和其可能效力之间的关系对照和比较，发现法律之所以能对人们起到规范作用的内在奥秘，并进一步解决法律自身存在的一般机理。在某种意义上，规范分析的目的就在于明确法律概念进而明确法律命题的含义，消解围绕法律问题发生的争议。[8] 本书针对中国环境法治转型中存在的国家法律、党内法规、党的政策等多种类别规范，立足于“生态文明入宪”所形成的宪法秩序，在“政党—国家”关系范畴中系统分析其中的规范内涵、规范依据、规范形态及相应法律制度构建。

除规范分析外，本研究所运用的研究方法还包括：（1）实证分析方法。实证研究是通过经验事实的观察和分析来建立和检验各种理论命题的方法，贯彻在正文绝大多数章节之中，通过多种方式搜集资料与数据，对生态文明建设相关政策、生态环境损害问责、生态环境保护督察、部门间生态环境保护职责等问题进行深入的分析，并以图表方式加以呈现。（2）跨学科分析法。本研究以问题为导向，打破学科壁垒，实现法学学

7 谢晖：《论规范分析方法》，载《中国法学》2009 年第 2 期。

8 魏治勋：《“规范分析”概念的分析》，载《法学论坛》2008 年第 5 期。

科内交叉（环境法与宪法学、法理学）及法学与相关学科（政治学、马克思主义学科）的交叉；以法律思维方法贯穿整个研究过程，就相关制度进行多视角的探讨，以期在关键领域对重难点问题予以突破和知识创新、制度创新，为生态环境政党法治及相应制度构建提供多元理论知识和方法视角的支撑。（3）类型化研究方法。类型化是避免抽象概念缺陷、准确把握“生活现象”、建立法律体系和法律适用所不可或缺的重要路径。本研究在对生态环境政党法治与国家法治关系、生态环境监管中制度逻辑、生态环境损害问责形式等问题的分析中，将同类规范要素进行提炼和归纳，形成不同类型并纳入法律秩序整体之中。（4）历史考察法。任何理论的产生和制度的设置，都有特定的历史和社会背景。离开了这一背景，就不能够真正理解一种法学理论及制度安排，相应的分析也就成了无本之木、无源之水。如萨维尼所言，法学是一门建立在历史基础上的科学；立法者不能随意修改法律，只是帮助发现“民族意识”中已经存在的法律规则。[9] 本研究在对具体制度进行研究时，充分注重对历史、社会、文化背景的考察，梳理相关制度发生、变迁的全过程，更加全面地揭示该制度的规范内涵及完善路径。

五 研究宗旨

身逢环境法治转型的历史时期，学者的任务不仅仅是对中国环境法治的现实进行归纳和描述，更应当用理论的逻辑呈现环境法治实践，用合理的解释引导环境法治实践，做到不负使命、不负时代。“没有法律实践根基的法律理论只是空洞幻想的法律理论，没有法律理论指导的法律实践也必定是盲目而任性的盲动。”[10] 中国法治建设的历史与现实决定了必须坚持党的路线、方针和政策在法治秩序建构中的主导作用；[11] 全面推进依法治国、建设中国特色社会主义法治体系，其中必然包括推进政党法治以建

9 ［德］萨维尼：《论立法与法学的当代使命》，许章润译，中国法制出版社 2001 年版，第 7—20 页。

10 姚建宗：《中国语境中的法律实践概念》，载《中国社会科学》2014 年第 6 期。

11 强世功：《从行政法治国到政党法治国——党法和国法关系的法理学思考》，载《中国法律评论》2016 年第 3 期。

设法治政党的内容[12]。从根本上说，中国环境法治发展取决于新形势下最高政治权力（作为执政党的中国共产党）推动生态文明建设及体制机制变革的坚定意志、使命担当和强有力措施，在生态环境领域验证了“全面深化依法治国关键在党”的判断。当代中国的生态文明建设与相应的环境法治发展，必然在政治系统与法律系统的双向互动和相互构造中加以展开，实现环境治理体系与治理能力的现代化。生态环境治理中的政党法治体现了全面推进依法治国背景下，中国共产党执政方式的优化和党领导国家与社会方式的不断完善，显示出在宪法与法律范围内改进、规范政治运作的现实性。

在法治轨道上推进国家治理能力与治理体系现代化，意味着党、国家、社会各项事务治理的制度化、规范化、程序化，提高党的科学执政、民主执政、依法执政水平。[13] 法律发展并非一个封闭、孤立的变化过程，而是与其所属国家甚至更大地域范围内的社会变迁具有紧密联系，需要将法律发展现象放置在特定的历史背景与社会生活条件之中加以认识。[14] 一言以蔽之，对中国环境法治发展的认识，须围绕当代中国的现实而展开。本书对生态环境政党法治的理论分析，进而在“政党—国家”视阈中对生态环境保护国家权力配置、生态环境监管制度变革、生态环境损害责任追究制度、生态环境保护考核制度的具体分析，并非政治意识形态在法律领域的简单重述，而是在变化了的历史条件中、在当代经济社会发展阶段中、在时代变迁的趋势潮流中，从规范层面对中国环境法治中“政党—国家”关系进行的全方位阐释，推动形成具有中国特色、中国风格、中国气派的环境法理论体系、制度体系、话语体系，这是本研究对环境法学科的价值及贡献所在。

在跨学科的意义上，本研究也具有一定的价值。在法理上，本研究从部门法的角度丰富了对法治发展中理论与实践关系的认识。理论与实践的关系，是每一种世界观和每一个哲学家都关注的重大问题。[15] 法律理论与

---

12 肖金明：《论党内法治体系的基本构成》，载《中共中央党校学报》2016年第6期。

13 张文显：《治国理政的法治理念和法治思维》，载《中国社会科学》2017年第4期。

14 公丕祥：《马克思的法律发展思想及其当代意义》，载《中国社会科学》2017年第10期。

15 ［意］葛兰西：《实践哲学》，徐崇温译，重庆出版社1990年版，第50页。

法律实践之间并非一一对应的机械关系，也不是完全区隔的对立关系，而是在宪法所确立的价值秩序内相互影响、相互检验、相互促进的能动过程。本研究揭示，环境法理论是一个以宪法为中介的选择性过程，即在“生态文明入宪”所确立的价值秩序与整体框架之内，将已经被证明有助于实现环境法治目标（实现美丽中国）与根本任务（“五位一体”总体布局）的法律实践活动加以概括、抽象与提炼。同时，基于“生态文明入宪”所形塑的宪法秩序，需要对现实中的环境法律实践进行必要的审视，显示理论对实践的指引、完善与回应，也是对法律实践活动的引导与规范。这为其他领域国家治理现代化的法治路径提供了有益的参照与借鉴。

每一个时代的理论思维都是历史的产物，在不同的时代具有不同的形式，同时具有不同的内容。[16] 将“事理”提升为“法理”、形成相应的知识体系和法学理论，需要直面中国法治实践，充分理解中国法治展开的宏观背景、资源条件、制约结构、社会基础等。[17] 必须看到，尽管法治中国建设已经取得历史性成就、实现历史性跨越，但是把独特法治实践经验转化为中国特色法理的任务依然艰巨，需要解决“法治实践有理没人讲、有理讲不出、有理传不远”问题。[18] 这一判断同样适用于环境法治建设及环境法基础理论研究。笔者清醒地认识到，本书只是对中国环境法治“政党—国家”关系研究的开端，随着生态文明体制改革向纵深发展，需要更深入的理论挖掘，需要更丰富的制度分析。“道阻且长，行则将至”，笔者相信，独特而丰富的中国环境法治实践蕴藏着极大的理论潜力，是一个有待深入挖掘的学术“富矿”；在不懈的努力下，一定能形成中国特色的环境法理与制度构建，助推法治中国建设。

（责任编辑　胡攀）

16 《马克思恩格斯选集》（第4卷），人民出版社1995年版，第284页。

17 陈柏峰：《从事理出发提炼和检验法理》，载《中国社会科学报》2020年5月13日第5版。

18 黄文艺：《新时代中国法理研究方法论》，载《法学》2020年第4期。